中華書局

灣區匯

民建聯粵港澳大灣區研究論集

民建聯 / 編著

序一

今年是香港回歸祖國 25 周年，香港特別行政區政府一直全面貫徹準確落實「一國兩制」、「港人治港」、高度自治方針。回顧過去，香港在中央政府大力支持下取得了不少驕人的成就。粵港澳大灣區（大灣區）為香港未來經濟發展將提供積極助力，香港市民和企業能藉此締造更廣闊的發展和生活空間。

自中央政府於 2019 年發表《粵港澳大灣區發展規劃綱要》（《規劃綱要》）以來，粵港澳三地一直在「優勢互補、互利共贏」下，積極落實《規劃綱要》。至今共推出了 24 項便利香港市民和專業界別到大灣區內地城市發展的政策措施，當中絕大部分已經落實，包括稅務優惠；購買房屋便利；青年創業支援；科技經費「過河」；律師、保險和建築相關專業服務開放；「港澳藥械通」，以及「跨境理財通」等。

香港是大灣區四大中心城市之一，聯同廣州、深圳和澳門作為整個區域發展的核心引擎。我已提出了多項進一步推進大灣區內互聯互通的建議，包括基建先行，研究加強鐵路公路等基礎設施與深圳進行更多的互聯互通；以及提出要以北部都會區作為紐帶，與粵澳共建高質大灣區。同時我亦提出應積極參與及推動粵港澳合作平台，如深港河套、深圳前海、珠海橫琴、廣州南沙等，充分發揮香港在法律、專業服務、創科和科研方面的優勢。我亦鼓勵本地青年到大灣區就學、就業和創業、利用大灣區內地城市為初創青年提供的多項優惠措施和配套成熟的創新創業基地，實現他們的夢想。在未來五年的任期中，我會全力推動有關工作。

民建聯將歷年關於大灣區的研究論著結集成書，顯示本地政團對大灣區問題有着深入和全面的認識。本書內的建議就香港如何更好參與大灣區的建設提供有用的參考，有助做好規劃的工作。香港將會繼續發揮自由開放、聯通世界的優勢，鞏固國際一流大都會地位，為國家進一步發展作出貢獻。大灣區建設將會為香港帶來一個多元、共贏、無限發展的空間，我鼓勵及支持香港青年放眼大灣區，善用大灣區為他們個人和事業發展帶來的機遇，同為自己、香港和大灣區的未來開新篇！

行政長官

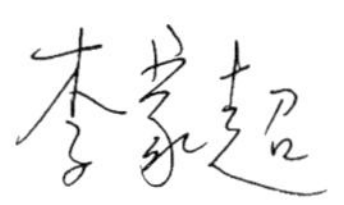

序二

2019年中共中央、國務院共同出台了《粵港澳大灣區發展規劃綱要》，推動粵港澳大灣區發展，是習近平主席親自謀劃、親自部署、親自推動的重大國家戰略。因此，建設粵港澳大灣區，是新時代推動形成全面開放新格局的新舉措，也是推動「一國兩制」事業發展的新實踐。

民建聯大灣區發展小組一直致力於推動香港各界參與大灣區的發展，我們堅信，大灣區的規劃涵蓋經濟、科技、教育等多方面，為突破香港發展瓶頸提供了重大戰略機遇。一直以來，香港被外界詬病只依靠金融業來發展經濟，產業單一，非常容易受到國際風險的影響，在如今國際貿易保護主義抬頭、單邊主義以及反全球化的世界環境中，使得香港經濟發展更充滿着諸多不確定性，而大灣區規劃的提出，則促使了香港由單一經濟體轉向了城市群經濟體，為香港經濟的發展提供了有力的保障。同時，規劃提出將香港打造成國際一流的創科基地，這使得香港這座擁有雄厚科技實力以及世界一流大學研究團隊的城市煥發新的活力，香港將運用本身高等教育發達、國際化水準領先以及有完善的智慧財產權保護等特點，與內地專家一起為中國的科技事業和創新領域做貢獻，所以說，正是因為大灣區的政策，加快了香港融入祖國發展大局的腳步，令到這顆「東方明珠」煥發更璀璨的光芒。

大灣區的發展成果並不是「看得到而摸不着的」，因此我們始終堅持要讓香港市民一起分享大灣區發展的果實。在過去的工作中，民建聯大灣區發展小組召開多場圓桌會議，分別涵蓋交通基礎建設、創科、文化創意、中醫藥、跨境安老以及教育等政策，並且出版多份建議書，為大灣區發展建言獻策，亦為香港不同行業進入大灣區發展提供管道。未來，民建聯大灣區發展小組將會繼續致力於大灣區政策的研究，讓香港市民能進一步在大灣區擁有生活和工作的便利，增加對國家的認同感。其中，我們將會持續推動社會福利的互融互通，讓香港居民即使選擇落葉歸根，也繼續享有強有力的社會保障，同時我們也要推動資歷的互認互通，才能讓人才流動無阻礙，特別是青年人有機會在大灣區實現自己的夢想。我們將會不斷研究相關政策，發揮香港在金融、專業服務以及社會管理中的優勢，貢獻大灣區。

2022年，世界進入了後疫情時代，粵港澳大灣區發展也充滿機遇和挑戰，但在共同應對困難中，香港和大灣區其他城市將會建立起更加積極的互動，進一步推動大灣區的發展。我們看到，在第五波疫情中，香港疫情肆虐，中央派出技術人員以及醫護來支援香港，在和香港醫護的互相配合中建立起了信任以及使得兩地的醫療政策得以互相理解，這為未來建立粵港澳大灣區公共衛生聯防聯控體系打下了基礎；由於內地和香港因為疫情原因未能通關，導致很多香港市民在內地的公共業務無法辦理，因此大灣區的江門建立起了「江門香港跨境通辦政務服務專區」，填補了粵港澳大灣區電子服務的空白，未來我們也將會推動大灣區跨境電子服務的進一步發展，涵蓋更多的服務和城市，便利香港市民的生活。我們相信，在後疫情時代，粵港澳大灣區各城市中的政策融合必然會加快，因為只有拼船出海、團結一致，才能共同應對更多的風險。

今年是民建聯成立三十週年，亦是中國共產黨第二十屆代表大會召開的重要時刻，未來民建聯將會繼續秉持愛國愛港的初心，支持「一國兩制」的在港實施，為中華民族的偉大復興貢獻自己的力量！

全國人大常委、民建聯會務顧問

序三

大灣區政策是國家的重要區域發展策略，既有助於國家加強內部的區域經濟佈局，亦有助加強對外開放程度，輔助「一帶一路」戰略更有效實施。而對香港來説，大灣區亦是極其重要的發展機遇。

正如本書內文的建議書所講，香港目前正面對不少深層次矛盾，包括產業結構過於單一，以及公共服務配套不足，居住環境欠佳等等。透過深度參與粵港澳大灣區建設，香港能鞏固及提升國際地位，更好地應對國際環境的挑戰，並促進產業升級轉型，釋放內在潛力，更好地開拓內地及其他地區的龐大市場。與此同時，多元化產業結構和成功的升級轉型，可以為市民提供更多元化和優質的工作職位，提供更多職位選擇。而透過完善和全面合理的城市群規劃，政府亦可在交通基建、出入境制度、行政法規、福利安排、房屋、醫療、教育及環保等方面提供多方面的配套，做到以人為本和互融互通，打造出極其方便而且優質的大灣區一小時生活圈，從而提升區內市民的生活質素，亦為香港市民提供更多優質生活的選擇。

大灣區建設涉及一國、兩制、三個關税區、三種貨幣，因而令三地的人流、物流、資金流和信息流存在不少障礙，故此我們不應低估大灣區建設的難度。2019 年公佈的《粵港澳大灣區發展規劃綱要》列出了六大基本原則、五大戰略定位和七大發展範疇，為今後大灣區的發展提出綱領性的指導。社會各界應認真研究和吃透文件的精神，用好相關政策，香港亦應和廣東省和澳門聯合打破制度局限，爭取在區內先行先試、特事特辦，針對當中的難點和痛點下大工夫，令不同要素可以互聯互通，將大灣區打造成高度開放和充滿活力的地方。

作為香港最主要的民間力量之一，民建聯一直透過不同方式和不同途徑，積極推動香港參與大灣區建設，以更好融入國家發展大局。今次《灣區匯——民建聯粵港澳大灣區研究論集》的出版，結集了近年來民建聯關於大灣區建設的主要倡議，期望可藉此拋磚引玉，為社會各界的良性討論提供基礎，為國家和香港的發展，以及實現中華民族的復興貢獻一分力量。

全國政協委員、民建聯主席

序四

粵港澳大灣區是重要的發展策略，對國家和香港來説都是不可多得的機遇。民建聯自大灣區概念提出以來，就給予了高度重視，並於 2018 年在內部成立粵港澳大灣區發展小組。小組成立的目標為：一、建言獻策；二、聯繫各界；三、政策宣傳，並曾就不同專題舉辦圓桌會議，廣邀各界賢達專家和持份者集思廣益，亦透過主動拜訪進行調研和交流。幾年來，所接觸的專家和持份者都非常熱心，主動積極地獻計和表達意見，令我們得到許多寶貴的點子。

自大灣區發展小組成立以來，成員已就多個不同課題進行了深入而廣泛的研究，所選課題都經過深思熟慮，都是針對大灣區發展中的重點、難點或痛點而定。小組在 2018 年起連續撰寫及發佈了五份建議書，當中第八份報告則是民建聯委託香港政策研究所撰寫。而小組成立之前部分成員亦協助撰寫了第一份和第二份建議書。

今次結集出版的八份建議書和報告分別為：

1. 《先行先試落實國民待遇建議書》
2. 《粵港澳大灣區香港規劃方案建議書》
3. 《粵港澳大灣區跨境交通基建規劃建議書》
4. 《粵港澳大灣區跨境安老規劃建議書》
5. 《粵港澳大灣區創新科技發展建議書》
6. 《促進中醫藥在粵港澳大灣區發展建議書》
7. 《推動大灣區文化創意產業發展建議書》
8. 《探討港人子女學校在大灣區內地城市發展的挑戰與建議報告》

八份建議書和報告涉及民生、經濟和科技發展等不同範疇，對整個大灣區的規劃原則，以及香港可以如何參與，都提出一系列重要建議。民建聯一直努力不懈向特區政府和中央及內地省市進行積極介紹和遊說，包括拜訪對口的特區政府官員，廣東省港澳辦，以及連續多年在全國兩會提交相關建議和提案，請求中央作出支援和指導，及期望可引起更大的重視和更廣泛的討論，這些建議都得到積極的回應。現僅將八份建議書和大灣區相關的兩會建議結集成書，期望中央政府能加強相關的政策支援，粵港澳三地政府亦加強協調，令整個區域能把握機遇，提升區域一體化的進程，並形成高端、開放、創新、繁榮的國際級城市群。

港區全國人大代表、民建聯副主席、民建聯大灣區發展小組召集人

目錄

第一部分

主題建議書
和相關圓桌會議

香港

澳門

廣州

深圳

珠海

佛山

惠州

東莞

中山

江門

肇慶

一 《先行先試落實國民待遇建議書》

2017 年

目次

前言

國家近年的發展一日千里，在經濟、文化、社會等方面都取得豐碩的成果，未來更有廣闊的發展空間，吸引了不少香港人北上工作和生活。據香港統計處的統計，香港目前約有 52 萬人長期居於廣東省，截至 2015 年 10 月，赴內地高校就讀的香港學生亦超過 1.5 萬人。不少關於香港學生工作意欲的調查也指，香港學生普遍看好內地的經濟前景，也願意到內地工作。但由於歷史和制度的原因，香港人目前仍未能在內地享有完整的國民待遇，以致在內地的工作、學習和生活等方面仍受到不少限制，這些限制既造成了諸多不便，也不利於香港人進一步融入內地。

第一章
香港人在內地面對的問題

（一）生活不方便

目前香港屬境外地區，在內地的工作和生活，只依靠一張港澳通行證，香港人必須在內地定居才能申領內地身份證。但內地現今科技發達，許多時候在生活和工作方面都需要使用電子平台系統，不論日常工作、求職還是租用共享單車及購買火車票等，都在這個平台上操作。由於港澳通行證與這些電子平台系統未必相容，故在生活上經常造成許多不便。而且，香港人的身份比較尷尬，屬於境外人士，是介乎國民和外國人之間的灰色地帶，在教育和醫療等各方面，都未能享受到國民待遇。這些情況降低了部分香港人對中國人國民身份的認同感。

（二）創業不方便

自從簽定《內地與香港關於建立更緊密經貿關係的安排》以來，內地不斷擴大對香港的開放範圍，大大便利了港人在內地經營業務。但在最新2017 年簽定的《安排》中，雖然內地承諾給予香港投資和投資者在非服務業範疇享有國民待遇，但有 26 個範疇，包括石油及天然氣開採、汽車製造，以及金融產品投資等仍被排除在外，港人仍被限制從事這些範疇。而且，個體工商戶從事特許經營仍需經過外資審批。這些限制令到香港人在內地創業仍面對挑戰。

（三）就業不方便

目前香港人在內地工作，受到《台灣香港澳門居民在內地就業管理規定》所規限，須遵守就業許可制度。不但要符合一定條件，而且要申請辦理就業證明，不但限制較大，需時較長，而且用人單位常因手續較為複雜而放棄聘請香港人，因而減少了香港人在內地的就業機會。

第二章
建議廣東省先行先試落實香港人國民待遇

有見及此，廣東省如果能先行先試，深化體制方面的改革，讓香港人能進一步參與到國家的發展當中，並分享到更多國家發展的成果，相信對國家、廣東省以及香港來説，是一個三贏的局面。習近平主席在十九大報告中表示，「要支持香港、澳門融入國家發展大局，以粵港澳大灣區建設、粵港澳合作、泛珠三角區域合作等為重點，全面推進內地同香港、澳門互利合作，制定完善便利香港、澳門居民在內地發展的政策措施」。可見，加快讓香港融入國家已經成為了重要的國策。

事實上，廣東省是改革開放的先行者，而且和香港有着極其密切的關係和歷史文化淵源，在深化粵港合作方面有着無可取替的重要性和優勢。2017 年 7 月公佈的《深化粵港澳合作 推進大灣區建設框架協議》就提到，國家支持廣東省「先行先試，重點突破」，「支持廣東全面深化改革，探索粵港澳合作新模式，推動主要合作區域和重點領域的體制機制創新，以點帶面深化合作，充分釋放改革紅利」。可見，中央政府對此是寄以厚望的。為此，民建聯提請國家考慮，以廣東省作為試驗田，先行先試對香港居民落實國民待遇，以加強兩地人民的交往，以及促進區域經濟、文化及社會等各方面的融合，並提高香港人的國民身份認同感。

具體建議有如下三方面：

（一）便利生活

1. 給予內地身份證明

目前港人必須在內地定居才能申領內地身份證，令許多經常在內地活動的港人非常不便。有關部門應研究在廣東省先行先試，放寬有關規定，向不在廣東省定居的港人發放內地身份證明，或考慮將港澳居民來往內地通行證經調整後即可作為內地身份證明文件，與內地身份證有同等效用，以便利在內地的教育、工作和生活。

2. 放寬置業按揭

現時港人在內地置業時，申請按揭往往遇到困難。與內地居民相比，要不就是太多限制，要不就是按揭成數較低，以致增加了港人在內地置業的難度。因此，我們建議省政府明確規定港人在內地承造房貸時能享受國民待遇。

3. 免卻內地住址證明

現時有不少內地的商務及公共服務，如開設銀行戶口、考車牌等，均需要申請人提供內地住址證明。故對於沒有內地住址，但又希望在內地活動的香港居民造成不便。建議省政府統一法規，放寬在辦理商務及公共服務時，必須讓香港人提供香港住址證明的限制，並可參照特區政府要求出示法定信函、文件、單據，以證明在港的確實住址即可。

4. 看病可享國民待遇

目前香港居民在內地部分醫院就醫，須繳付較貴的費用。希望廣東省政府研究以適當方式，讓居於省內的香港人，可以當地居民收費水平享受公營醫院基本醫療服務。

5. 放寬免試招收港生計劃

目前香港學生可以香港中學文憑考試的成績，透過 2012 年開始的《內地部分高校免試招收香港學生計劃》入讀內地重點大學。計劃推出以來，至今有接近 1.5 萬名香港學生報名，當中超過 6,400 名被成功錄取，證明計劃受到香港學生的歡迎。然而，目前計劃內的高校院校數目只有約 100 間，而廣東省內參與計劃的高校只有 21 間，佔全省約 150 所高等院校的極少比例。這個情況影響到香港學生到鄰近省份就學的意欲。建議教育部門放寬有關計劃，讓香港學生可以優秀的成績，免試就讀省內任何一間高等院校，為香港學生提供更多選擇。

6. 擴大副學位內地銜接計劃

現時香港副學位畢業的學生，若要到內地插班升學，只能升讀個別院校如華僑大學等等。故此，建議省教育部門參考內地「專升本」的安排，容許港生就讀省內所有高等院校第三年本科，以擴闊副學位學生的出路，以及更好地認識內地。

7. 納入中小學義務教育

根據香港統計處的數據，目前廣東省內大約有 21 萬 0 － 14 歲的香港居民，佔總體數字接近五成，可以見到，這些居民在廣東省內的教育需求非常巨大。但目前香港學生在內地大部分城市不能接受義務教學，只能入讀私營或國際學校。這些學校不但價錢較為昂貴，而且質素良莠不齊，不但加重了家長的財政負擔，亦影響了學童的教育質素。建議廣東省內其他城市參考深圳的做法，讓香港籍學生可以和非當地戶籍學生一樣申請參加積分入學，享受當地中小學義務教育，以較低廉的價錢獲得更多優質的學習機會。

8. 提高長者優惠水平

根據《廣東省老年人權益保障條例》第五章第四十三條，長者可以免費或半價進入公益性文化設施如官辦公園、博物館及旅遊景點等，並鼓勵其他旅遊景區及景點對長者實行票價優惠。另外，第四十四條亦規定城市交通工具應給予長者票價優惠。但目前省內只有部分城市及景點對香港的長者提供優惠，建議省政府統一各主要城市的做法，在公共交通工具及旅遊景區、景點的優惠方面給予香港長者國民待遇。

9. 取消入住涉外旅館限制

國家一向有涉外旅館的安排，規定只有得到相關資質的旅館才能接受非本地人入住，而香港居民亦屬於非本地人的類別。這個安排具有歷史原因，但如今香港已回歸祖國多年，而且愈來愈多香港人在內地工作旅遊，有關安排已有不合時宜之處。建議廣東省檢視現行相關規定，在符合安全等條件的情況下，撤銷香港居民必須入住涉外旅館的規定。而部分已取消涉外旅館安排的地區，當局應加強與當地旅館業界協調和溝通，告知最新的安排，並督促業界遵守規定，不能無故拒絕香港旅客入住。

（二）便利創業

10. 開放更多非服務業範疇

期望廣東省政府能先行先試，盡量將 2017 年《內地與香港關於建立更緊密經貿關係的安排》的 26 項非服務業範疇的措施向香港企業開放，以便香港企業可以在自然資源開發、礦產開採和冶煉，以及交通運輸工具製造等方面享有國民待遇，獲得更多更大的投資機會。

11. 進一步開放服務業

撤銷目前內地對香港多個服務業的准入限制，例如在創意產業方面，撤銷香港與內地合拍片主要演員比例的限制等，以促進本港的服務業加快進入內地發展。

12. 取消個體工商户限制

經過多年的優化，目前香港個體工商戶的多個限制，包括從業人員人數、經營面積限制等已被取消，已經可以進行多項的業務。但目前可參與特許經營仍需經過審批，而且並非所有業務皆可參與，與內地個體工商戶的待遇並不一致。建議廣東省政府允許香港個體工商戶可無須經過外資審批就能參與特許經營。而營業範圍亦應與內地居民看齊，享受國民待遇，獲得更多元化的投資機會。

13. 支持香港農民到內地發展

現時港資農場在內地經營業務，不能享受與內地同業同等的優惠和待遇，以致經營時經常遇到困難。建議廣東省政府研究給予內地港資農場經營者國民待遇，以鼓勵他們在內地投資。並藉此簡化相關手續及程序，爭取讓優質農產品享有免檢待遇；繼續優化 CEPA 有關香港原產農產品零關稅安排，讓更多漁農產品以零關稅進入內地。

14. 容許港澳流動漁民聘請其他省份的勞工

現時香港流動漁民只可聘請廣東省內的漁工。據了解，現時普遍每艘港澳流動漁船也有一至兩名勞工短缺，預計整個行業的勞工短缺數目達 1,000 至 2,000 人。建議積極考慮與內地漁民的政策看齊，讓其他省份的勞工經培訓合格後，也能加入成為港澳流動漁船的重要勞動力，藉以舒緩勞工短缺問題。

（三）便利就業

15. 豁免就業許可

現時實施的台港澳就業許可制度，手續較為繁複，而且需時較長，以致公司招聘時盡量不考慮香港居民，以免增加行政成本。此舉對工作經驗較淺，但又有志於內地發展事業的香港年青人來説，是個頗大的就業障礙。建議省政府研究無須香港人在廣東省受就業許可制度限制，無須領取就業證即可工作，可以如內地居民般自由選擇職業。這樣可以增加香港人的就業選擇，亦可避免令企業因手續繁複而拒絕招聘香港人。

16. 鼓勵申請公務員職位

根據《基本法》第二十一條，「香港特別行政區居民中的中國公民依法參與國家事務的管理」。目前內地雖然已對香港開放了國家公務員考試，允許香港人擔任內地公務員，但由於種種原因，實際能成功進入公務員體系的香港人仍是極少數。建議省政府推出措施，包括設立專屬渠道，以鼓勵及便利有志服務國家的港人加入省政府公務員體系，參與廣東省的管治。此舉不但可以增加港人認識廣東省內事務的機會，亦可促進兩地交流和溝通。

民建聯廣東省訪問團

民建聯於 2018 年 1 月 4 日訪問廣東省，聯盟主席李慧琼率領一行十五人的代表團，拜訪廣東省領導。團員還包括會務顧問葉國謙、副主席彭長緯、陳勇、周浩鼎及多位立法會議員及區議員等。中央政府駐港聯絡辦副主任何靖亦有參加會見。

民建聯此行目的，是希望透過提交《先行先試落實國民待遇建議書》，反映香港人對在廣東省先行先試，落實國民待遇的一些訴求。《建議書》就創業、就業和生活三方面提出了一些建議，期望廣東省能先行先試對香港居民落實國民待遇，以加強兩地人民的交往，以及促進區域經濟、文化及社會等各方面的融合，並提高香港人的國民身份認同感。

二 《把握機遇 創新高峰：粵港澳大灣區香港規劃方案建議書》

2017 年

前言

珠江三角洲是近年國家發展最快的地區之一。而隨着國內外形勢的不斷變化，珠三角地區進一步融合發展的動力亦愈來愈強。國家看到這個趨勢，2017 年國務院首次將發展粵港澳大灣區列入政府工作報告，提到：「要推動內地與港澳深化合作，研究制定粵港澳大灣區城市群發展規劃，發揮港澳獨特優勢，提升在國家經濟發展和對外開放中的地位與功能」。

事實上，早於 2015 年《推動共建絲綢之路經濟帶和二十一世紀海上絲綢之路的願景與行動》文件中，已提到要「充分發揮深圳前海、廣州南沙、珠海橫琴、福建平潭等開放合作區作用，深化與港澳台合作，打造粵港澳大灣區」。其後在 2016 年 3 月《十三五規劃》中，亦指出：「推動粵港澳大灣區和跨省區重大合作平台建設」，同時期的《國務院關於深化泛珠三角區域合作的指導意見》亦表示：「構建以粵港澳大灣區為龍頭，以珠江—西江經濟帶為腹地，帶動中南、西南地區發展，輻射東南亞、南亞的重要經濟支撐帶。」顯示中央政府高度重視大灣區的發展。

粵港澳大灣區包括廣東省九個城市，包括廣州、深圳、珠海、佛山、惠州、東莞、中山、江門及肇慶，以及香港和澳門兩個特別行政區。「九市兩區」各自具有不同的優勢，而且人口約六千七百萬人，區域面積達五萬六千平方公里，合共的地區生產總值達到一萬三千億美元，因此具有巨大的發展潛力。只要能夠做到優勢互補，定能加快珠三角區域一體化的進程，打造出高端、開放、創新、繁榮的國際級大灣區。

灣區指圍繞沿海口岸分佈的眾多海港和城鎮所構成的港口群和城鎮群。珠三角地區作為一個重要的灣區，亦具有其他灣區如紐約、三藩市及東京所具備的特徵，包括強大先進的經濟結構，國際航運發達，人流、物流、錢流和信息流的流通相對便捷，而且背靠資源豐富的腹地，故有極大空間發展出規模龐大的世界級新灣區。

有見於粵港澳大灣區的建設時機愈趨成熟，早於2006年，粵港澳三地已聯合啟動相關研究，並於2009年公佈《大珠江三角洲城鎮群協調發展規劃研究報告》，提出多項規劃概念和措施建議。及後相關的研究亦一直在進行中，累積至今已有一定程度的基礎。

粵港澳大灣區的發展是重要國策，既有助於國家加強內部的區域經濟佈局，同時可加強對外開放程度，輔助「一帶一路」戰略更有效實施。與此同時，對粵港澳三地的發展來說，大灣區的規劃亦是極其重要的機遇。因此，民建聯就有關課題進行了深入而廣泛的研究，對整個大灣區的規劃原則，以及香港可以如何參與，都提出一系列重要建議，期望令整個區域能把握機遇，提升區域一體化的進程，並形成具有高端、開放、創新、繁榮的國際級城市群。香港亦能藉此鞏固及提升國際地位，促進產業升級轉型，釋放內在的發展潛力，長遠提升市民的生活質素。

第一章
粵港澳合作的現況與意義

（一）粵港澳合作現況的不足

1. 同性質競爭劇烈，內耗明顯

經過多年發展，三地的差距逐漸縮小，並形成了各自的產業鏈。與此同時亦出現了重複建設、功能重疊的問題，以致城市間的競爭愈趨劇烈。以機場為例，除了香港和澳門各有一個機場外，整個廣東省在廣州、深圳、珠海、惠州、湛江、佛山和韶關等城市亦分別設有多個機場。根據《廣東省人民政府辦公廳關於進一步加快民航業發展的意見》，廣東省政府計劃將廣州白雲國際機場建設成為國家三大國際航空樞紐之一，並構建以廣州白雲國際機場為中心的國際中轉航線網絡，這個定位與香港的定位有類似之處。在整個大灣區內，設有數量如此多的機場，而且發展目標亦極為相似，無可避免會構成競爭，造成一定程度的內耗。故三地如何在各個範疇協調發展，以發揮協同效應，是一個極具挑戰性的任務。

2. 制度限制明顯，四流流通不足

由於歷史的原因，以及「一國兩制」的安排，大灣區內共有三套行政制度，三個獨立徵稅區，以致多年來三地的交流和融合受到阻隔而並不順暢。自 2004 年簽訂《更緊密經貿關係的安排》，以及三地分別成立雙邊及多邊合作框架協議，並取得了不少成果，但始終未觸及到核心的制度限制問題，

令到人流、物流、資金流和信息流這四項生產和生活要素未能夠真正自由地在區內流動，制約了區內的經濟和社會發展。

3. 雙邊合作為主，三方合作不足

粵港澳之間的合作已有多年歷史，但長期以來，區內的合作主要以雙邊合作為主，例如分別成立了「粵港合作聯席會議」、「粵澳合作聯席會議」和「港澳合作高層會議」等。在這些框架之下，成立了多個涉及具體政策的協議，就個別政策加強有關部門之間的合作。

至於同時涉及三方的合作，多只局限於較為具體的政策，例如「粵港澳高校聯盟」、港珠澳大橋，以及《珠江口區域 VTS 數據共享合作計劃》等，並無高層次的合作安排。這種安排無法令三地對跨領域的策略進行統籌和協調，若無相關的高層次合作框架，實不利於大灣區內的區域一體化。

直至 2017 年 7 月，三地才在中央發改委的參與下簽署了《深化粵港澳合作 推進大灣區建設框架協議》，規定四方每年定期召開磋商會議，三地亦建立日常工作機制，真正成立了高層次的合作框架。不過，這僅僅只是個開始，往後仍需各方努力推動和加強協作，才能令新的合作機制趨於順暢和高效。

（二）城市群發展帶來的好處

根據外國的經驗，城市群發展是城市發展的大趨勢，一般分為三個階段，分別是城市化、大城市化和大都市化（Metropolitan area）。這個發展趨勢的好處主要有以下兩點：

1. 改善城市生活質素

大城市由於土地有限，而人口眾多，故普遍出現公共服務不足、房價高企、交通擠塞、經濟發展受限制等問題。以中國為例，在中國社科院最新公佈的 2015 年中國城市病指數排名中，深圳、北京和廣州位列全國前五位，顯示這些城市的居住、交通和環境等問題極其嚴重。

一線城市若透過不斷與周邊相對比較落後城市的合作，可以帶動整個區域的城市化，令當區市民有更多選擇，從而達到增加核心區人口向外流動，緩解當地人口過分擠擁的弊病，最終提升整個區域的生活質素和水平。廣東省政府正規劃，將廣州和深圳有序向周邊城市疏解非核心功能，這就是看到大城市發展的趨勢。

而且，隨着地區之間的關係愈趨密切，區域性的社會事務愈趨紛繁蕪雜。不少問題包括流行病、經濟發展、環保和人口流動等，若以傳統行政區域劃分的制度去處理，已變得極具挑戰性。因此，透過成立多元中心的架構，以平等協商和互惠互利的區域公共管理模式去處理區域性事務，會比現有模式更加有效和可行。

2. 提高經濟發展水平

經濟發展涉及土地、人才、物流、資金流和信息流等生產要素。大城市透過大都市化，與鄰近地區進行優勢互補，錯位發展，可以令生產要素在區內自由流動，可發展更龐大的國際及內需市場。更由於大都市的吸引力增加，以致區外的生產要素亦流入區內，從而令產業發展更加多元化和更具活力，令國際市場競爭力更加提升，整體經濟發展更趨蓬勃。

大都市的經濟發展，還可以令政府的規劃變得更加宏觀和全面，使生產資源的配置更加合理，支援政策更加到位。以美國為例，經過多年的發展，多個城市已步入區域化發展的階段。美國經濟分析局（US Bereau of Economic Analysis）在研究和評估全國的經濟發展狀況時，已不是孤立地每個城市去分析，也不只是每個州去分析，而是將全國城市分為 381 個大都市區（Metropolitan areas），並以之作為分析研究的重要根據。這個做法能令美國政府的經濟規劃更加合理。

（三）大灣區對香港的重要性

1. 香港的現狀和不足

經濟發展出現瓶頸

香港具有優越的地理位置。它位處亞洲的樞紐，又處於歐亞大陸與太平洋的交匯處，成為了通往世界各地的重要通道之一。對貿易物流、人才往來等方面都提供了極大的便利。

此外，香港是高度外向型經濟體系，擁有完善而卓越的法律制度和營商環境，包括零關稅、超低利得稅率等，並擁有公平開放的國際平台以及廣泛的國際商貿網絡，資金人才進出自由，故多年來在金融、航運、專業服務等方面已建立了獨特的優勢，以及良好的國際聲譽。

而且，香港匯聚了各行各業的專業人才，他們擁有廣闊的國際視野、豐富的行業經驗、與世界接軌的專業資格，因此具有高度的開放性和專業性。國家一早就看到香港在這方面的優勢，故在《十三五規劃》中提到，要「發揮港澳獨特優勢，提升港澳在國家經濟發展和對外開放中的地位和功能」。

但與許多其他地方一樣，香港的經濟發展亦正面臨着深層次的結構性問題，包括傳統支柱產業的優勢例如物流業和旅遊業逐漸減弱，以及產業結構過分單一，欠缺多元化等，這些都制約了進一步的發展。

香港是全球服務業佔比最高的經濟體之一，服務業佔 GDP90% 以上。本港的四大支柱行業均屬服務業，產業結構比較單一的問題長期被人詬病。產業之間的關聯度過高，就導致抵禦外圍風險的能力不足，在面對競爭和挑戰時，可能會令經濟表現大幅波動，而這些嚴重的結構失衡並非小修小補式的政策就可以調整得到。

特區政府一直嘗試開拓新產業，如董建華時代的中醫藥業產，曾蔭權時代的六大新興產業等，但可惜進展緩慢，成果有限。故香港近年已處於傳統產業動力減慢，新興產業仍未成熟的尷尬局面，情況令人憂慮。

事實上，目前香港的經濟競爭力已有不斷減弱的跡象。例如在中國社科院最新公佈的 2016 年中國城市綜合經濟競爭力排行榜上，香港亦只能屈居第二，落後於第一位的上海。世界銀行集團的《2016 年營商環境報告》亦顯示，香港的便利營商排名由第三跌至第五位。

市民難享應有的生活質素

香港的生活成本高昂，一直為人詬病。經濟學人智庫（Economist Intelligence Unit）最新公佈的《2017 年全球生活成本報告》顯示，香港連續兩年高踞全球生活成本第二高的城市，比其他灣區中心如東京、紐約和倫敦的生活成本更高。

人力資源機構美世（Mercer）發佈的 2017 年環球生活成本指數排名亦顯示，香港是全球駐外員工居住成本第二高的城市，雖然從 2016 年的全球最高排名下滑一位，但生活成本之高仍然排在許多國家和地區之前。

表 2.1 全球駐外員工居住成本排名

排名	城市	排名	城市
2	香港	6	首爾
3	東京	7	日內瓦
4	蘇黎世	8	上海
5	新加坡	9	紐約市

資料來源：美世 2017 年顧問報告

這項調查是比較了全球 209 個城市，計算包括房屋、食物、交通、衣服及娛樂消遣等逾 200 個消費項目物價。可見，香港的高昂生活成本是全方位的。當中既有匯價的因素，也有經濟發展水平以及資金流向等的因素。房價及租金水平高企，以及食物和交通費用高企等問題，大大加重了市民的生活負擔，甚至構成了沉重壓力，影響了市民的生活質素。

以長者安老為例，由於醫療成本高昂以及土地和專業人手等的不足，令到優質護老院等護老服務相當缺乏。根據 2017 年 6 月份數據，香港共有 36,000 多名長者輪候護養院和護理安老宿位，每名長者平均需要輪候高達 37 個月。如此長期的等待，令許多長者得不到應有的照顧，以致出現不少家庭糾紛和悲劇。

根據美世 2017 年最新公佈的全球城市生活質量排名，香港排第 71 位，低於排第 25 位的新加坡和第 47 位的東京，這與香港極高的生活成本和國際地位完全不相符合，當中有極大的改進空間。

2. 大灣區發展策略對香港的好處

突破經濟瓶頸 提供更多元化和優質的工作職位

香港作為亞洲四小龍之一，屬於先進經濟體系，長期領先於區內其他城市。但隨着經濟不斷發展，鄰近城市不斷急起直追，已從之前的附屬地位，變成直接或間接的競爭對手。若香港無適當的應對方法，這種城市之間的競爭會愈趨劇烈，香港要在當中取得優勢將面對很大的挑戰。

適當的應對策略，應是將競爭者變成合作者，將自己城市的綜合實力，透過區域合作和互惠互利而不斷提升，最終達至減少競爭，提高國際影響力的目標。香港可以借助粵港澳大灣區規劃的東風，在產品、技術和市場等方面提高創新能力，加強開拓內地及其他地區的龐大市場，以鞏固及提高本港金融、航運、商貿中心的地位，並推動投融資、商貿、物流及專業服務等方面向高端高增值方向發展。

與此同時，香港亦可以憑藉海外龐大的新增市場，吸引更多人才和資金投入到中醫藥、新工業和創新科技等新興產業之中，以加快產業多元化的進程，令產業結構更趨完善和合理，令香港更有能力抵禦環球經濟的衝擊。與此同時，多元化產業結構和成功的升級轉型，可以為市民提供更多元化和優質的工作職位，提供更多選擇。

與另外發展得較為成熟的三大灣區比較，粵港澳灣區具備極優質的條件，而且不論在土地總面積、總人口，還是產業結構等方面都有龐大的發展潛力。透過區域性的經濟合作，香港不但不會影響自身作為國際商貿、航運和金融中心的崇高位置，亦不會影響在「一國兩制」框架下的獨特地位，反而能透過分工合作和互惠互利，將灣區發展成世界一流的區域，並令香港的綜合實力更加強大。

表 1.2 世界主要灣區比較（2015 年數據）

	粵港澳灣區	東京灣區	紐約灣區	三藩市灣區
面積（萬平方公里）	5.71	3.68	2.15	1.79
人口（萬人）	6670	4383	2340	760
經濟總量（萬億美元）	1.38	1.8	1.4	0.8
主要城市	香港、澳門、廣州、深圳、珠海	東京、橫濱、川崎	紐約州、康涅狄格州、新澤西州	三藩市、奧克蘭、矽谷、聖荷西

資料來源：中國政府網、各城市政府統計局、香港統計處、澳門統計局、中商產業研究院

提供更好更優質的生活環境

香港面臨着的高生活成本問題，部分原因是由於香港面積細小，以及缺乏穩定的土地及房屋供應。在人口不斷增長的情況下，造成供不應求，不但推高成本，更令市民缺乏多元選擇。如能擴闊市民的選擇空間，增加供應，則可望紓緩日漸增加的生活成本，並提供更優質的生活環境。

事實上，只要能改善灣區內的交通及行政安排，以打造一小時生活圈，大大縮短不同城市之間的差距，香港人可以選擇居住的地方將無須局限在香港，而是可以擴展到鄰近的城市。目前廣東省的基礎交通網絡日漸完善，已建成龐大的公路網和鐵路網，故已出現居住城市和生活城市分工合作的現象，如深圳和惠州的交通基建愈趨完善，因而有不少人在惠州居住，在深圳上班。將來若跨境交通基建進一步改善，則香港人在廣東省內居住，在香港上班的情況必會愈來愈普遍。

安老服務方面，透過改善福利醫療及交通等安排，以及在省內鄰近城市提供更多設備完善的安老院舍，香港的長者亦可以更便宜或相若的價錢，享受更優質的環境和安老服務。

只要粵港澳大灣區內的各大城市，能透過完善和全面合理的城市群規劃，在交通基建、出入境制度、行政法規、福利安排、房屋、醫療、教育以及環保等方面提供多方面的配套，能做到以人為本和互融互通，則能打造出極其方便而且優質的大灣區一小時生活圈，共同提升區內市民的生活質素。

第二章
粵港澳大灣區規劃建議

（一）大灣區的規劃原則

1. 政府推動 市場主導

大灣區的發展涉及制度問題，需要政府在行政和財政等公共政策方面的支援，故政府在整個規劃的落實上必須擔當重要的角色。但規劃最終能成功落實，還是需要依靠龐大的市場力量。政府要發揮推動、協助的功能，但具體的發展方向和步伐等，應由市場自行決定和執行。只有透過政府和市場的合理配搭，才能避免效率低下及資源錯配等問題。例如香港可以發揮龐大和完善的市場網絡和平台，以推動商貿等的發展。

2. 經濟為主 重視民生

大灣區策略的提出，主要是為了促進珠三角地區的區域融合，並藉此提升整體經濟競爭力。但一個完整的區域化發展，必定需要同時改善區內居民的生活環境和質素。片面追求經濟發展而忽略房價、環保和醫療福利等問題，並非大灣區發展的正確策略。故三地政府在進行規劃時，應注意經濟與民生的平衡發展，並以提高生活質素為最終目標。

3. 發揮優勢 集中資源

大灣區內十一個城市各有優勢，在發展時必須根據自身比較擅長的條件，與兄弟城市進行優勢互補。避免好大喜功，四面出擊，即使明知力有不逮，亦強行發展，以致出現惡性競爭，造成資源浪費。香港是灣區內最國際化和最開放的城市，而且具備獨立、成熟和完善的法律、科研、金融及商貿條件和環境，亦吸引了大量的外來人才。故在發展灣區時，應充分發揮這些長處，集中資源制定合理策略，理性選擇方向。

4. 整體受惠 成果共享

整個灣區的發展規劃，要盡量創造更多元化的機遇，盡量涉及多個階層和範疇，着眼於令更多的群體受惠，避免規劃的成果只被少數人和機構壟斷。例如經濟發展方面，要注意打造公平的競爭環境，努力讓大企業及中小企業皆能普遍受惠。

（二）大灣區的宏觀定位

1. 全球最開放、最具競爭力和可持續發展的城鎮群之一

大灣區應促進區內的人流、物流、資金流和信息流的流通，及降低制度的局限性，令大灣區成為國家乃至全球最開放、最具競爭力和可持續發展的城鎮群之一，並成為國家「一帶一路」倡議、資本市場開放及人民幣國際化等大格局大戰略的重要平台。

2. 世界級的創新科技產業基地

大灣區擁有比較完備的創新鏈、產業鏈和供應鏈，並有完善的法規，以及成熟的融資平台，可以吸引各地創業人才和團隊在區內推動創新科技發展，並落實從理念、籌資、研發、製造、產業化一條龍的創新產業流程，打造世界級的創新科技產業基地。

3. 世界級的現代服務業中心

現代服務業是先進經濟體的重要指標之一。大灣區內擁有多元化的現代服務業如法律、物流、會計、金融等，亦匯聚了大量的高端人才。粵港澳三地應透過錯位發展、互惠互利，將區內打造成世界級的現代服務業中心。

4. 世界級的航運物流樞紐

粵港澳大灣區擁有龐大的海港群和空港群，而且位處亞洲的重要航區，一直是區內重要的航運樞紐。三地可加強港口和機場的協調，做好國際和國內分工，將大灣區打造成世界級的航運物流樞紐。

5. 最具活力和影響力的文化中心之一

大灣區是粵語區，多年的積澱已孕育出重要的粵語文化，對海內外的華人及外國人產生了重要的影響。而大灣區亦是嶺南文化的重要基地，承載着幾千年的豐富沉澱。三地只要加強文化保育、推廣及產業化，定可以發展成極具活力和影響力的文化中心。

6. 世界上最宜居的優質生活圈之一

大灣區的發展不能只重視經濟，亦必須全面提升區內人民的生活質素。三地政府需推動房屋、教育、福利、環保、醫療衛生和社區設施等的發展，將香港、澳門和廣東省共同建設成世界上最宜居的優質生活圈之一。

（三）香港參與發展的具體建議

1. 加強制度建設及支援

1.1 **成立智囊聯盟：**由中央有關部門牽頭，由三地相關的智囊機構成立聯盟組織，共同研究各項議題，制定出協同發展的行動方案。並以智庫交往帶動人文和學術交流，增進大灣區內各界社會對整個規劃的準確理解。

1.2 **成立研究基金：**特別為大灣區發展成立研究基金，資助學界、民間組織及社團等進行相關研究，協助三地更全面和充分地把握機遇。

1.3 **優化關口的通關安排：**目前三地之間有多個出入境關口，只有少部分是 24 小時通關，而且部分關口的通關過程比較繁複。為了配合大灣區的發展，應研究在更多口岸如深圳灣口岸等實施 24 小時通關，並簡化過關手續，以便利愈趨頻繁的跨境活動。

1.4 **成立珠海聯絡處：**香港特區政府檢視駐粵辦的職責和人手配置是否能夠配合政策的推行，並研究成立駐粵經貿辦駐珠海聯絡處，以加強與珠江西岸重要城市的聯絡。

2. 打造世界級金融中心

2.1 **優化深港通計劃**：包括擴大投資範圍，例如可互相認購新股、可投資衍生產品等，以及放寬每日交易額度，並加強保障投資者，以提升灣區內資本市場的互聯互通程度，提升整體投融資的能力。

2.2 **發展金融科技**：聯合發展金融科技，透過對人工智能和電子支付等範疇的研究和實踐，提升區內金融機構及工商業的營運效率，協助業界開拓新的發展模式。例如可打造高度互聯的電子支付系統，以建立起一個可以廣泛應用的區域性平台，降低區內的交易成本。

2.3 **吸引金融機構落戶香港**：共同推動亞投行、金磚國家發展銀行、絲路基金及亞洲金融合作協會等金融機構，以及大型企業以香港為重要金融基地，從事相關的融資、財資管理及項目風險管理等業務，並共同將灣區打造成世界級的投融資平台和財富管理中心。

2.4 **建立國家文化金融合作試驗區**：三地合作在廣東省內建立國家文化金融合作試驗區，以發展文化產業知識產權的相關金融服務，包括建立和完善針對文化企業、文化項目融資的信用評級制度，並引導和促進金融機構創新金融產品和服務模式發展，搭建文化金融服務平台。並引導各類文化產業投資基金落戶廣東，吸引國內外文化領域專業機構及組織進駐。

2.5 **強化人民幣業務**：粵港兩地政府盡快擴大跨境人民幣貸款的試點範圍至整個廣東自貿區；並通過合作，在區內發展融資租賃產業，進一步促進人民幣資金在粵港之間的跨境循環使用。積極鼓勵更多合資格的非金融企業和金融機構來港發行人民幣債券，共同鞏固及提升香港的人民幣離岸樞紐的地位。

2.6 **促進保險產品互聯互通**：研究並推動香港與廣東省的保險業務互聯互通機制，在規管、理賠及客戶保障等方面制定完善的規則，讓兩地市民可以合法購買對方的合規保險產品。

3. 促進專業服務發展

3.1 **成立名錄平台**：聯合三地的中小企業和各項專業服務團體成立一個統合的平台，並整編成為登記名錄，讓相關的政府部門和企業可在有需要時，能找到合適的合作伙伴，一同提供專業服務，並聯合進行各項投資。相關機構亦要更積極主動地去推動區內的商業伙伴進行合作。

3.2 **推動更多專業資格互認**：擴闊目前專業資格互認的範圍，以便利更多的專業人士在灣區內自由開展業務。措施不但能促進大灣區內現代服務業的發展，亦可促進其他商貿等產業的發展。

3.3 **利用香港提供法律仲裁**：充分利用香港實行普通法的優點，爭取安排區內外的融資合同在港簽署，採用本港法律為適用法律，並向國家爭取將香港作為相關合同糾紛的法律仲裁中心。並與粵澳主要的仲裁機構加強合作，將香港建設成亞太區國際法律及解決爭議服務中心，為區內外建設提供法律和仲裁服務。

3.4 **協調機場港口**：加強協調區內多個機場和港口的運作，並加強人才培訓，以及促進服務管理和保險業務等方面的發展，將大灣區打造成國際級的高增值多功能航運中心，並爭取強化香港港口轉口貨物至內地城市的效率及功能。

4. 建設創新科技灣區

4.1 **合力發展河套區**：發揮三地的優勢，大力發展河套地區創新及科技園，透過稅務優惠等措施，共同合作加快發展創新科技產業，包括吸引更多風險投資、科技服務產業，推動專利技術創業孵化、應用轉化，完善知識產權制度，建設創新技術與產品的供需市場。

4.2 **聯合發展智慧灣區**：三地各有不同的科技優勢，例如全國六大超算中心，廣東就佔有兩個。香港則有高端和國際化的科研網絡等。三地應協調官、產、學、研的合作，透過發展大數據、加強科技基建，及訂立資歷認證機制等政策，將整個大灣區發展成智慧城市群。

4.3 **成立國家級科技創新中心**：聯合向中央申請，在大灣區內成立國家級的科技創新中心，提供最佳的科創資源和平台，盡快推出具有世界級影響力的原創成果，以推動國家及灣區內的創新科技產業發展。

4.4 **入口免關稅**：內地海關對於來自香港的大灣區創新科技所需的原材料、設備和中間產品等，均不視為進口，而免除入口關稅。措施可降低研發等成本，為大灣區的創科產業提供更佳條件。

5. 打造中醫藥產業中心

5.1 **整合多元要素**：整合三地中醫藥醫療、教育、科研、營銷等的優勢，將區內打造成集中醫治療、養生保健、藥物專利等於一體的國際中醫藥產業中心。

5.2 **訂立中藥共同標準**：研究就藥物規管及進出口管制事宜逐步商定一套共同標準，突破市場藩籬，並且對彼此的出口中藥實施稅務優惠，促進中藥貿易，加強業界合作，以求地盡其利，貨暢其流，共創商機。

5.3 **加入中醫藥科技產業園**：香港加入粵澳在橫琴建立的中醫藥科技產業園，憑藉着香港的各項優勢，加強園區內檢測認證、科研和行銷等的實力，並吸引更多相關企業進入園區，發揮集聚效應，促進中醫藥發展。

6. 創造營商及工作友善環境

6.1 **建立一站式營商資訊平台：**加強相關機構如香港貿易發展局的職能，優化及統合目前的資訊平台，建立一站式超級營商資訊平台，以網站及資訊中心等的形式，為大灣區內的商戶提供統一而全面的共享企業資料庫、政策法規、融資渠道、企業管理、市場環境等方面的資訊及顧問服務，協助企業打破市場藩籬，走進內地及邁向國際，積極開拓市場。

6.2 **打造企業輕稅負環境：**內地企業稅費負擔的問題一直受到社會關注，而香港的利得稅制則被批評為僵化。建議三地成立聯合部門，研究調低整體的企業稅負，制定有針對性的稅務優惠政策，切實幫助稅負較重的企業。具體包括廣東省調低稅率、設定免徵額、對小規模納稅人免徵增值稅。而香港則訂立更靈活的利得稅制以促進產業發展。

6.3 **推動商標及知識產權互認：**加強三地商標及知識產權的合作，推動註冊資格互認，以減低企業的經營成本，並打擊違規惡意搶註商標及侵犯知識產權的問題。

6.4 **改善跨境薪俸稅計算方法：**靈活放寬現時港人在內地工作和停留超過 183 日，便要向內地繳交個人所得稅的安排，包括應將出入境當天只當作半天，以及將週末、週日和節日假期等非工作日數撇除計算於該 183 日之內等。甚至可考慮先行先試，明確規定在內地工作的港人按香港稅率向內地政府繳稅。

6.5 **簡化行政安排：**三地共同協作，取消市場開放的各種障礙，簡化各項行政安排，以及便利企業在創立、審計、繳稅和營運等各個環節的運作，以降低人力和行政成本。

6.6 **推動跨境直升機服務：**將跨境直升機運輸服務擴大至廣東省主要城

市，包括珠海、廣州和中山等，以便利商務往來，推動三地更多元化的商貿和經濟發展。

6.7 **推動職業資歷架構互認**：進一步推動三地的職業標準及資歷架構的互認，以便利香港人在內地及澳門工作。具體包括增加更多「一試多證」項目，及增進三地職業培訓院校的連繫和交流，並為青少年提供更多實習的機會。

6.8 **提供統一就業資訊平台**：三地的勞動部門探討成立統一的就業資訊平台，以便利區內的年青人跨區找尋工作，尤其可以便利香港年青人在外地尋找更好的發展機會。

6.9 **增設青年創業中心**：參考「前海深港青年夢工場」的經驗，在南沙和橫琴這兩個自貿區也開設類似的青年創業中心，充分利用這兩個自貿區的不同發展定位與地理位置，培養具創新創業意念的青年，以及具高潛質的初創企業，並同時探索創新創業孵化器產業化發展的新模式。香港亦應發揮更多商貿平台和融資平台的優勢，為青年創業中心提供更豐富的資源。

7. 構建優質生活圈

推動環保發展

7.1 **發展環保科技**：三地聯合制定完整的政策共同發展環保科技，例如設立專門研究機構，以及協調三地專才及業界研究專門項目等，加快推動環保科技的發展，以改善民眾的生活。

7.2 **發展綠色金融**：因應國家「十三五」規劃建議發展綠色金融，例如發行綠色金融債券為投資回報期較長的環保項目集資。香港可與廣東省聯合發展綠色金融，包括聯合爭取國家金融機構善用香港資本市場的優勢，利用香港作為發行綠色金融債券的平台之一，以推動環境保護工作。

7.3 **合建環保園：**加強合作研究廢物處理技術，開拓可再生能源，包括共同覓地建立「環保園」，並鼓勵企業在園內設立回收加工廠或再造品生產線，亦可設置研究所，讓三地專才共同研究環保技術，將廢物轉化成新產品或能源。

7.4 **合建超級垃圾處理中心：**三地合作，應用最新科技在區內興建超級垃圾處理中心，統一處理區內的大型廢物，以紓緩垃圾堆積的問題，同時促進環保科技及環保產業發展。

7.5 **改善空氣污染：**三地共同合作改善空氣污染，包括統一相關的預警發佈機制，逐步減少燃煤發電，並同步增加天然氣、水力、風力及太陽能發電的使用，及在珠三角海域建立「船舶排放控制區」等。

7.6 **妥善運用水資源：**共同研究保護及妥善運用水資源，包括共同研究制定節約用水的目標及方案，提高珠江水質量，及加強對再造水和海水化淡等技術和項目的研發合作。

7.7 **提高食品安全：**優化三地的食品安全恆常溝通平台及機制，加強廣東省與港澳消息互通，建立緊急應變措施，協調各方行動及釐清職責。同時完善相關監管及註冊制度，以及建立統一而科學的食品安全標準等。

7.8 **建立聯防聯控合作機制：**三地政府積極研究建立恆常的突發性環保事宜的聯防聯控合作機制，制定相關事故的通報、監測及治理機制，透過定期聯合演習，確保機制有效運作。

7.9 **建設超級單車徑：**打通及延長香港的單車徑，並連接至廣東省綠道，打造連接整個粵港地區的綠道網，為區內市民提供一個綠色環保、低碳經濟的交流和旅遊休閒途徑，以促進經濟、體育和文化的發展。

提供更多生活便利

7.10 **便利港人申領內地身份證**：目前港人必須在內地定居才能申領內地身份證，令許多經常在內地活動的港人非常不便。有關部門應研究在廣東省先行先試，放寬有關規定，向不在廣東省定居的港人發放內地身份證明，以便利在內地的教育、工作和生活。

7.11 **優化廣東計劃**：將「長者生活津貼計劃」加入現行「廣東計劃」，以便利內地定居的長者。

7.12 **提供更多安老宿位**：研究優化現時的「廣東院舍住宿照顧服務試驗計劃」以提升吸引力，並在廣東省各主要城市內增加更多優質安老宿位和院舍，及提供更多配套措施，包括一站式往返香港的安排等，以吸引長者回內地安老。

7.13 **推進病歷轉介**：全面推行香港居民病歷轉介計劃，令灣區內更多城市和更多定點醫院可以自由轉介病歷，以方便病者就醫。

7.14 **看病可享國民待遇**：研究以「對數」或其他適當方式，容許居於省內的港澳人士，在內地支付當地居民收費以使用基本醫療服務，而港澳特區政府則定期向廣東省政府繳付撇除這些香港病人已繳收費的服務成本差額。並研究將香港醫療券的應用範圍，擴展至廣東省及澳門主要醫院及診所。

7.15 **成立合辦醫院**：參考香港大學深圳醫院的模式，讓香港及澳門比較優質的醫院在廣東省九大主要城市建設合辦醫院，採用港澳式管理，由三地的醫療專家組成團隊，共同為市民提供優質醫療服務。

7.16 **發展遙距醫療：**透過互聯網及資訊科技等先進技術，聯絡區內各主要醫院和診所，形成一個完善而統一的遙距醫療平台。此平台可以令部分病人只需安坐家中或指定地點即可接受醫療機構的診療服務，為區內的市民提供更多便利和優質的醫療服務。

7.17 **容許港澳學童獲得廣東省義務教育：**建議廣東省內主要城市效法深圳的做法，讓港澳籍的學生可以和非當地戶籍學生一樣申請參加積分入學，獲得當地義務教育。

7.18 **加強高等院校合作：**加強「粵港澳高校聯盟」等區內聯校組織以及高等院校之間的合作，包括加強聯合研究工作、共同建立實驗室和研究中心，以及加強高校學生的交流互訪等。

7.19 **容許港澳居民申請廣東省公務員職位：**容許港澳人士加入廣東省的管治體制，包括可以擔任廣東省政府機構的公務員和陪審員等，以增加港澳人士認識和參與廣東省內事務的機會，促進三地交流和溝通。

7.20 **試行香港跨境私家車無限額進入廣東：**優化現時過境私家車配額制度，在港珠澳大橋先行先試，讓經港珠澳大橋進入廣東省的香港私家車不受配額限制，令更多香港車輛可以無障礙自由進入內地，以促進經濟發展及社會文化的交流。

8. 加強文化互通

8.1 **打造嶺南文化區：**將灣區內獨特的文化內涵如粵語、武術、曲藝、飲食和建築等發揚光大，並推向全國以及海外地區。不但能加強區內的文化認同感，亦可以促進有經濟價值產業如電影、飲食、時裝及設計等的發展。

8.2 **推廣中國傳統文化：**三地加強推廣中國的哲學思想、中國歷史和廣東傳統文化，並加強區內的文化文物保育工作，及將更多三地的珍貴歷史文物互相借調進行公開展覽。

8.3 **加強國情教育：**在珠三角地區設立港澳青少年交流培訓基地，以接待港澳青少年進行國情教育、企業機構參觀以至兩地學生交流等活動。

8.4 **降低電訊服務成本：**降低長途電話和漫遊收費，實現廣東省與港澳無障礙互聯互通。長遠而言，應禁止三地的電訊運營商對本地、跨地與漫遊業務實施差異收費，實現灣區收費一體化。

8.5 **推動電視頻道落地：**加強協商，讓中央電視台及廣東省內主要電視頻道能全面於香港落地免費轉播，以加深香港人對國家和廣東省的認識和促進文化交流。

第三章
需要關注的問題

（一）避免影響本地生活和工作環境

參考美國和日本等地的經驗，城市化去到一個程度，由於經濟發展和人才聚集等原因，可能會令部分外圍人口向城市中心集中，以致推高生活成本，令中心地帶承受過大的生活壓力。而且，由於人才流動性增加，外來就業人口或會影響香港部分行業和年齡層的就業機會。因此，政府應就這些課題進行專項研究，認真評估可能出現的問題，並視乎需要而提出可行的應對措施，包括研究如何避免推高生活成本，大幅增加住屋和公共服務等措施等。

（二）不要忽視人心互通

區域的發展應是全方位的經濟和民心的互通和交流，否則可能會出現官商熱烈但民間冷淡的情況，故大灣區的建設絕不能忽略人心的互通。近年香港本土思潮湧現，與內地的矛盾比較突出。三地政府在規劃建設時，應加強促進三地人民彼此的了解和溝通，並妥善處理好具體的矛盾問題，讓大灣區的建設能順利落實。

三 《道通天下 大灣無疆：粵港澳大灣區跨境交通基建規劃建議書》及相關圓桌會議

2019 年

目次

前言

粵港澳大灣區包括廣東省九個城市，即廣州、深圳、珠海、佛山、惠州、東莞、中山、江門及肇慶，以及香港和澳門兩個特區。「九市兩區」各自具有不同的優勢，而且人口約 6,700 萬人，區域面積達 56,000 平方公里，合共的地區生產總值達到 13,000 億美元，因此具有巨大的發展潛力。只要能夠做到優勢互補，定能加快珠三角區域一體化的進程，打造出高端、開放、創新、繁榮的國際級大灣區。

2017 年《深化粵港澳合作，推進大灣區建設框架協議》列出七大重點合作領域，當中第一項，就是要推進基礎設施互聯互通，「強化內地與港澳交通聯繫，構建高效便捷的現代綜合交通運輸體系。發揮香港作為國際航運中心優勢，帶動大灣區其他城市共建世界級港口群和空港群，優化高速公路、鐵路、城市軌道交通網絡佈局，推動各種運輸方式綜合銜接、一體高效」。可見，交通基建互聯互通，是大灣區建設的重要基礎及前提。

有見其重要性，民建聯就有關課題進行了深入而廣泛的研究，對如何加強大灣區內海陸空交通基建的互聯互通，提出一系列重要建議，期望可以藉着打造立體而完善的交通網絡，促進灣區內的人流、物流、資金流和信息流的流通，將大灣區建設成世界一流的優質地域。

第一章
大灣區跨境交通基建的現狀與不足

（一）現狀

1. 陸路

目前香港與內地有八個陸路過境通道，包括深圳灣、落馬洲、文錦渡、沙頭角、羅湖、皇崗，以及西九龍站及紅磡站。再加上即將開通的港珠澳大橋及蓮塘口岸，則有十個跨境陸路過境通道。

廣東省目前已建成以高速鐵路為骨幹的鐵路網絡，總運營里程達 2,000 公里。高速公路網亦已全面建成，通車里程達 1.1 萬公里。城際鐵路網則覆蓋珠三角九市及清遠市區，運營里程達 1,100 公里。目前正規劃以廣州及深圳為核心，完善鐵路及公路網，以構建珠三角一小時交通圈。

2. 海路

目前大灣區內形成了香港、深圳和廣州三個門戶樞紐港。香港擁有天然深水港，港口是全球十大最繁忙的貨櫃港之一，也是灣區內國際化程度最高的港口。香港也是亞洲著名的國際船舶融資中心，全球十大簿記行有七所在香港設有辦事處。

廣東省則基本形成了以廣州港、深圳港、珠海港、汕頭港、湛江港五大沿海主要港口和佛山港、肇慶港兩大內河主要港口為龍頭，輻射華南、西南，面向全球的港口發展格局。截至 2017 年底，全省港口共有生產性泊位 2,715 個，其中萬噸級以上泊位 309 個，約佔全國八分之一。目前正研究以廣州港集團、深圳港口集團為兩大主體，分區域整合沿海 14 市及佛山市範圍內的省屬、市屬國有港口資產，進一步提升廣東省港口國際競爭力和影響力，建設具有國際影響力的港口群，打造世界級港口航運集團。

表 3.1 2017 年全球十大主要貨櫃港口排名

排名	港口	港口吞吐量（千個標準貨櫃單位）
1	上海	40 233
2	新加坡	33 667
3	深圳	25 209
4	寧波—舟山	24 607
5	香港	20 770
6	釜山	20 493
7	廣州	20 356
8	青島	18 310
9	杜拜	15 368
10	天津	15 069

資料來源：2018 年香港港口統計數字一覽

3. 航空

大灣區內存在香港、廣州、深圳、澳門和珠海五大民用機場。當中以香港國際機場的國際化程度最高。現時香港國際機場是世界最繁忙國際客運機場之一，有超過 100 家國際航空公司每日提供 1,100 架次客貨運航班，連接全球超過 220 個航點。香港機場管理局於 2016 年 8 月展開第三條跑道系統工程，以應付長遠的航空交通需求。政府亦正研究提供跨境直升機服務，連接香港和珠三角城市。

除了五大機場外，大灣區內還有佛山、惠陽等軍民合用或軍事機場。目前全廣東省民用機場共開通航線 530 條。根據最新發佈的《廣東省綜合交通運輸體系發展「十三五」規劃》，廣東將重點打造「5（幹線機場）+4（支線機場）」的世界級機場群格局，包括在佛山新建珠三角新幹線機場，目標是到 2020 年全省國際機場開通國際航線達 210 條以上，民用機場旅客吞吐能力超過 1.4 億人次，貨郵吞吐能力達到 610 萬噸。包括廣州白雲機場、深圳寶安機場、珠三角新幹線機場、珠海金灣機場、惠州平潭機場（深圳第二機場）等 5 大機場，粵東西北打造揭陽潮汕機場、湛江機場、梅縣機場、韶關機場等 4 個機場，建立更加完善的航空網絡，全力打造國際及國內航空樞紐。

全省還將在廣州、珠海、汕頭、東莞、梅州、汕尾、肇慶、茂名、江門、河源、清遠等市新建一批小型通用機場，提供公務出差、空中旅遊、空中航拍等飛行服務。

（二）不足之處

隨着大灣區整體經濟、人口的發展，社會對於大灣區各項跨境交通的訴求日益增加。然而，大灣區內部的各項土地、空域等資源日趨緊張，若未能與時並進作出優化，可能會制約了整個大灣區的發展。而目前珠三角各地的樞紐連接不暢、通關客貨運效率偏低、樞紐建設的規劃統籌分工等不足之處，將是三地政府亟待解決的問題。

1. 三地交通網絡銜接不暢

目前粵港澳三地交通規劃的連接並不緊密，主要是政府會根據各自的需求進行研究，導致三大交通網的互聯互通仍然存在不少障礙。例如香港機場雖然已經通過海天碼頭和澳門及廣東省多個城市建立了連接，但目前尚沒有直接連通兩機場的交通方式，以致造成不便，預計這將是未來珠三角區域深化合作的一項重要內容。

2. 交通換乘銜接不足

三地海陸空通道之間的互補性，可以透過無縫銜接而得以充分利用。但珠三角目前換乘系統的銜接仍然不足。例如香港機場近兩年來一直在完善往來珠三角的交通接駁，目前已設立跨境快船、跨境客車等多式聯運樞紐。以跨境快船為例，鄰近香港機場的跨境輪渡碼頭——海天客運碼頭連接了九個口岸，分別是東莞虎門、廣州蓮花山、廣州南沙、澳門（外港客運碼頭）、澳門（氹仔）、深圳福永、深圳蛇口、中山、珠海九洲。不過，實際上只涵蓋六個城市，部分灣區城市例如江門、肇慶、佛山和惠州等仍未有開通航線。如不進一步發展新的航線及加密班次，將不利於大灣區的交通網絡建設。

3. 互相競爭多於合作

經過多年發展，三地各自發展出具有規模的交通網絡。但由於之間缺乏足夠的協調，故出現了重複建設及功能重疊的問題。以機場為例，除了香港和澳門各有一個機場外，整個廣東省在廣州、深圳、珠海、惠州、湛江、佛山和韶關等城市亦分別設有多個機場。在整個大灣區內，設有數量如此多的機場，而且發展目標亦極為相似，無可避免會構成競爭，造成一定程度的內耗。故三地如何在各個範疇協調發展，以發揮協同效應，是一個極具挑戰性的任務。

4. 區域樞紐機場連接度不足

大灣區機場的國際航點數量目前仍然偏少，根據英國 Megahubs International Index 2018 的排名，香港國際機場的國際連接度全國最高，達 230 分，全球排名第 13。但廣州白雲機場則只有 149 分，全球排名第 31。而深圳寶安機場更是不入榜。數據反映，如果要將大灣區發展成為全球主要商貿中心及物流樞紐之一，必須要進一步加強區內各主要機場的全球連接度。全球連接度排第一的英國倫敦希斯路機場和排第三的德國法蘭克福機場就是兩個成功的樞紐機場例子。

5. 空域不足局限發展

在方圓不足 200 公里的珠三角狹長範圍內，彙集了香港、廣州、深圳、澳門和珠海五大民用機場，此外還有佛山、惠陽等軍民合用或軍事機場，珠三角區域的機場分佈密度非常大。而且，廣東省將在十三五期間，新建珠三角新幹線機場，並擴建廣州白雲機場、寶安機場及平潭機場等機場，預料將會加劇區內空域緊張的情況。由於目前各個機場的管制空域基本上按行政區劃設，在機場密集的情況下，各機場管轄空域狹小又要保留一定的安全保護區域，所以導致了空域不能充分利用，再加上眾多航空交通流彙集於珠三角上空，空域重疊、航班量大、起降頻繁，使得飛行空域異常緊張，航班延誤的情況嚴重。

根據《2018 年 7 月全球航空公司到港準點率報告》的資料，大灣區內多家航空公司的準點率都普遍低於主要競爭對手。例如日本航空、大韓航空及新加坡航空等，準點率都達到 90% 以上。而南方航空則只有 78%，香港國泰航空也只有 81.3%。區內的航班若經常延誤，可能會令更多旅客轉飛至區內毗鄰更準時、更可靠的航運樞紐。一旦發生這個情況，香港以及灣區內航空業及相關經濟利益將蒙受無可彌補的損失。這些延誤嚴重削弱了香港以及大灣區作為進出中國門戶、亞洲主要航空樞紐，以至國際重要旅遊及商務中心的地位。

6. 通關效率仍有待提升

香港和深圳部分口岸已接近飽和，現有的容量已無法完全滿足跨境的需求。例如深圳灣口岸在 2015 年的日均客流量，已達 10.3 萬人次，已遠超當初設計 6 萬人次的負荷。預料隨着香港和深圳西部繼續發展，深圳灣口岸將要承受更大的壓力。而且，內地與香港多數口岸仍需雙邊查驗，雙重輪候，亦使通關效率受到較大影響。在貨物運輸方面也是如此。目前香港轉運的運輸程序非常繁瑣，例如在香港，轉運貨物時必須使用專門用於航空運輸的集裝器，但集裝器需要經過報關、清關手續，故導致效率低下，成本亦提高。

第二章
大灣區跨境交通基建規劃建議

（一）軟件

1. 優化空域安排

2007年國家民航局、香港民航處及澳門民航局共同制定了《珠江三角洲地區空中交通管理規劃與實施方案（2.0版本）》，根據統一規劃、統一標準、統一程序的原則，制定多項短、中、長期改善空管、優化空域安排的措施。多年來取得了一定的成績，包括新增新空管移交點及相關航道，以及調整了珠海空域結構及新增了外圍航道等。

不過，相對於大灣區龐大的空中服務需求，目前的改善成果仍然遠遠落後。建議三地政府加強協調，加快落實各項優化措施，並進一步優化空域，騰出更多空間讓航空公司擴展服務。此外，應考慮重新編排有關管制的優次緩急，並考慮為香港及灣區內其他地區前往各地城市的航班開設備用航道，以供當現有航道及領空受到廣泛管制時使用。當局亦應將香港航空交通流量同時納入內地空中流量管理系統一併考慮，使香港的航班運作更有秩序、更穩定。

此外，亦建議制定空域管理的相關條例，以科學配置空域資源、更規範地管理航空行為，以促進大灣區的航空業發展。而粵港澳三地亦應考慮成立聯合空中管理中心，以創新模式處理大灣區的空域管理問題。這方面可以參考歐洲的經驗。歐洲各界在歷史上也曾面臨空域管理的問題，以致航班延誤嚴重。為解決這一問題，歐洲致力於建立歐洲單一天空（Single European Sky），透過統一協調去處理空域不同的問題，其中之一就是成立 The Maastricht Upper Area Control Centre（MUAC），以管理比利時、德國北部、盧森堡和荷蘭的空域，並確保這些區域的航班高效及安全。透過多國共同管理的模式，MUAC 令區域內的航班準時率長期高於 90%，2013 年更高達 99.5%。MUAC 的做法值得大灣區三地的航空部門參考。

2. 推動智能通關

目前大灣區內的口岸通關仍採用較傳統模式，旅客出入皆需要出示證件，而且多個環節都要靠人工操作。據研究，傳統安檢系統每小時通過一百六十人左右。但隨着人工智能等技術的發展，通關效率得以大大提高。例如目前北京首都機場及杭州蕭山機場等地，已開始試驗人臉識別技術，自動對旅客進行身份識別和身份信息綁定，以提高通關效率。據說中科院也在開發「無紙通關」技術，未來旅客可以不用登機牌。

若這些技術試驗成功，建議應在大灣區內各個口岸都予以運用，務求大幅提高通關效率，促進人流物流的往還。與此同時，應考慮全面提升各口岸的資訊科技系統，以免因系統過分老舊而影響通關效率。

3. 優化跨境車牌制度

目前香港私家車可以透過常規配額的兩地跨境車牌制度，以及「過境私家車一次性特別配額」制度，取得進入內地的資格。但常規配額制度的申請條件較多，很多港人都不符合資格。而特別配額制度目前則只在深圳灣口岸實施，而且必須逐次申請，而兩次申請之間必須相隔最少六個星期，也令不少香港私家車主感到不便。

香港與內地有關方面可以放寬相關安排，在多個相關口岸，包括深圳灣、文錦渡及港珠澳大橋等口岸，優化「過境私家車一次性特別配額」制度，採取「一次辦理、多次使用」模式。申請者在辦理手續時，由口岸查驗部門進行手續審批後，可獲「一次性配額資格」，為期三年。在此期間，當車主及該登記車輛需要出入口岸，僅需要在出發到口岸的 24 小時前，通過網絡查看出行當天的可預約配額，然後提交簡單的電子信息登記，即可在預約的日子裏駕駛車輛過境。一切的手續辦理及費用繳交，均可在網上處理。中期而言，應考慮放寬配額制度，令車輛進入特定配額的口岸後，可以在任何一個其他口岸離境，以增加靈活性，減低時間成本。長遠亦可研究在個別口岸如港珠澳大橋取消所有配額制度，令更多香港車輛可以無障礙自由進出內地。這樣就可以充分發揮各個跨境口岸的潛力，大大便利香港私家車進出內地進行商務或生活旅遊活動。

4. 主要口岸實施 24 小時通關

目前三地之間有多個陸路及海路出入境關口，但只有三個口岸，即落馬洲口岸、港珠澳大橋及港澳客輪碼頭是 24 小時通關，其他口岸均有通關時間限制。如羅湖口岸及深圳灣口岸是上午 6 時半至午夜 12 時開放，文錦渡口岸則是上午 7 時至晚上 10 時開放。鑒於跨境活動日趨頻繁，而預計隨着大灣區的發展，這股趨勢更是有增無減，香港與內地政府應研究在更多主要口岸如深圳灣口岸等實施 24 小時通關。

5. 優化口岸通關手續

不少跨境人士，以及物流業人士都反映，多年來不少口岸的通關效率雖然不斷提高，但通關過程仍然比較繁複，需時較長。例如在皇崗口岸，跨境人士需要在兩個口岸分別上下車一次，而且必須攜帶身上所有行李，造成不便。港珠澳大橋則仍然實行三地三檢，增加了通行時間。而物流業亦表示，部分內地陸路口岸的驗貨標準有時並不清晰，而且手續較為繁複，他們往往需在口岸等候數小時過關，大大影響了通關效率。另外，業界反映，本港轉口貨物的清關手續比較繁複，亦有進一步簡化的空間。

為了配合大灣區的發展，打通人流和物流，兩地口岸應研究簡化過關手續，包括在更多口岸如皇崗口岸實施一地兩檢，甚至研究實行合作查驗，一次放行的兩地一檢模式，並將各項要求進一步公開及透明化，以便利愈趨頻繁的跨境活動。

此外，在國家政策上亦應進一步簡化轉口貨物的清關手續，包括研究在內地的指定區域，允許轉口香港的貨物可以使用航空運輸的集裝器等。亦可研究在口岸建立儲存櫃，以便利貨物通關。長遠亦應研究在珠海建立貨物轉運／集散中心，鼓勵航空貨物的陸路運輸經珠港澳大橋向粵西分流，以減輕皇崗口岸、虎門大橋一線的運輸壓力，從而提升香港乃至整個大灣區作為國際貨運樞紐的競爭力。

6. 進一步發展預辦登機服務

目前灣區內部分機場如香港國際機場，有提供預辦登機服務，旅客可以在六個車站如廣州正佳廣場及深圳灣口岸，以及九個快船口岸如東莞虎門等，辦理預辦登機服務，託運行李，領取登機證及申請退還已繳付的離境稅。此項服務為旅客提供了極大的便利。未來香港應考慮將服務擴展至更多地方，例如酒店、碼頭、車站及會展場館等等。

表 3.2 香港國際機場預辦登機服務點

快船口岸（9 個）	東莞虎門、廣州蓮花山、廣州南沙、澳門（外港客運碼頭）、澳門（氹仔）、深圳福永、深圳蛇口、中山、珠海九洲
車站（6 個）	東莞塘廈、廣州正佳廣場、深圳灣口岸、深圳寶安國際機場、深圳京基百納廣場、深圳北站

資料來源：香港國際機場網頁

7. 取消乘客登船費

現時香港海事處按法例向境外線渡輪擁有人徵收每人 11 元的乘客登船費，而該費用會轉嫁乘客。但本港各種陸路跨境交通工具均沒有徵收類似的乘客登車費，因此，登船費對經水路離境的乘客不公平。而且，三地政府當中，唯獨香港政府徵收該項不利於互聯互通和經濟融合的乘客登船費，長遠而言可能會影響三地居民坐船出行的意欲，對大灣區的海路客運服務有負面影響。香港政府應盡快取消此項收費，以促進大灣區航運服務的發展。

8. 吸引新血進入交通行業

目前交通運輸行業面臨人手短缺的問題，而且由於行業利潤有限，且政府支援不足，以致吸引新人入行比較困難，制約了行業的發展。故此，政府應研究透過不同措施吸引人才，例如便利企業提供更多福利配套，包括交通及住屋福利，以及研究為部分工種制定資歷架構等。另外，亦應研究在香港境內或境外如珠海等鄰近城市，設立後勤支援基地，讓人力資源調配更有彈性，令企業可以更容易吸引及培訓新血。

（二）硬件

9. 合併部分機場

目前大灣區內各個機場都各自營運，存在一定的惡性競爭情況。有關方面可以研究合併部分機場，以共同管理的形式運作，提高使用效率，並騰出更多可用空域。這方面可以參考外國的相關經驗。歐洲機場（EuroAirport）始建於 1946 年，在法國境內，但同時是瑞士巴塞爾（Basel）、法國米盧斯

（Mulhouse），以及德國弗賴堡（Freiburg）三地共用的機場。另外，位於瑞士的日內瓦機場，地點位於瑞士日內瓦，但非常靠近法國邊境。此機場同時由兩國管理，故旅客可以在這機場內選擇入境任何一個國家，非常方便。

故此，可以研究將大灣區內客貨流量較少，但距離又比較接近的機場，進行合併管理。合併之後，可以用一個機場就服務兩個或三個區域。類似建議並非新事物，早於 2009 年，時任廣東省政府副秘書長、發展研究中心主任謝鵬飛就曾建議，珠海和澳門機場合併，在橫琴重新整合為共建、共用的新機場。可見，有關方面也看到共同機場的可行性。

10. 優化海陸空聯運安排

海陸空聯運網絡愈完善，整個大灣區交通運輸系統就會愈有效率。過去大灣區內的聯運安排比較不足，以致未能發揮交通樞紐的功能。香港運輸及房屋局在 2018 年 2 月，與中國民用航空局簽訂備忘錄，在《內地和香港特別行政區間航空運輸安排》下新增多式聯運安排，讓雙方的航空公司可以與海運及陸運承運人推出多式聯運代號共享服務。在陸運服務方面，雙方指定航空公司可在香港與深圳之間使用巴士開展陸空多式聯運服務。此舉可以大大提升大灣區的國際交通樞紐功能，並優化灣區內的交通基建互聯互通。

然而，目前的安排仍只在初期階段。例如只在五個內地口岸城市，即深圳、廣州、中山、東莞和珠海往來香港的快船服務開放內地與香港之間海空多式聯運代號共享，部分較為繁忙的港口如清遠港則仍未被納入。建議雙方繼續優化有關安排，在更多口岸實施海陸空聯運安排。例如，香港海天碼頭可以視乎未來的發展情況，開通往大灣區九市的所有航線，包括江門、肇慶、佛山、惠州等。另外，海天碼頭可檢討目前日均 99 班高速船的限制，視乎需求而增加航班。

11. 重新研究港深西部快速軌道

香港和深圳政府早在2008年開始，共同研究興建鐵路以連接兩地機場，以加強空港合作，並推動兩地西部地區的發展。根據路政署的《鐵路發展策略2014》，政府憂慮有關項目的整體財務可行性，故決定暫時擱置項目，但亦表示會密切留意前海的發展情況，以及日後跨境運輸需求的任何顯著增長和發展參數的變化，會另行研究興建一條連接香港及前海的跨境快速軌道的可行性。

經過多年的發展，現今環境與當年相比已有不少改變。前海作為廣東省自貿區的一部分，近年的發展一日千里。而香港政府在2018年的施政報告中，亦宣佈將推行「明日大嶼」願景計劃，在大嶼山一帶填海近1,700公頃，為多達110萬人口提供居住地方，及發展第三個商業核心區。可見，在深圳和香港的西部地區，建立更快捷的連結通道，已變得愈來愈有必要。故兩地政府應重新考慮興建港深西部快速軌道，其目的不再只是連結兩地機場，而是連結兩地的核心區域，以促進港深西部地區的發展。方案之一，可以是在現有的西鐵網絡上興建支線。

12. 探討興建港深東部快速軌道

過去深圳東部的發展一直落後於深圳西部，由於跨境需求不大，故目前港深兩地在東部只有沙頭角和文錦渡兩個陸路口岸。但深圳市近年推動城市東進戰略，推動東部發展軸由羅湖、鹽田向龍崗、坪山、大鵬延伸，建設與西部中心功能協同，互相呼應的東部中心。為配合發展，將興建6條鐵路、14條城市軌道。故未來，港深東部的立體交通連接需要將會愈來愈大。目前蓮塘口岸的開通，只是打通了公路連接，在鐵路方面仍有發展空間。

故此，建議兩地政府就興建港深東部快速軌道展開探討，以連接兩地鐵路網，便利人流及貨流可以達到「東進東出」的目標。

13. 建設組合港統一營運

香港是國際航運中心，但近年內地幾個港口的發展一日千里，部分甚至已超越香港。大灣區內，以深圳、香港和廣州的排名最高。但港口之間其實一直存在競爭關係，如果按目前的趨勢發展下去，競爭情況可能會愈加劇烈，反而不利於整體區域發展。

為了推動區域協調，共享雙贏，三地政府應考慮統籌港口規劃，不但促進區域內各港口合理分工，協同發展，更可研究在珠江口建設聯合港口，將兩個或多個城市的港口集中營運，並效法美國紐約與新澤西港口事務管理局（PANYNJ）的先例，成立聯合機構，進行統一管理。這個策略可以大幅減少大灣區內不同港口間的惡性競爭，提高營運效率，將大灣區的航運樞紐做大做強。

14. 增加港珠澳大橋人工島泊位

港珠澳大橋是大灣區內重要的跨境基建，只要有完善的配套措施，定可大大促進香港、澳門及廣東西部地區的連接。大橋澳門邊檢大樓已預留 3,000 個輕型車泊車位，以應付未來龐大的需求。但香港口岸人工島卻只提供約 650 個泊車位，遠遠低於實際需求。故此，香港特區政府應增設香港口岸人工島的泊車位至 5,000 個以上，並加快以多層地庫模式建造停車場的進度。同時，應發展手機應用程式及網頁，實行港珠澳三地實時車位協調，以方便市民和旅客了解當日泊位情況，實時追蹤停車場車位數量的變化，以及進行預約泊位服務及付費，以便更有效分配車位資源。

15. 建設超級單車徑

廣東省自 2010 年開始，全力打造珠三角綠道網，截至目前，全省綠道建設累計超過 12,000 公里，全省綠道網已基本成形。綠道網的設立，可以為市民提供一個綠色環保、低碳經濟的交流和旅遊休閒途徑。為了將大灣區建設成全球最宜居的地區之一，香港應研究打通及延長香港的單車徑，並連接至廣東省綠道，以打造連接整個粵港地區的綠道網，以提升區內的生活質素，以及推動經濟、體育和文化的發展。

民建聯在 2018 年 12 月 19 日舉辦了「粵港澳大灣區跨境交通基建規劃」圓桌會議，主持人為立法會議員陳恒鑌。會議邀請了五位來自海陸空業界代表到來，就議題發表寶寶意見。他們分別是：

1. 香港航空服務總監簡浩賢先生
2. 國泰航空貨運銷售部主管游翊乾先生
3. 港鐵總經理 - 中國內地物業何家華先生
4. 冠忠巴士集團主席黃良柏先生
5. 珠江客運有限公司董事總經理田蔚青先生

與會的五位嘉賓對民建聯提出的大部分建議都表示贊同，並額外提出建議，包括要求取消 11 元的乘客登船費，以及加強吸引及培訓新血進入交通行業等。

四 《粵港澳大灣區跨境安老規劃建議書》及相關圓桌會議

2019 年

目次

前言

現時本港已踏入人口老齡化，2017 年長者人口高達 122 萬，預期到 2036 年增加至 237 萬，長者佔香港總人口會由同期 17% 激增至 31%；與此同時，到內地退休長者亦為數不少，據統計處 2011 年資料顯示，有超過 11 萬名 60 歲以上長者長居內地，而當中有 71.7% 屬於退休人士，上述數字反映出，長者到內地退休已成為新趨勢。

目前，香港存在安老難的問題。由於醫療成本高昂以及土地和專業人手等的不足，令到優質護老院等護老服務相當缺乏。根據 2019 年 1 月份數據，香港共有 40,630 名長者輪候護養院和護理安老宿位，每名長者平均需要輪候長達 39 個月。如此長期的等待，令許多長者得不到應有的照顧，以致出現不少家庭糾紛和悲劇。

事實上，相對於香港高物價、土地資源不足的情況，廣東省不少城市有較大的優勢，例如相對物價較低，人均生活空間較多。故此，不少香港長者選擇到廣東省內養老，是有着現實的考慮。但是，由於醫療服務水平不足，以及福利可攜性的限制，以致阻礙了長者在大灣區內異地安老。

《粵港澳大灣區發展規劃綱要》指出，要「深化養老服務合作」。只要粵港澳大灣區內的各大城市，透過改善福利醫療及交通等安排，以及在省內鄰近城市提供更多設備完善的安老院舍，香港的長者便可以更便宜或相若的價錢，享受更優質的環境和安老服務。有見於此問題的重要性，民建聯就有關課題進行了深入而廣泛的研究，對如何推動在大灣區內的跨境安老事宜，提出一系列重要建議，將大灣區建設成世界一流的安老之地。

第一章
跨境安老的現狀與困難

（一）現狀與困難

1. 福利難過境

現時，香港長者可享有不少福利，但如果跨境在外地居住養老，部分福利則難以享受，有些需要山長水遠定期回港領取，增添了不少麻煩。例如香港長者可在境外享有俗稱生果金的高齡津貼，以及綜援津貼等等。但傷殘津貼及長者醫療券等則仍未能跨境享用。而且，長者在香港的公立醫院就診，可享有政府大量補貼，但在內地醫院就診，若沒有社保，則只能付原價。如果是一般的小病可能還好，如果是大型手術，則費用可能是天價，故令不少有意到內地安老的香港長者因而卻步。

香港新家園協會在 2014 年發佈了《港歸長者在穗養老狀況研究》報告，結果顯示，由於福利過境政策並不全面，令居住內地的香港長者既無法再享受香港的許多福利，又因無當地戶口而無法享受醫保和社保等福利，使長者處於兩難的境地，情況極不理想。《粵港澳大灣區發展規劃綱要》已提出，要「提高香港長者社會保障措施的可攜性」。可見，中央亦非常鼓勵推動香港福利跨境使用。

2. 醫療水平有差異

長者選擇安老地區的重要條件之一，就是要有高水平的醫療服務。香港的醫療水平世界聞名，不少長者長期在香港生活，到香港的醫院就診，早已習慣了香港高水平模式的醫療服務。如果到外地就醫，會非常關注當地的醫療水平。事實上，大灣區三地當中，也是以香港的醫療水平較高，鄰近澳門及廣東省的醫療服務質素近年不斷提升，但由於體制等的差異，醫療水平和香港仍存在一定差距。

根據彭博 2018 年最新公佈的醫療效率（Health Care Efficiency）全球排名，香港名列全球第一，中國內地則名列第 20。由於三地的醫療水平存在差距，令不少香港長者，尤其是有長期病患的長者不敢離境到外地養老。

排名	國家或地區	分數
1	香港	87.3
2	新加坡	85.6
3	西班牙	69.3
4	意大利	67.6
20	中國內地	54.6

資料來源：彭博

3. 醫養結合機制未完善

近年來醫養結合已成為安老的一個重要模式，此模式是指將社會資源中的醫療資源與養老資源相結合，為老年人提供全方位的醫療照護及養老服務。機構利用「醫養一體化」的發展模式，集醫療、康復、養生、養老等為一體，為長者提供優質的安老環境。

然而，香港由於土地缺乏及人手不足等問題，在醫養結合方面未盡完善。安老院舍時有出現虐老情況，居家安老又因科技及體制等問題，未有太大進展。反而內地近年非常重視有關問題，並付諸行動。中共十九大報告就明確要求，「積極應對人口老齡化，構建養老、孝老、敬老政策體系和社會環境，推進醫養結合，加快老齡事業和產業發展」。廣東省由於鄰近香港，土地資源較為豐富，人手調配較為靈活，再加上在中醫療養方面走得較前，故在長者醫養結合機制發展方面有較大優勢。《粵港澳大灣區發展規劃綱要》亦提出，要「推進醫養結合，建設一批區域性健康養老示範基地」。可見，中央亦非常鼓勵有關做法。只要粵港澳三地有關部門能加強協調，重視有關問題，加快推進相關政策，可望將大灣區打造成國際知名的長者醫養結合機制示範區。

（二）外地情況與經驗

1. 北京

據統計，截至 2015 年底，北京全市 60 歲以上的戶籍老年人口約 315 萬，佔總人口 23.4%。由於高齡、失能、罹患慢性疾病的長者人數不斷增加，令北京的安老資源及醫療配套等負擔日漸加重。與之相比，鄰近的天津市和河北省擁有較多的安老資源，而且物價較低，故北京市在 2016 年，與天津和河北省簽訂了《京津冀養老工作協同發展合作協議》，以「政策隨老人走」的原則推動一系列措施，為北京市長者提供更多更好的安老選擇，鼓勵和便利他們安排最適合自己的城市跨境異地安老。

(1) 居住年期：必須為北京市戶籍長者。

(2) 福利涵蓋的地方：河北省和天津市。

(3) 具體補貼及可攜性福利：

- 異地養老交通津貼：京籍長者赴天津、河北省養老，每人每月可獲 100 元交通補貼。
- 試點機構營運補貼：試點安老機構若接受京籍長者異地養老，可獲得北京市每床每月 300 至 500 元的營運補貼，每半年發放一次。
- 設立北京通—養老助殘卡：所有相關政府補貼會直接發放到長者的卡上，補貼可直接用於消費。

(4) 設立異地就醫結算平台：北京市政府公佈《關於北京市參保人員在河北省就醫有關問題的通知》，規定河北省醫保定點機構，可作為北京市醫療保險參保人員異地就醫定點，北京市參保人員可以在河北定點醫療機構享受本市醫保待遇。在醫療費用異地結算方面，津冀地區亦已建立異地就醫即時結算平台。根據人社部資料，截至 2018 年 4 月 30 日，京津冀跨省異地就醫住院醫療費用直接結算定點醫療機構達到 1,115 家，當中北京 673 家，天津 170 家，河北 272 家。

2. 澳洲

澳洲 65 歲或以上的長者數目，由 2007 年的 270 萬人上升約 40% 至 2017 年的 380 萬人。長者在整體人口的比例，同期亦由 13% 上升至 15%。面對老齡化及本地物價高，安老成本上升等的問題，不少澳洲長者選擇到外地安老。澳洲政府亦因此優化福利可攜性制度以便利國民。

政府規定 65.5 歲或以上的長者居民可享有無須供款的高齡福利（即老齡養老金），16 歲至 65.5 歲的殘疾居民則可申請無須供款的殘疾福利（即傷殘支援津貼）。

(1) 居住年期：老齡養老金及傷殘支援津貼的海外受助人，一如本地受助人，須於提出申請前在澳洲住滿 10 年或以上。

(2) 福利可攜性涵蓋的海外地方：至目前為止，海外受助人可在 31 個與澳洲簽訂了雙邊協議的國家（例如加拿大、美國、英國、日本及南韓）領取福利金。

(3) 海外福利金水平：就傷殘支援津貼而言，本地與海外受助人領取的津貼金額相同。至於老齡養老金，若海外受助人自 16 歲起計在澳洲居住至少 35 年，他們領取的福利金額會與本地受助人相同。然而，若他們的居住年期少於 35 年，政府便會採用比例可攜性規則，按比例計算他們可獲發放的老齡養老金。此項比例可攜性規則，旨在使澳洲的制度，貼近與其簽訂雙邊協議的伙伴所採用的供款福利制度。

至於額外補助方面，所有海外受助人只可享有養老補助金的基本金額，即相等於本地受助人獲享金額的 62%，這主要是由於補助金的「主要部分」（例如商品及服務稅、水電費、電話費等）是按本地生活的情況而計算。

(4) 不可攜的醫療服務：與香港相似，澳洲並無為海外福利受助人提供任何可攜的醫療服務。

(5) 澳洲的福利可攜性制度似乎反應不俗。2014 年至 2017 年期間，老齡養老金的海外受助人數由 87,000 人上升至 89,000 人，在 3 年間增加了 2%。整體而言，約有 3% 的澳洲國民在海外領取養老金。

3. 瑞典

瑞典 65 歲或以上的長者數目，由 2007 年的 160 萬人上升 25% 至 2017 年的 200 萬人，長者佔整體人口的比例同期亦由 18% 上升至 20%。瑞典於 1913 年推出無須供款的全民高齡及殘疾福利。65 歲或以上長者如在瑞典住滿至少 3 年，可申請無須供款的「保證養老金」。

(1) 居住年期：非供款式保證養老金的海外受助長者，與本地受助人一樣，必須曾在瑞典居住3年或以上。同樣的居住年期要求，亦適用於本地及海外殘疾福利受助人。

(2) 福利可攜性涵蓋的海外地方：2017年，海外受助人可以在歐洲經濟區（European Economic Area）、瑞士及加拿大合共33個國家收取其（i）長者保證養老金；及（ii）殘疾人士的活動補償或疾病補償福利金。海外受助人只需每年更新其「在世證明文件」，並呈交予瑞典退休金局，便可在該33個居住地收取瑞典的福利金。

(3) 海外福利金水平：瑞典的長者及殘疾福利的海外受助人，與本地受助人一樣享有相同金額的福利金。然而，旨在協助本地受助人應付日常生活、工作或學習所需的額外傷殘津貼，則不可於瑞典境外地方領取。

(4) 醫療服務的可攜性：有別於香港和澳洲，瑞典的長者及殘疾福利海外受助人，可在歐洲經濟區及瑞士享有醫療服務優惠。這主要是由於歐盟對社會保障福利的可攜性訂有規例。這些海外受助人可在其移居的國家，以適用於當地居民的標準診金付費使用公共醫療服務。反之，歐洲經濟區及瑞士居民，亦可在瑞典使用類似的本地醫療服務。

(5) 在這些福利可攜安排下，瑞典的保證養老金的海外受助人數目，由2014年的97,000人增加至2017年的127,000人，3年間增幅達31%。整體而言，約有5%的瑞典長者在海外領取保證養老金。

第二章
具體建議

（一）優化福利可攜性制度

1. 擴大長者醫療券的應用範圍

目前醫療券在深圳港大醫院運作比較順暢，使用人數由 2015 年 12 月的 1,090 人次提升至 2018 年 1 月的 3,508 人次，且有逐年上升趨勢，顯示長者醫療券在內地的需求非常大。香港應研究將醫療券的應用範圍擴大至住院服務及日間手術程序等，並將適用地點擴展至廣東省及澳門主要醫院及診所。由於應用範圍和地點都擴大了，故政府也應研究相應提高醫療券面額，讓更多長者受惠。

2. 擴大長者社區服務券應用地點

香港社會福利署於 2013 年 9 月推出「長者社區照顧服務券試驗計劃」，採用錢跟人走的資助模式，讓合資格長者可因應個人需要，選擇合適的社區照顧服務。目前合資格長者必須在社署安老服務統一評估機制下，被評定為身體機能中度或嚴重缺損，並正在資助長期護理服務中央輪候冊（中央輪候冊）輪候資助社區照顧服務及／或院舍照顧服務，而尚未接受任何院舍照顧服務或資助社區照顧服務。政府可研究將計劃擴至大灣區內養老的長者。

3. 優化現行跨境福利計劃

為了讓長者安心在大灣區跨境安老，政府已允許合資格長者無須定期回港，就可領取綜援及高齡津貼等福利金。這本是一項德政，但在細節方面存在不少問題。例如現時綜援受助人入住香港私營安老院時，大項雜費如尿片、奶粉等，都能以實報實銷形式獲取資助。但若入住境外如廣東省的安老院舍，則不能報銷。建議政府研究優化現行跨境福利計劃的所有缺漏，令在大灣區跨境安老的長者可以百分百享受香港的福利計劃。

4. 優化傷殘津貼

為傷殘津貼推出福利跨境可攜性安排，讓年滿 65 歲的合資格傷殘長者可更安心地選擇長期到內地定居，而不用擔心回港領取津貼的麻煩。

（二）加強協助安老團體

5. 協助社福機構擴建內地安老院舍

期望社署放寬為鼓勵社福機構擴建而設的「私人土地作福利用途特別計劃」，擴至內地項目，以協助社福機構在內地擴建吸引港人入住的安老院舍。例如目前香港復康會在深圳鹽田設有安老院「頤康院」，目前運作情況理想，入住率有九成，當中香港長者佔六成，據悉復康會有擴建的計劃。如果新政策能落實，相信能更有助社福機構在大灣區內展開更多類似項目，令更多長者受惠。

6. 協助安老院舍處理法規問題

現時本港社福團體在內地面對法律身份問題，它們需按國內民辦福利機構之註冊法規以無限責任公司身份註冊，因為一旦採取有限公司註冊，則難以享受民辦福利機構能獲得之相關税務優惠。建議特區政府和廣東省加強協商，給予營辦安老服務的團體合適的法律身份，令它們在內地更容易開展服務。

7. 扶助私人安老院舍

除了非牟利團體，不少私營機構也有意在內地開辦高質素的安老院舍。《粵港澳大灣區發展規劃綱要》提出，「支持港澳投資者在珠三角九市按規定以獨資、合資或合作等方式興辦養老等社會服務機構」。可見，中央亦非常重視有關議題。政府可在行政上及法規上予以支援，協助有經驗的私營機構發展。亦可研究將部分對本地長者安老的資助，例如社會福利署於2017年推出的「長者院舍住宿照顧服務券（院舍券）試驗計劃」，擴闊應用範圍至整個大灣區。

8. 興建長者安老小鎮

研究鼓勵及協助相關有經驗的機構，在內地大灣區城市興建長者安老小鎮，內裏興建低密度的長者公寓，以及適合長者的娛樂生活設施如悠閒公園等。亦應興建港式或世界優質的醫療機構，令香港長者安心居住。若有必要，香港政府應考慮直接參與整個安老小鎮的項目。

（三）加快推動智能安老

9. 推動智能安老

目前的安老服務以人手密集為主，對創新科技方面的應用仍然落後，以致影響安老服務的質素。若香港可在大灣區開辦優質醫院及安老設施，並將最新穎的科技應用在安老服務方面，將可令不少長者在內地享用與香港一樣，甚至更優質的醫療服務，因而對回鄉安老更加放心。建議有關部委推出相關的政策，以及推出財政優惠等，以協助及鼓勵港澳團體在粵港澳大灣區建立智慧安老社區，發展推動跨境養老的智慧安老服務和配套。具體包括鼓勵鋪設家居智能網絡系統、推動遠程醫療保健系統並配合本港推行的電子健康記錄互通系統，以方便長者在社區內獲得由醫護或專業人員提供的定期身體檢查，並發展智能化長者生活戶口，以方便長者查詢個人各類生活和醫療等服務的使用情況。

（四）提升醫療及安老服務

10. 與優質醫院建立合作伙伴關係

香港可以自行制定嚴格醫療標準，並設立認證制度，與符合標準的內地優質醫院建立合作伙伴關係，讓在當地養老的香港人可以更放心地到這些有香港標準認證的醫院就醫。

11. 提供更多安老宿位

研究優化現時的「廣東院舍住宿照顧服務試驗計劃」以提升吸引力，並在廣東省各主要城市內增加更多優質安老宿位和院舍，以及在各主要大灣區城市的優質安老院舍提供政府買位服務，在短時間內增加安老宿位。目前深圳鹽田由香港復康會興建的頤康院，以及位於肇慶由伸手助人協會營辦的護老頤養院，都有為香港政府提供買位服務。兩院舍共提供600個宿位，部分將由政府買下，再供輪候冊上的長者選擇入住。政府應將買位服務考慮擴大至非港資優質安老院舍。

12. 跨境救護車服務

目前內地救護車不得越過邊界直接到香港，在內地居住的香港長者召喚了當地救護車到就近關口後，必須換為香港的救護車前往北區醫院，到了急症室後才再按長者的病情依緩急次序就醫，這樣來來回回非常折騰。根據消防處資料，每年救護車奉召到過境口岸移送病人到醫管局醫院大約為5,000多宗，若攤開每天來計算，即每日大約逾十五宗。特區政府應與內地商討，設立跨境救護車互通機制，即是容許兩地救護車可以跨境直接接載長者，無須在邊境口岸接駁。兩地應就交通規例及發牌制度等問題進行磋商，透過非政府機構專門營辦跨境救護車服務，並於特定口岸設立專營救護車通道，使有需要的長者可直接到指定醫院接受緊急醫療服務。

13. 建立異地醫療費用報銷機制

目前港人可在本地享有公立醫院的補貼服務，但在香港以外的大灣區城市就醫，由於不能如當地市民般享受政府補貼，因而需要付出相對較多的費用。期望香港政府參考本地公立醫院的人均補貼比例，與灣區內其他城市協調，建立異地醫療費用報銷機制，令長者在香港以外地方就診時，可在指定認證的優質醫院同樣享有本港的醫療福利。

14. 加強三地醫療合作

香港大學與深圳市在 2012 年起，合辦香港大學深圳醫院，引進香港乃至國際的現代化管理模式和先進的醫療技術，通過改革創新和資源互補，為市民提供優質的醫療服務。目前床位有近 2,000 張，日均門診量 8,000 至 10,000 人次，已於 2017 年底正式成為國家三級甲等綜合醫院。而在 2016 年的深圳市全市醫院滿意度調查結果中，港大深圳醫院病人滿意度為深圳市屬綜合性公立醫院第一名。證明港式醫院的實力已受到國家認可及病人接受，其發展模式及經驗值得在內地進一步推廣。

建議內地省市參考香港大學深圳醫院的模式，讓香港及其他國家地區比較優質的醫院在內地主要城市建設合營醫院，由內地與香港及其他國家地區的醫療專家組成團隊，共同提供優質醫療服務。短期而言，可先在最多香港人聚居的珠三角城市如中山、珠海、廣州等地興建港式醫院。待條件成熟後，再進一步推廣至其他城市。同時，應用同樣模式開設合辦診所，把合辦服務範疇從住院服務擴展至普通門診、專科門診及日間醫療程序服務等（例如即日出院的手術服務），以滿足病人不同的需要。並研究三地及國際優質的醫療機構成立聯合醫學院，以共同培養高水平的醫護人才。

15. 推出大灣區醫療保險

目前本港並無針對大灣區的醫療保險計劃，有意跨境安老的長者只能購買包含區域較大，但同時費用也較昂貴的保險計劃。政府應協助業界發展相關的保障產品，只涵蓋大灣區內優質的醫療機構，令整個保險計劃可以更低價格，同時更具效益，令長者得以受惠。

16. 發展遙距醫療

隨着科技發展，外國近年興起「互聯網診症」。不同醫院透過互聯網及資訊科技等先進技術，形成一個完善而統一的遙距醫療平台。病人可不須親身到診所，便能安坐家中或指定地點即可接受指定醫療機構的診療服務，為區內的市民提供更多便利和優質的醫療服務。政府應盡快協助發展遙距醫療體系，以安老院舍為試點，逐步擴展至居家安老服務，為在境外居住的香港長者提供低成本、高效益的優質醫療服務。

17. 協助內地培訓優質護老員

香港僱員再培訓局一直有培訓護理員，具有豐富的培訓經驗。可以考慮與內地機構合作，參考香港的經驗，為內地培訓更多優質的長者護理員，並研究讓這些畢業學員須優先為香港長者提供服務。事實上，自 2012 年起，粵港兩地每年定期組織省內養老機構管理人員及養老護理員赴港實地培訓。又與香港社康護士協會合作開展護理專項培訓，為「港式養老」在廣東省內開展奠定了一定的人才基礎。日後此類培訓也應進一步加強。

民建聯在 2019 年 3 月 19 日舉辦了「粵港澳大灣區跨境醫療安老」圓桌會議，主持人為立法會議員梁志祥和陳恒鑌。三位分享嘉賓分別是：

1. 東莞東華實業發展有限公司副總經理翟崇碧
2. 祈福醫院院長彭磷基
3. 伸手助人協會副總幹事黃炳財

三位嘉賓對民建聯大部分建議都表示贊同，並額外提出建議，包括特區政府應協助解決香港安老機構在內地的法律身份問題，以及將醫養結合的政策具體化及推出扶助措施等。

民建聯
DAB
粵港澳大灣區
跨境醫療安老
圓桌會議

五 《粵港澳大灣區創新科技發展建議書》及相關圓桌會議

2019 年

前言

《粵港澳大灣區發展規劃綱要》提出了大灣區發展的五大定位，第二個定位就是要發展成為「具有全球影響力的國際科技創新中心」，顯示創新科技已成為香港未來發展的重要目標。事實上，香港在這方面具備相當的優勢。在 2018 年全球創新指數的基礎設施排名中，香港在 126 個經濟體中名列第一。而且香港高等教育發達、國際化水平領先、市場體系健全、資本市場發達、知識產權保護完善、資訊流通便捷，具備發展創科的良好基礎。香港大學等多所大學躋身全球百強、亞洲前十，港區擁有國家兩院院士 44 人。香港科學家在過去五年共獲得多項國家科技獎勵，其中包括國家科技進步特等獎和國家自然科學一等獎，為國家在航天事業、高鐵建設等領域取得重大科技突破作出重要貢獻。不僅如此，在「一國兩制」下，香港在對接全球科技創新體系、吸引世界優秀科技人才、促進科技成果轉移轉化等方面具有比內地城市更為優越的條件，是國家創新體系不可替代的重要資源，在大灣區科技創新中心建設中可以發揮特殊重要作用。

有見於此課題的重要性，民建聯進行了深入而廣泛的研究，對如何推動在大灣區內發展創新科技，提出一系列建議，務求將大灣區盡快建設成世界一流並具有全球影響力的國際科技創新中心。

第一章
現狀與困難

（一）法規限制較大

由於三地有各自的相關法規，對資金使用、行業資格等都有不同的規定，因此對三地的創科合作及發展都造成一定障礙。例如一直以來內地的科研資金或生物樣本都不能過河到香港和澳門。幸好 2018 年內地允許科研資金過河，並表示將推進建立科研經費跨境使用的長效機制，執行內地與香港聯合資助計劃，完善內地與澳門聯合資助計劃。此外亦允許科研項目所需的醫療數據和生物樣本能跨境在香港使用。這些都是利好的政策，然而有關進展目前處於非常初步階段，更具體和全面的方案仍然有待推進。

（二）應用場景不足

創新科技及產品除了需要資金，也需要充足的應用場景，才能得到較全面徹底的試驗及完善。但在大灣區內，目前只有廣東省的應用場景比較充足，香港則由於政府態度較為保守，沒有為本地創科企業及產品提供足夠的應用場景，以致很多企業要尋求在其他地方進一步發展。

（三）資訊零碎模糊

目前大灣區已有各種有利於創科的政策出台，許多香港業界人士對在大灣區內發展的興趣愈來愈大。但由於三地政府部門各項資訊較為分散而且模糊，令業界往往無從下手，甚至連最簡單的工商註冊都未必知道如何操作。

目前香港及內地已成立類似平台，並正進一步優化。此外，廣東省亦建設了小微企業名錄系統，集中公開各類扶持政策及企業享受扶持政策等信息。未來亦將繼續推進信息平台建設，以便利營商及創業。我們非常歡迎有關方面對此問題的重視及政策實施。然而，目前的平台遠遠未能滿足創科業界的需求，仍有很大的優化空間。

（四）對創科教育未夠重視

人才是創科發展的重要一環，而且此類人才必須從中小學就開始培養。目前大灣區內以廣東省比較重視 STEM 教育，但香港在這方面則較為落後，未有投放足夠資源及制定相關的創科教育政策。例如，香港教育局未有要求中小學將程式編碼及人工智能等納入必修課程，亦未有培訓師資的全面計劃。此外，優秀的學生在大學偏向選修工商、法律、醫科等，甚少願意選擇創科相關科目。大學沒有相應增加創科相關學科的本科生及研究生的本地和海外生名額，政府也沒有特別計劃招攬優秀教授及學生。純粹依靠輸入外來人才，而不重視對本地學生的 STEM 教育，是不足以大力推動香港乃至大灣區的創新科技發展。

第二章
具體建議

（一）聯合打造創新科技走廊

1. **打造科技創新走廊：**2017 年底廣東省已公佈《廣深科技創新走廊規劃》，並邀請香港和澳門加入，聯合打造「一廊四城多核心」的創新格局。香港方面應與另外三方特別加強協調，成立高層次統籌組織，盡快推出及落實措施，以推動創新科技走廊的發展。

2. **加快發展河套區：**香港和深圳已決定將大力發展河套地區創新及科技園，包括吸引更多風險投資、科技服務產業，推動專利技術創業孵化、應用轉化，完善知識產權制度，建設創新技術與產品的供需市場。期望兩地政府能加快項目進度，並盡快確立各項優惠政策，包括推動更少限制的資金結算制度等。同時，盡快為高端的科技人才推行創新靈活的出入境制度以及稅收制度，以吸引及便利人員往來。

3. **成立國家級科技創新中心：**目前國家已確立建設北京和上海兩大科技創新中心，國家科技部更明確表示，將積極推動香港建設成為面向國際的國家級科技創新中心，定位將更加國際化。粵港澳三地應就此在行政法規及稅務安排等方面加強合作，推動項目盡快落實，為大灣區提供最佳的科創資源和平台，以及盡快推出具有世界級影響力的原創成果，以推動國家及灣區內的創新科技產業發展。

4. **建立統一資訊平台：**三地政府加強協調，設立一站式的大灣區創新科技資訊平台，以整合各地及各類工商部門的相關資訊，包括公司註冊資訊、稅務資訊、工商法律法規等，盡可能做到公開、透明，並加強向外界宣傳有關平台。

   平台中應包含相關具體的操作流程指引，以協助創科企業或者個人在大灣區投資創業。

5. **增加重點實驗室數目：**國家在 1984 年設立「國家重點實驗室計劃」，希望物色全國各專業範疇的專家進行尖端研究，以推動國家的科技進步及經濟發展。截至 2016 年底，正在運作的國家重點實驗室共有 254 個，分佈 8 個學科領域。目前香港只有 16 間大學實驗室獲國家認可為重點實驗室，以及 6 所國家工程技術研究中心香港分中心。面對着未來巨大的創新科技研究需求，仍有很大的增長空間。此外，粵港澳三地亦應攜手合作，在大灣區內建立更多的相關實驗室和研究中心分中心，以全面提升大灣區的科研能力。

6. **聯合發展智慧灣區：**三地各有不同的科技優勢，例如全國六大超算中心，廣東就佔有兩個。而香港則有高端和國際化的科研網絡等。三地應協調官、產、學、研的合作，透過發展大數據、加強科技基建，及訂立資歷認證機制等政策，將整個大灣區發展成智慧城市群。

7. **協助打造大灣區標準：**創科發展的重點之一，是要打造行業的國際標準。國家《十三五技術標準科技創新規劃》就指出，要「將自主創新技術和產品以及企業標準研製為國際標準，提升中國主導和參與制定國際標準比重」。故三地政府應協調業界，在重要及有優勢的科技範疇包括樂齡科技及智能家具等建立國際標準或制式，使之與國際系統能互相兼容，甚至取得主導的位置。目前大灣區內有部分企業已具備打造國際標準的潛力，三地政府應加強協調，重點培養及扶持相關行業，包括提供更多應用場景及針對性地拆牆鬆綁。

8. **推動 STEM 教育：**香港政府應增撥資源及加強培訓師資，在中小學階段進一步推動 STEM 教育。同時亦加強家長及學生認識 STEM 相關專業的明亮前景，並進一步增加 STEM 相關專業的學士學位學額，以吸引優秀學生。同時，與廣東省及澳門加強協調及交流，盡量統一 STEM 教學標準，以取長補短，培訓更多優秀的創科人才。

9. **打造大灣區品牌：**目前大灣區內有不少產品及企業都頗具競爭力，但由於品牌未有良好宣傳，以致在國際市場上處於較低端。期望三地政府可以參考外地的經驗，聯手打造高端的大灣區創科品牌，全方位宣傳大灣區內具有潛質的品牌及創新應用項目，協助他們向海內外進行推廣。

（二）完善配套設施

1. **推動 5G 網絡基建：**全球將加速進入數碼化時代，而 5G 通訊服務作為網絡基建，對資訊科技、物聯網，以至智慧城市發展起着舉足輕重的影響。為此，香港政府應盡快處理 5G 基站建設問題，並為可能出現的 5G 網絡「禁區」（包括大埔、沙田、馬鞍山及赤柱等住宅區）提出技術解決方案，讓本港在 5G 通訊基建建設及服務普及化方面，能與大灣區其他地區同步。

2. **建設國際數據中心：**在全球化和電商年代，資料跨境傳輸已屬大勢所趨，本港擁有完善的通訊基建、大量資訊及通訊科技專業人才，以及穩定的電力供應，有利成為國際數據中心，為各國企業提供跨境數據傳輸服務。為此，當局應成立專責小組去協調跨境資料傳輸的管理工作，並就相關工作與內地及其他司法管轄區建立更緊密的溝通機制；參考內地及其他司法管轄區的數據出境安全和資料安全評估準則、程序及標準，制定出同時符合國家標準及國際準則的統一政策框架，以爭取國家、歐盟及其他地區認可香港作為國際數據中心的地位。

3. **加快建立空間數據共享平台**（CSDI）：為促進科技及產業創新，政府應盡快建立一個公開易用的資訊平台，即空間數據共享平台（CSDI），以便利商界及科研等界別存取及充分運用數據。特區政府於 2017 年底發表《香港智慧城市藍圖》，提出希望在 2023 年或之前建成有關平台。我們認為方向是正確的，但速度必須加快，應盡量在 2020 年之前完成，才可面對日益劇烈的競爭，以及滿足創新科技發展的龐大和迫切需求。

4. **加快發展電子身份**：為配合智慧城市的發展，盡快完善各項智慧城市的基礎設施，包括進一步提升公眾場所 WiFi 系統的速度及安全性；除了個人電子身份（eID）以外，應研究推出電子工商登記（eBR）。

5. **推動電子簽名證書互認**：《粵港澳大灣區發展規劃綱要》提出，「要推進電子簽名證書互認工作，推廣電子簽名互認證書在公共服務、金融、商貿等領域應用」。電子簽名證書互認是打造智慧城市群、建設互聯互通公共應用平台的重要基礎設施，可以促進大灣區內實現各類要素跨境流動和區域融通，對創科產業發展尤其重要。建議三地政府加強協調，共同推進電子簽名證書互認工作，以及推動其在各方面的應用。

（三）加強財政支援

1. **內地向香港開放更多研究項目**：現時國家科技部設有中央財政科技計劃，資助有潛質和有價值的科研項目。2018 年國家科技部聯合財政部公佈了《關於鼓勵香港特別行政區、澳門特別行政區高等院校和科研機構參與中央財政科技計劃（專項、基金等）組織實施的若干規定（試行）》，允許中央財政科技經費過境港澳、鼓勵港澳機構參與中央財政科技計劃、鼓勵港澳自主設立國家重點實驗室等系列措施。根據計劃，每間研究機構可接受100萬元人民幣資助。目前發佈了三個重點專項作為試點對港澳地區開放，包括「變革性技術關鍵科學問題」、「發育編程及其代謝調節」和「合成生物學」三個重點專項。

另外，國家自然科學基金委員會在2019年初宣佈，將向港澳八所高校的科研人員開放國家自然科學基金優秀青年科學基金項目申請，每個項目直接資助130萬元。而廣東省亦發佈了相關規定，例如公佈了科創十二條以及六條配套細則。期望國家進一步優化有關計劃，包括提高資助金額，開放更多研究專項，並對港澳開放更多類似的計劃，以及建立科研經費跨境使用的長效機制等等。同時，亦期望廣東省、廣州市及深圳市等創科重鎮也盡快推出或細化有關規定，與香港加強科研資源對接，在重點領域推動發展。

2. **建立全面創科融資配對系統：**目前有大批投資者不斷尋找有價值的創科項目，但同時也有大量的創科人員急需民間資金扶持。不少企業孵化中心例如香港的科學園都有提供融資配對，撮合投資者和業界，但都傾向各自為政，資訊仍較為零散。故建議建立一站式及全面的創新科技融資配對系統，統合現時大灣區內主要的投資資源及項目資源，讓創業者和投資者可以透過系統進行高效、安全、有針對性及一站式的創業配對，以改善有錢無項目，或有項目但無錢的情況。

3. **降低「創新斗室」租金：**現時香港科學園的「創新斗室」計劃，為園內的人才提供500個經濟型的住宿單位。目前的成本價格為8億元，政府的投入為 5.6 億元資金以及提供 2.4 億元的貸款給科學園公司，而推出的「創新斗室」的租金價格仍然在 8,000 至 10,000 元之間，這並不利於吸引創科人才到香港，期望政府能給科學園投入更多資金，從而降低「創新斗室」的價格，以減輕企業引進人才的財務支出，吸引更多創科人才進駐。

4. **定期舉辦國際黑客松：**黑客松（Hackathon）亦被稱為「創科馬拉松」，讓參與團隊在極短時間內進行專項創科項目。此活動近年在國際流行，深受歡迎。香港特區政府在 2018 年的《施政報告》中亦提出撥款 5 億元，在未來五年每年舉辦「城市創科大挑戰」，即類似黑客松的活動。建議三地政府應撥出充足的資源，並加強協調，定期舉辦有關活動，以促進業界良性競爭及匯聚國際人才。

（四）優化行政法規

1. **增設更多監管沙盒：**目前英國及新加坡等國家採用沙盒（sandbox）的機制，為創新金融產品、服務或業務模式提供一個安全的試驗空間，並取得了不少成果。香港金管局於 2016 年也推出沙盒機制，截至 2019 年 1 月底，已有 43 項新科技產品使用沙盒試行，其中 29 項已完成，並已正式推出市場。建議香港設立新的監管沙盒並開放予各個創科行業，以推動本港金融科技、電子商貿、智慧城市以及其他領域創科的發展。

2. **優化「科技人才入境計劃」：**現時「科技人才入境計劃」首個運作年輸入最多 1,000 名海外或內地科技人才，而每間合資格科技公司或機構每年可得配額不多於 100 人。而且規定，本港科研公司每聘請 3 名非本地人士，同時須請 1 名本地全職僱員和兩名本地實習生。建議政府加大輸入人才的配額，對小規模的科研公司「3：1+2」的要求可作彈性處理，進一步「拆牆鬆綁」，提供便利，使到計劃在吸引內地和海外科研人才上達到預期效果。

3. **提供足夠應用場景：**香港特首在 2018 年《施政報告》中宣佈，「推出一套支持創新的政府採購政策，提高評審標書時技術因素所佔的比重」，讓具創新建議的標書有更大機會中標。期望香港政府盡快提出執行細節，並改變目前的保守做法，在各部門的預算中預留專款，主動採購切合部門需要的本地創科產品和服務，以及修改相關法例，並與廣東省及澳門政府加強協調，藉以建立足夠的應用場景，鼓勵及便利本地創科公司在大灣區內尤其是香港試驗及優化產品和技術。

4. **入口免關稅：**建議內地海關對於來自香港的大灣區創新科技所需的原材料、設備和中間產品等，均不視為進口，而免除入口關稅。措施可降低研發及製造等成本，為大灣區的創科產業提供更佳條件。

5. **內地開放重大科技基礎設施：**廣東省目前有多項重大科技基建以及大型科學儀器。例如全國有六大超級計算中心，廣東就佔有兩個，分別是廣州和深圳。另外，2018 年被譽為國之重器的散列中子源在東莞建成，這是世界第四、中國第一台散列中子源，將為大灣區科創發展作出重大貢獻。目前部分設施例如廣州南沙的超算服務已向港澳開放，期望內地開放更多尖端的科技基建和大型儀器予香港，讓香港的科研人員得以借助國家的力量，取得更佳成績。

民建聯在 2019 年 8 月 23 日舉辦了「粵港澳大灣區創新科技發展」圓桌會議，主持人為立法會議員葛珮帆。四位分享嘉賓分別是：

1. 商湯科技香港公司總經理尚海龍
2. 水中銀（國際）生物科技有限公司行政總裁杜偉樑
3. 互聯網專業協會會長冼漢廸
4. 智慧城市聯盟會長楊文鋭

四位嘉賓都認同大灣區創科發展非常有前景，並提出很多具體建議。會議主持，民建聯立法會議員、資訊科技事務發言人葛珮帆表示，目前有很多法例跟不上實際需求，香港政府必須拿出更大的魄力，與大灣區內各持份者共同推動創新科技發展。

民建聯
DAB

DAB
粵港澳大灣區
創新科技發展
圓桌會議
葛珮帆
李慧琼

六 《促進中醫藥在粵港澳大灣區發展建議書》及相關圓桌會議

2020年

目次

前言

中醫藥是中華文化的重要組成部分，是中國獨特的醫療資源，具有巨大的經濟潛力和醫療潛力，在經濟社會以及公共衛生等領域發揮着重要作用。國家近年大力支持中醫藥發展，並在抗擊重疾頑疾，特別是重大公共衛生威脅時充分運用中醫藥的優勢，取得了一定的成績。

粵港澳大灣區具有豐富的中醫藥資源及運用經驗，其發展一直備受重視。大灣區是全世界範圍內中醫藥學科和人才最集中、人才培養和科學研究水準相對較高，以及中醫藥產業最發達的區域之一，擁有包括廣州中醫藥大學、南方醫科大學、暨南大學、廣州醫科大學、廣東藥科大學、香港浸會大學、香港大學、香港中文大學、澳門大學和澳門科技大學等開設中醫藥的高水準大學集群，以及多家歷史悠久和實力雄厚的中醫藥企業。

當中廣東省更是中醫藥大省，目前，全省中醫院擁有國家級重點專科 42 個，省級重點專科 142 個，國家中醫藥特色專科 80 個；共有 19 個中醫專科被納入國家區域中醫（專科）診療中心建設項目，9 家中醫醫院進入全國中醫醫院百強行列。每年，全省中醫門診總量達 2 億人次，約佔全國中醫類總診療量的 15%。有 7 位專家入選國家中醫藥傳承與創新「百千萬」人才工程「岐黃學者」。而香港和澳門也各自有經驗豐富的中醫從業員和豐富的中醫藥資源，可以為大灣區中醫藥發展提供大量高素質的人才支撐和強勁的產業支援。

《粵港澳大灣區發展規劃綱要》指出，要「深化中醫藥領域合作，支持澳門、香港分別發揮中藥質量研究國家重點實驗室夥伴實驗室和香港特別行政區政府中藥檢測中心優勢，與內地科研機構共同建立國際認可的中醫藥產品質量標準，推進中醫藥標準化、國際化」。又指出要「推動對港澳在……

中醫藥……等領域實施特別開放措施」。可見中央政府非常重視推動中醫藥在大灣區的發展。

粵港澳三地亦在 2019 年簽訂了《粵港澳大灣區中醫藥合作備忘錄》，達成六點共識：

1. 建立粵港澳三地政府主管部門定期協商機制，攜手推動大灣區中醫藥事業和產業高品質發展。
2. 推動粵港澳大灣區優質中醫藥資源整合共用，共同參與中醫藥國際標準制定，將粵港澳大灣區打造成為中醫藥標準化中心，促進中醫藥產業發展。
3. 加強中醫藥科研創新合作，推動粵港澳三地中醫藥重點實驗室、科研機構資源分享，建立多學科融合的科研平台，完善中醫藥產學研一體化創新模式，建設粵港澳大灣區中醫藥創新平台。
4. 強化中醫藥人才培養和診療合作，推動落實涉港澳中醫醫療機構和中醫師准入政策，推動粵港澳三地協同培養中醫藥人才。
5. 推進中醫藥健康領域拓展合作，充分發揮中醫藥在疾病預防、治療、康復中的獨特優勢，共同推動醫養結合，打造中醫藥康養服務基地。
6. 豐富中醫藥文化交流，打造粵港澳中醫藥文化傳承傳播中心。支援在香港、澳門建設中醫藥文化基地，將大灣區的中醫藥文化基地串珠成鏈，打造最具中醫藥文化底蘊的灣區。

2020 年 10 月，廣東省更印發了《粵港澳大灣區中醫藥高地建設方案（2020-2025）》，明確提出了中醫藥發展的五年計劃，在中西醫結合、中醫藥發展等不同範疇提出多項重要建議，務求在 2025 年時構建出粵港澳中醫藥共商共建共用體制機制，並形成中醫藥高地建設新格局。

未來中醫藥在健康管理及對抗流行病方面，將擔任愈來愈重要的角色，也日益受到國家重視。大灣區在這方面具有明顯的優勢，各界應認真研究如何做好相關工作，以保障及提高人民的健康水平，以及發展新型產業。

有見於此課題的重要性，民建聯進行了深入而廣泛的研究，對如何推動中醫藥在大灣區內的發展提出一系列建議，務求將大灣區盡快建設成世界一流並具有全球影響力的國際中醫藥中心。

第一章
現狀與困難

（一）中醫藥優勢未能完全發揮

目前在大灣區內，西醫仍然是醫療體系的主體，中醫藥則處於輔助角色。粵港澳三地中，以廣東省的中醫藥地位最高。廣東省目前有多家中西醫結合醫院，以及廣東省中醫院等公營的中醫機構，在多個領域實施純中醫及中西醫結合治療，並取得不錯的成績。

以 2020 年新冠疫情為例，內地大力推動中西醫結合，中醫藥大量參與到治療當中。廣東各級中醫醫院派出 377 名醫護人員馳援武漢、荊州，而廣東中醫亦全程參與本省的疫情防控與患者救治。截至 6 月 30 日 24 時，中醫藥參與治療的確診病例 1,538 例，佔全省確診病例 93.72%，其中治癒出院 1,526 例。不過，和全國不少省市的情況一樣，廣東省的中醫藥發展正面臨中醫院在醫療衛生體系中的比重及投入不足、人才短缺、診療水準不足、中藥在臨床治療領域應用不足等諸多現狀，情況有待改善。

三地中，以香港的中醫藥參與程度最低。香港政府在 2013 年的施政報告中表示，將鼓勵中西醫結合治療，擴大中醫藥在公營醫療系統的角色，並分階段推出中西醫協作先導計劃。但經過多年的運作，先導計劃仍只限於中風、癌症紓緩治療，以及肩頸痛等極少數範疇。在應對流感方面，初時中醫是完全被排除在醫療體制之外，根本沒有機會介入，其後才有機會協助處理新冠肺炎康復後的跟進治療。而且，目前香港連一家純中醫醫院都沒有，要等到 2024 年才有首家位於將軍澳的中醫院落成，而且按現時規劃，只是由非牟利機構營運，並不納入公營醫療系統。可見，由於受到資源以及政策等的限制，中醫藥的防治疾病能力未能完全發揮。

（二）三地中藥標準未能統一

目前內地採用國標的《中國藥典》標準，而香港則採用中醫藥管理委員會制定的中藥標準，兩者在不少地方都有較大差異。當中包括：一、標準範圍有差異，二、具體標準有差異。關於第一項，香港標準會檢測 37 項農業殘留量及 4 項重金屬含量（砷、鎘、鉛、汞）。其中重金屬含量適用於 605 種中藥材。但中國內地的重金屬含量標準只適用於 27 種藥材，範圍大大小於香港標準。

這些差異對兩地的中藥材和中成藥流通造成不少的障礙。例如 2011 年時香港衛生署發現 3 款市售中成藥重金屬含量超標，需要立即回收。但有關藥廠稱該藥是嚴格按照國家標準生產的，其各項品質指標均符合 2010 年版《中國藥典》標準，出廠合格率 100%，市場抽檢合格率 100%。

可見，三地中藥標準不一的問題亟待解決，這樣才可以提高中醫藥在國際上的認受性。

（三）研究資源分散

粵港澳大灣區是全世界範圍內中醫藥人才相對較集中，以及科學研究水準相對較高的區域，擁有廣州中醫藥大學、南方醫科大學、暨南大學、廣州醫科大學、廣東藥科大學、香港浸會大學、香港大學、香港中文大學、澳門大學，以及澳門科技大學等高水準醫學研究機構。三地之間也有不少高水準的研究合作項目。例如珠海市中西醫結合醫院已與澳門科技大學共建「澳門科技大學臨床教研中心」，廣東省中醫院亦已於 2018 年與香港浸會大學、澳門大學等建設了「粵港澳大灣區中醫藥創新中心」。這個中心將開展教育部粵港澳聯合實驗室的建設，重點推動中醫藥在防治免疫相關疾病方面的學術研究、產業轉化與臨床應用。

不過，三地的研究資源分散，未能完全過河，這些資源包括資金以及研究樣本。例如目前香港的中醫藥研究機構可取得部分內地的研究經費，但要像內地機構般自由申請研究項目，仍有不少規限。另外，香港和內地只會根據當地的研究樣本進行研究，無法順利取得對方地區的研究樣本，這個情況大大窒礙了研究工作。而且，整體而言三地之間的科研合作交流水平仍有提升空間。

（四）缺乏藥物互認機制

目前粵港澳三地的中成藥需分別註冊三次，方可在整個大灣區銷售，這不但妨礙了優良藥物的流通，更使得一些優質藥品因為本地市場太小而無法賺取充分資本來提高質量。舉例來説，香港的藥品推出市場前需遵循非常嚴格的制度，包括藥品生產廠商必須在香港政府獲取生產藥品許可牌照，並將藥品臨床試驗等相關資料提交香港衞生署進行審批。並且，香港的審批標準一直參照國家標準，如美國食品及藥品監督管理局（FDA）的標準，質量有嚴格監管。但要進入內地，還是要重新申請一次。因為根據《藥品管理法》第三十九條規定「藥品進口，須經國務院藥品監督管理部門組織審查，經審查符合品質標準、安全有效的、方可批准進口，並發給藥品註冊證書」。這樣就把一批優質的香港中成藥拒諸門外了。

2019 年公佈的惠港十六項措施中，特別規定容許在大灣區內地城市的指定港資醫療機構裏，使用已在香港註冊的藥物和常用的醫療儀器。這是一個好的開始。但措施主要指西藥，中成藥目前仍未適用。這個問題亟待處理。

第二章
具體建議

（一）提升專業水平

1. 建立中醫藥協調機制

現時粵港澳三地中醫藥主管部門並無定期的協調機制，只是透過不定期的會晤商討合作。2019 年簽訂的《粵港澳大灣區中醫藥合作備忘錄》明確認同，需要建立粵港澳三地政府主管部門定期協商機制，以便攜手推動大灣區中醫藥事業和產業高品質發展。《粵港澳大灣區中醫藥高地建設方案（2020-2025）》亦要求加強組織領導和統籌協調。期待三地部門盡快落實機制及成立相關的項目工作小組，將任務細化。

2. 建立中醫藥預防及康復體系

中醫藥在預防和康復方面具有不可取代的優勢，國家中醫藥管理局早於 2014 年印發了《中醫醫院治未病科建設與管理指南》，要求成立及完善中醫醫院的治未病科，以達致「未病先防、瘥後防復」的目標。《國務院關於促進中醫藥傳承創新發展的意見》也指出，要「到 2022 年在重點人群和慢性病患者中推廣二十個中醫治未病干預方案。大力普及中醫養生保健知識和太極拳、健身氣功（如八段錦）等養生保健方法，推廣體現中醫治未病理念的健康工作和生活方式」。同時也推動要發展中國特色康復醫學，實施中醫藥康復服務能力提升工程，依託現有資源佈局一批中醫康復中心，加強中醫醫院康復科建設，在其他醫院推廣中醫康復技術。針對心腦血管病、糖尿病等慢性病和傷殘等，制定推廣一批中醫康復方案，推動研發一批中醫康復器具。

截至 2017 年底，廣東省全省已有 184 個醫療機構建立了治未病科，推動氣功推拿，以及中醫食療等服務，取得一定的成效。香港方面，目前未有完全將這些服務納入官方體系，但已有良好的嘗試。2020 年 4 月底，醫管局推出「中醫門診特別診療服務」，讓康復者可免費到 7 間中醫診所暨教研中心覆診，以進行癒後康復工作。但這離完整的中醫防治及康復服務水平仍有相當長的路要走。

建議三地醫療部門加強合作及交流，共同努立建立及完善相關的體系，從而降低病發率以及病後復發率，提升整體民眾的健康水平。

3. 完善中醫藥遠程診治體系

隨着互聯網技術日益進步，愈來愈多醫療機構採取遙距診治模式，受到民眾的歡迎。內地早於 2014 年已發佈了《關於推進醫療機構遠程醫療服務的意見》，就相關問題訂下指引。香港醫委會也於 2019 年頒佈《遠程醫療指引》，說明各方面都認識到遠程醫療的重要性。

但目前的指引主要以西醫為對象，雖然對中醫的遠程醫療也有啟發和參考作用，但鑒於中醫藥的獨特性，有必要訂立相關的針對性安排。2019 年公佈的《國務院關於促進中醫藥傳承創新發展的意見》指出，要「建立以中醫電子病歷、電子處方等為重點的基礎資料庫，鼓勵依託醫療機構發展互聯網中醫醫院，開發中醫智慧輔助診療系統，推動開展線上線下一體化服務和遠端醫療服務」。

因此，三地部門及醫療機構應研究，針對中醫藥建立一套完善的遠程醫療體系，在電子病歷、遠程診療等方面打造完整的系統。

4. 提升中西醫結合治療水平

中西醫在治療各類型疾病方面都有各自不可取代的優勢，但目前中西醫結合的程度並不理想。以香港為例，目前只有極有限的中西醫結合治療平台，例如香港中文大學醫學院轄下的中西醫結合醫務中心等，整個公營醫療體系仍以純西醫系統為主。

內地在這方面的工作做得比較出色，而且國家也比較重視。例如在2020年的新冠肺炎中，衛生部門就大量採用中西醫結合療法，取得了非常好的成績，國家主席習近平亦在公開場合多次強調要中西醫結合治療新型肺炎。2018年，國家中醫藥管理局就公佈，將60個項目確定為重大疑難疾病中西醫臨床協作試點項目，涉及15個專業33個病種，分佈在全國24個省（區、市）。

建議三地加強合作，進一步推動中西醫結合，爭取形成更具療效的中西醫結合診療方案或專家共識，探索建立中西醫臨床協作長效機制，促進診療模式改革創新。具體包括針對重大疑難疾病形成中西醫專門臨床治療方案，並制定恒常的診療方案、聯合查房、多學科及聯合會診、病例討論等醫院管理制度。並須加強互通信息、共享資源。

5. 推動研究資源共享

目前香港的中醫藥研究機構不容易直接申請內地的研究項目，而且要直接取得內地的研究樣本和數據也有不少難度。反過來，內地和澳門地區也是如此，這個情況大大窒礙了中醫藥研究工作。建議三地共同研究便利機構直接申請大灣區的研究項目，以及取得相關研究經費、樣本及數據，以推動研究工作。

6. 成立「大灣區中藥國際臨床科研中心」

中藥臨床試驗數據是提升產品功效的重要支撐，但由於中藥主要是天然物品，故臨床試驗方法一直都存在因難。目前香港大學、香港中文大學和香港浸會大學均有高質素的臨床研究中心，故建議大灣區內有意進行臨床試驗的機構可以與三間大學合作共同成立一個「大灣區」臨床試驗網絡，協力釐訂一套可為國際認同的臨床試驗指引，並研究設立「大灣區中藥國際臨床科研中心」來協調相關工作。

7. 重視科技元素

要做到中醫藥現代化，必須重視科技的元素，但目前在工業生產、實驗室科技及遠程醫療科技等方面仍然處於較低水平。例如在 2018 年 7 月舉行的「智造中藥高峰論壇」中，中國工程院院士、天津中醫藥大學校長張伯禮表示，「目前我國中醫藥現代化仍處於初級階段，質量和工藝依然不足……尤其是在中藥生產領域，工藝製造較粗糙，質控水平低，大部分中藥生產線只實現了機械化或者自動化，無法達到數字化、智能化程度」。故此，建議重視科技的力量，透過智能工業、網際網絡技術、雲計算技術及大數據技術等推動中醫藥現代化，令中醫藥發展達至更高的水平。

8. 允許香港中醫在內地應診

目前香港註冊的中醫師如要到內地執業，必須通過內地執業試，因而阻力較大。這個情況在其他專業界別如法律界也存在，不過近期內地推出最新措施，全國人大常委 8 月通過決定，設立粵港澳大灣區律師執業考試，讓港澳律師通過考試後就可以取得廣東省的執業資質，能從事特定範圍的內地民商事法律事務。據此，日後香港律師將可以更容易在大灣區執業及發展。

《粵港澳大灣區中醫藥高地建設方案（2020 － 2025）》提出要「推動港澳中醫師在內地公立醫療機構執業」。建議參考律師界別的先例，特別設立門檻較低的大灣區中醫師執業考試，又或者以其他更便利的行政安排，允許香港中醫師到廣東省公立中醫院坐診，並設定期限如三年。這樣既可推動大灣區中醫業界交流發展，亦可以提高整體中醫師的診治水平。

（二）推動統一市場及康養服務

9. 建立大灣區中藥材標準體系

中藥大部分是天然藥物，其質量受到各種自然、生產及炮製因素影響，因此中藥質量保證和標準便變得非常重要。現時三地皆採用不同的中藥材和中成藥標準體系，以致造成市場割裂及提高了行業成本，有必要研究在國標和港標等體系的基礎上，整合出大灣區標準。現時廣東省在國標的基礎上，還設有廣東省標準。廣東省在 2019 年推出了《廣東省中藥材標準（第三冊）》，記載了 110 個國家藥品標準未收載而廣東省內臨床習用的中藥材品種，並設定了相關標準，是國標的重要補充，也是中藥南藥的重要標準。

故此，三地可以根據實際情況，以先易後難的方式，針對嶺南地區的常用藥物，聯合制定大灣區統一標準。待運作成熟後，再逐步擴大到其他藥物。長遠而言，可打造出大灣區中藥材的標準體系，為中藥訂立可靠、可行的質量標準及清晰明確的化驗檢測鑒定體系等，以及實行統一的檢測認證服務，以促進三地藥業互融互通。

10. 建立大灣區中成藥共同市場

建議在三地分別註冊的中成藥物，可以透過互認機制，在大灣區流通銷售，以形成共同市場。措施可望令優質的中成藥無須付出額外成本，就可擴大現有市場，提高回報。初始階段，可以簡化已在香港上市的外用中成藥註冊審批流程，下一步再擴大至內用中成藥。《粵港澳大灣區中醫藥高地建設方案（2020 － 2025）》提出會「簡化港澳已上市的傳統外用中成藥註冊審批流程」，期望有關方面能盡快落實措施。

另外，現時政策已允許香港藥品在大灣區的港資醫院流通，但主要是西藥為主，希望能將措施進一步放寬到中成藥，並擴大範圍至大灣區所有優質醫院。

11. 打造國際中藥材交易平台

中國內地是世界最大的中藥材市場，也因而有多個大型的藥材交易平台。但不同平台分散各地，而且主要集中在內地，較少面向世界。近年外國愈來愈接受中藥，截至 2016 年 5 月，已有 66 種中藥材進入歐洲藥典。而隨着新冠肺炎疫情在海外蔓延，中醫藥也隨之受到海外的進一步追捧。中新社報道稱，近月以來，美國、義大利、荷蘭、英國、匈牙利等多國中醫藥診所問診人數大增，尤其是中醫藥飲片及配方顆粒銷售量猛增兩到三倍。

由於看到這個趨勢，《粵港澳大灣區中醫藥高地建設方案（2020 － 2025）》提出要「推動一批嶺南中藥知名品牌進入國際市場」。但出口到海外的中藥材，無論價格還是質量，可能都和內銷中藥不同。因此，粵港澳三地可以利用大灣區的外向優勢，成立中藥材國際交易平台，除提供交易渠道和平台，還提供中藥產品出口的信息如註冊、產品定位、海外代理及顧問公司推介、出口渠道以及營銷策略等服務，以推動中藥材進一步國際化。

12. 打造中藥期貨市場

近年市場對中藥的需求激增，由於供求問題，部分極受歡迎的中藥材價格經常出現大幅波動，令藥材商和消費者失去預算，甚至蒙受損失。內地多年前已探索採用期貨市場的模式降低中藥材價格波動風險，取得一定成績。目前內地已就部分中藥如金銀花和枸杞子等進行了期貨買賣，但整體中藥材的交易種類仍然非常有限，而且市場規模小，制度未夠完善。2019 年澳門珠海開始研究建設以中藥材為主要品種的商品期貨交易所，證明這方面大有可為。建議有關方面加快有關研究，盡快在大灣區打造一個具規模的中藥材期貨市場，並做好規範管理，完善制度建設。

13. 打造醫療康養中心

醫養結合已成為安老的一個重要模式，此模式是指將社會資源中的醫療資源與養老資源相結合，為老年人提供全方位的醫療照護及養老服務。機構利用「醫養一體化」的發展模式，集醫療、康復、養生、養老等為一體，為長者提供優質的安老環境。

內地近年非常重視有關問題，並付諸行動。中共十九大報告就明確要求，「積極應對人口老齡化，構建養老、孝老、敬老政策體系和社會環境，推進醫養結合，加快老齡事業和產業發展」。廣東省由於鄰近香港，土地資源較為豐富，人手調配較為靈活，再加上在中醫療養方面走得較前，故在長者醫養結合機制發展方面有較大優勢。《粵港澳大灣區發展規劃綱要》亦提出，要「推進醫養結合，建設一批區域性健康養老示範基地」。

中醫藥在醫療康養方面具有無可比擬的優勢。建議三地政府應合作推動中醫藥與養老融合發展，促進中醫醫療資源進入養老機構和社區。包括鼓勵中醫機構在養老機構提供完善的保健諮詢和調理服務，並以政策吸引和鼓勵社會資本新建以中醫藥健康養老為主的護理院、療養院或療養中心，並探索設立中醫藥特色醫養結合機構，以及發展中醫藥健康旅遊服務，融合中醫療養、康復、養生、文化傳播、商務會展，以及中醫藥健康旅遊，開發具有地域特色的中醫藥健康旅遊產品和線路。

民建聯在 2020 年 10 月 12 日舉辦了「粵港澳大灣區中醫藥發展」圓桌會議，由立法會議員陳恒鑌主持。六位嘉賓分別是：

1. 九龍總商會理事長李鳳翔
2. 現代化中醫藥國際協會理事長黃伯偉
3. 香港註冊中醫學會會長陳永光
4. 香港大學名譽教授黃譚智媛
5. 天大館（集團）首席運營官楊明霞
6. 中建國際醫療產業發展有限公司運營總監趙莉莉

六位嘉賓對民建聯大部分建議都表示贊同，並額外提出不少有用的建議，包括加強向民眾宣傳中醫藥文化、讓香港本地及內地港人中醫畢業生在大灣區內的公立醫院繼續接受培訓和坐診，以及結合科技發展中醫藥，例如發展實驗室科技、遠程醫療科技及區塊鏈等等。

民建聯
粵港澳大灣區
中醫藥發展
圓桌會議

民建聯
粵港澳大灣區
中醫藥發展

七 《推動大灣區文化創意產業發展建議書》及相關圓桌會議

2021 年

目次

前言

根據國家於2018年5月發佈的《文化及相關產業分類》，文化產業的定義是「為社會公眾提供文化產品和文化相關產品的生產活動的集合」。近年國家對文化創意產業的關注程度和扶持力度不斷加大，最近《中華人民共和國國民經濟和社會發展第十四個五年規劃和2035年遠景目標綱要》（《十四五規劃綱要》），就明確要求「健全現代文化產業體系和市場體系」。

粵港澳大灣區由於歷史和地理等元素，擁有豐富的文化資源，形成了大陸與海洋、東方與西方，以及傳統與現代交融的文化實體，並逐漸併發出巨大的產業潛能。根據北京大學文化產業研究院最新出版的《中國文化產業年度發展報告（2020）》，文化產業已成為大灣區重要新興支柱產業，對帶動灣區經濟發展和擴大就業的作用非常突出。《粵港澳大灣區發展規劃綱要》就提出，要「增強大灣區文化軟實力」，以及「完善大灣區內公共文化服務體系和文化創意產業體系，培育文化人才，打造文化精品，繁榮文化市場，豐富居民文化生活」。2020年12月公佈的《粵港澳大灣區文化和旅遊發展規劃》亦指出，要「繁榮發展粵港澳大灣區文化事業和文化產業……建設具有國際影響力的人文灣區和休閒灣區」。《十四五規劃綱要》更明確提出，要「支持香港發展中外文化藝術交流中心」。

有見於此課題的重要性，民建聯進行了深入而廣泛的研究，對如何推動大灣區發展文化創意產業，提出一系列建議，務求將大灣區盡快建設成世界一流並具有全球影響力的文化創意產業中心。

第一章
現狀與困難

（一）缺乏高層次統籌

除了個別歷史悠久的文創大國之外，許多國家如日本、韓國等在發展文創產業時，都需要高層次機構的統籌和推動。例如韓國早於金泳三擔任總統時已全力支持國內發展電影業，並在 1994 年將文化產業列為國家戰略出口產業。繼任人金大中更提出文化立國的政策，並在 1999 年制定《文化產業振興基本法》，規定文化觀光部的預算必須佔國家總預算的 1% 以上，並在 2001 年特別設立韓國文化振興院（KOCCA）執行具體工作，目標是將韓國打造成全球五大文創內容生產國之一。文化振興院的職責非常廣泛，包括了調查、規劃、訓練、開發技術、支援製作、提助補助融資及品牌推廣等，並在全球多個主要地點如北京、香港和巴黎等設立分部，類似是一個國家級的文創產業超級培育機構。另一個亞洲文創大國日本，前首相安倍晋三亦在 2013 年時大力推動「酷日本」文化產業政策，及創設預算金額達 500 億日圓的「酷日本促進機構」執行具體工作，向國際推銷日本文創產業。

反觀目前大灣區三地政府雖已對文創產業愈來愈關注，而且也有官方機構主力推動，在全國及全球範圍內都有一定的影響力，但離國際一線水平仍有頗大差距。究其原因有兩個，第一是政府的推動力量不足，主要還是依靠民間商業機構。這本來無可厚非，但不少外國的統籌工作是由政府主導，在資源和推廣力度上遠超大灣區，令區內的文創產業在競爭中遇上很大挑戰。

第二個問題，是缺乏高層次跨部門機構進行整體統籌規劃，令個別部門需要單打獨鬥，影響成效。此外，三地部門亦未組成統籌機構，亦沒有一個強而有力的執行機構，以至無法有效整合三地的文創資源，亦未能有效進行聯合推動和推廣工作。

（二）IP 發展仍處於初始階段

根據美國和日本等文創大國的經驗，文創產業的核心是內容，而內容產業化的關鍵之一在於 IP 化（Intellectual Property）。文化資源愈豐富，IP 化程度愈高，產業就會愈成功。目前中國包括大灣區擁有大量的物質和非物質文化遺產，也有可觀的文化創新內容，文化產業資源豐富，但存在兩大問題，第一是整體的文創內容開發程度不高。在文化遺產 IP 化方面，內地不乏成功例子，例如故宮博物院充分打造了「故宮大 IP」，設計了許多富有創意和特色周邊產品，並在細節之處獨具匠心，在時尚的工藝品中植入故宮傳統文化元素，不僅新潮可愛、討人喜歡，更蘊含了獨特的文化價值。在非遺方面，武術和飲食更是 IP 化程度較高的種類，目前已透過影視、旅遊等項目形成自己獨特的文化品牌。但與大灣區內豐富的文化遺產相比，目前文化開發程度仍處於相當低的水平，未能形成有強烈感染力和吸引力的優質國際文創內容品牌。對此實在有必要加大力度開發，將文化遺產和文化創意轉變為文化財產。

至於第二個問題，就是三地的文創 IP 開發工作欠缺合作，難形成合力。以 IP 化程度較高的中國武術為例，三地目前主要仍是各自開發，較少進行合作，局限了打造文化遺產 IP 的成效。

（三）嶺南文化未受到足夠重視

具有生命力和吸引力的文創品牌，多數具有獨特的風格，以及能和自己地區的傳統文化習俗相結合。大灣區的文化特色就是嶺南文化，嶺南文化是中華文化的重要組成部分，包括廣東、廣西、香港及澳門的文化，是因應五嶺以南和珠江的獨特地理環境和歷史條件形成。嶺南文化以農業文化和海洋文化為源頭，發展的過程中不斷吸收和融匯了中原文化和海外文化，逐漸具有濃厚的包容和開放的特點，區別於內陸文明或河谷文明。

及至近代，嶺南得風氣之先，成為中西文化交流的橋樑，在文學、藝術、民俗、武術及飲食等各方面，均形成富有創新精神和地方色彩的文化特色，擁有巨大的商業價值潛力。然而，目前大灣區文創產業的發展，對嶺南文化的重視程度不夠，以至於比較缺乏本地特色，難形成傳統與現代結合的具備國際吸引力的獨特文化品牌。

（四）周邊產品不足

目前內地包括大灣區內的文創 IP 仍處於獨立發展、淺度發展，以及周邊產品缺乏的初始階段。當然也不乏成功例子，例如北京故宮博物院截至 2016 年底已出品 9,170 種文創產品，2017 年文創產品的銷售收入已達 15 億元。但好像故宮博物院的例子還是非常少。大部分 IP 產品主要集中在影視、手遊、時裝、玩具、家品、飲食、網絡用品和旅遊等一兩個領域，未能做到全覆蓋，以及未能擴展至主題樂園等範疇，而且不論規模和素質都仍有較大發展空間。可以說未能形成較好的產業集群發展，以及完整而強大的產業鏈。建議粵港澳三地政府應參考美國和日本、韓國等國家地區的成熟發展模式，將 IP 進行深度及集群發展，並開啟多條周邊產品線，以擴大消費人群及盈利版圖。

（五）現行政策限制發展

文創產業的發展離不開寬鬆和資源暢通的政策環境，但目前三地由於政策法規不同，導致文創產品服務在區內的流動受到限制。例如根據 CEPA，目前港資要在內地設立互聯網文化企業單位只限於合資，而且須由內地方控股或佔主導權益。另外，香港電影要進入內地，需由中央部門審批通過。這類法規令大灣區內不同地方的文創產業流動受到影響，不但令成本提高，更限制了大灣區市場的規模，不利產業發展。

第二章
具體建議

（一）加強開發文化資源

1. 加強開發嶺南文化內涵

《粵港澳大灣區發展規劃綱要》指出，要「保護、宣傳、利用好灣區內的文物古跡、世界文化遺產和非物質文化遺產，支持弘揚以粵劇、龍舟、武術、醒獅等為代表的嶺南文化」，又提出「支持香港、澳門、廣州、佛山（順德）弘揚特色飲食文化，共建世界美食之都」。故三地應合作增撥更多資源，鼓勵及促進大灣區內主要城市開發中華文化尤其是嶺南文化的內涵，選擇當中具有重要文化和商業價值的項目進行深度挖掘以及 IP 化。具體可分為物質和非物質文化遺產兩部分，內容可包括粵劇、功夫、飲食文化、遠古神話傳説以及傳奇人物等。

2. 建立大灣區文化 IP 統一平台

目前三地的文化 IP 各自發展，缺乏統籌和整合，以致效率不佳。建議成立大灣區文化 IP 統一平台，發揮分享、統籌、配對和推廣的四大功能，從而擴大三地的文化 IP 生態圈，為提升文創價值及進行跨界融合發展提供更好的基礎。目前廣州已發佈了全國首個城市文化 IP 庫，入庫 IP 數量達數萬件，涵蓋城市文旅、文化名人、非遺和博物館、藝術設計和動漫遊戲等類別。三地可參考有關做法，盡快建立大灣區的統一平台，以推動文化 IP 共建共享。

3. 打造文化旅遊渡假區

《中共中央關於制定國民經濟和社會發展第十四個五年規劃和 2035 年遠景目標的建議》提出，要「推動文化和旅遊融合發展，建設一批富有文化底蘊的世界級旅遊景區和渡假區」。《粵港澳大灣區文化和旅遊發展規劃》亦指出，要「推動粵港澳大灣區文化和旅遊融合發展」。目前大灣區內有多個主題公園，但較為缺乏屬於中國 IP 或創新 IP 的文化主題，有一些較好的嘗試如深圳的中國民俗文化村，以及香港海洋公園，但未能做大做強，與國際同業如迪士尼樂園和環球影城等相比，發展規模和成熟度遠遠落後。建議三地政府加強推動文化＋旅遊的戰略，以稅務、政策及土地等優惠，引導及協助企業發展富有文化底蘊的旅遊景區和渡假區。

4. 共同舉辦文化慶典活動

許多國家地區都有不同特色的傳統文化慶典活動，一方面可以保留習俗，同時亦成為吸引大量遊客的文化項目。例如日本每年都有大量的祭典巡遊，已成為聞名世界的文化旅遊項目，為當地帶來可觀收益。嶺南地區有獨特的傳統習俗，每逢部分重要節日都有盛大文化慶典活動，例如廣東省的廣府廟會民俗文化巡演，以及香港的大坑舞火龍和長洲飄色巡遊等就深受各地遊客歡迎。但這些活動不論規模、內容豐富度、頻密程度及受海外旅客歡迎程度都不算很理想。例如日本青森縣睡魔祭及德島縣阿波舞祭等活動，每年都分別吸引海內外超過 100 萬名遊客。而大灣區目前除了廣府廟會民俗文化巡演能吸引過百萬民眾之外，大部分其他活動都未足以吸引大量旅客。建議三地政府加強協調，共同交流經驗以打造更多元化更成功的本地文化慶典活動，甚至可制定財政資助過河的機制，並聯合舉辦更大規模的活動，將之打造成文化旅遊品牌共同向海內外推廣。

5. 推動藝術與科技結合

近年藝術開始和科技結合，不但令藝術表現形式更趨多元化，豐富了受眾的體驗，而且擴大了受眾版圖，對提升文化藝術 IP 影響力有重要作用。例如 2010 年動態版的清明上河圖就極受各地觀眾的歡迎，而北京故宮博物院則與不同科企成為合作夥伴，把博物院的文化內容透過不同的科技平台向公眾展現。有見藝術科技的重要性，英國和南韓等國家都已制定政策，積極鼓勵藝術界與科技界展開合作。而香港 2020 年施政報告中亦提到，將制定相關策略和措施，推動藝術科技發展。建議三地政府加強溝通協調，結合官產學研力量，透過政策措施共同推動大灣區的藝術與科技結合，推動文創產業在內容和形式上進一步創新，並打造及擴大品牌的影響力。

（二）暢通產業渠道

6. 打造粵語文化共同市場

粵語有悠久歷史，是中國主要方言之一。據統計廣東省約有四千萬人口使用粵語，再加上港澳約八百萬人口，則大灣區內約有五千萬人是講粵語。粵語由於流傳歷史久遠，而且使用人口眾多，發展出多元化的文化形式，例如粵劇、粵語流行曲、粵語電影和粵語文學等，並因而具備深厚的文化底蘊，在海內外都甚受歡迎。因此，粵語本身就是一個文化 IP 。《中華人民共和國文化產業促進法》（草案送審稿）第三十七條要求，「國家培育和發展各類文化產品和要素市場，消除地區分割和行業壁壘⋯⋯促進文化產品和人才、產權、技術、信息等文化生產要素合理流動」，故建議三地政府向中央爭取先行先試，加強鼓勵及推動以粵語為主的創意文化產品，包括特別放寬港澳的粵語電影或流行曲等文化產品及項目的入境審批權等，冀能打造出一個大灣區粵語文化共同市場。

7. 下放審批權限

建議中央將部分項目的審批權下放至廣東省，例如可將香港電影或香港與內地合拍片的審批權交由廣東省文化和旅遊廳，並限於只在廣東省內播映，以及便利港澳的表演劇團進入廣東省進行巡迴表現，包括協調內地表演場地與香港劇團進行更好對接以及提供更多支援等。另外，其他由中央審批的文創項目也可下放由地方部門處理，並建立大灣區主要城市的統一審批機制，以減少表演劇團或其他文創項目在審批時的時間和行政成本，以更有效促進大灣區文化創意產業的流通和壯大。

8. 開放文化企業資格予香港人

《中華人民共和國文化產業促進法》（草案送審稿）第二十七條指出，「國家鼓勵公民、法人和非法人組織依法設立文化企業，尊重各類文化企業的市場主體地位和自主經營權，保障其合法權益，營造公平競爭的發展環境」。建議在廣東省內先行先試，允許成立港方獨資或由港資控股或佔主導權益的互聯網文化企業。

9. 建設大灣區國際文創知識產權交易中心

《中華人民共和國文化產業促進法》（草案送審稿）第六十一條表示，「國家鼓勵符合條件的各類文化企業利用多層次資本市場直接融資」。文創產業的發展離不開資本參與，除了依靠資金直接投資，國內外都設有版權交易中心，透過市場化模式為文創項目提供融資。目前香港與內地都有不同規模和類別的文創產權交易中心，例如內地有北京國際版權交易中心、廣東省南方文化產權交易所，香港有香港文匯交易所等。但這些中心存在規模較小，交易種類有限，以及偏重於實物文化商品如錢幣、古董等物件，IP 等無形文創項目的交易量偏少等問題。此外，中心之間較缺乏機制互通，以致令規模難以進一步擴大。

建議三地政府可透過政策加強推動文創產權交易所的發展，以加強交易的種類和規模，並透過互聯互通等方式，匯集三地的文創 IP 資源，及完善倉儲、鑒定、物流、託管、結算、孵化和推廣等周邊配套服務，以文創＋金融模式打造出大灣區國際文創知識產權交易中心，推動文創產業進一步發展。

10. 舉辦聯合文創展覽交流活動

三地都擁有經驗豐富的從業員，以及充足商業資源的企業，需要有大量的交流合作平台進行對接。目前三地已有部分聯合展覽活動，例如 2014 年開始香港和深圳每隔兩年輪流舉辦「深港設計雙年展」，集結兩地多個設計協會、機構及院校共同參與，涉及多個設計界別，促進了兩地專業和業界持份者的交流和提升。及後也有愈來愈多的大灣區文創類別展覽會出現，例如 2019 年的粵港澳大灣區品牌授權產業發展論壇暨對接會等等，但在類別上仍然未夠多元化，活動頻率亦較低。建議三地政府協助推動業界舉辦更多元化的文創展覽和論壇等活動，以促進交流和發展。

（三）政府加強支援

11. 建立大灣區文創產業統籌機制

目前三地的文創產業主要是各自發展，缺乏合力。建議三地文旅部門建立聯合的統籌機制，共同制定發展大灣區文創產業的政策藍圖，包括發展方向和時間表，以及提供具體的政策支援等，發揮統籌、推動和監管等功能，以打破目前三地文創產業的各種壁壘，促進文創產業人流、物流、資金流、IP 流等的互聯互通，並發揮協同效應，將區內的文創產業做大做強。而各自亦應相應調整部門職能，以集中資源推動工作。例如目前香港的文創產業並沒有一個專門部門負責，而是被切割成幾個部門包括民政事務局、商務及經濟發展局以及創新及科技局等幾個部門。香港政府應成立一個跨部門機制，以作為三地協調機制中的港方對口單位，共同推動文創產業發展。

12. 建立大灣區文創產業配對平台

三地政府加強協調，設立一站式的大灣區文創產業資訊配對平台，以整合各地的相關資訊，包括公司註冊資訊、稅務資訊、工商法律法規、最新情況以及對口單位及聯絡處等。平台中應包含相關具體的操作流程指引，以協助三地企業或者個人投資創業。另外應在平台上建立一站式及全面的文創產業融資配對系統，讓創業者和投資者可以進行高效、安全、有針對性及一站式的創業配對，減少有錢無項目，或有項目但無錢的情況。

13. 加強政府採購

政府具有巨大的文化產品服務需求，也握有大量的財政資源，理應可以因應需求主動採購更多民間的產品服務。例如內地就有相關規定要求政府部門採購公共文化產品服務。《中華人民共和國文化產業促進法》（草案送審稿）第三十一條提出，「國家採取向社會力量購買服務等方式，鼓勵和引導文化企業參與公共文化服務體系建設、文化遺產保護傳承利用等活動。國務院和省、自治區、直轄市人民政府負責制定面向社會力量購買公共文化服務的目錄」。文化和旅遊部每年都會制定《政府購買服務指導性目錄》，向企業購買不同類別的文化產品和服務。

建議中央政府可撥出更多的財政資源，擴大向企業購買文化產品和服務。例如《政府購買服務指導性目錄》的三級目錄中有「對外和對港澳台文化交流活動」項目，建議可特別向港澳文化產業機構加強採購有關產品服務。同時鼓勵及支持地方各省市，尤其是對特別重視文化體系建設及推動文創產業的省市，加強採購大灣區文創產業機構的產品和服務。

14. 提供更多土地資源

《中華人民共和國文化產業促進法》（草案送審稿）第三十三條提出「國家鼓勵利用閒置設施、盤活存量建設用地發展文化產業」，以及「國務院自然資源主管部門應當完善文化設施用地類型，增加建設用地複合使用要求、保障文化產業發展」，並要求「縣級以上人民政府應當根據文化產業發展需要，將文化產業用地納入國土空間規劃，有效保障文化產業設施、項目用地需求」。政府可以增撥更多土地資源，鼓勵及促進粵港澳大灣區內的主要城市設立更多元化及高質素的博物館及文創產業園基地等，以推動文創產業發展。

15. 推動三地知識產權版權互認

知識產權互認機制主要是指在粵港澳任一地區取得某項知識產權之後，

可以同時取得另外兩地對該項知識產權的承認，及給予同等保護。香港的知識產權制度獨立於中國內地和澳門的知識產權制度，但一直以來粵港澳三地之間在知識產權方面的合作協議，只是流於加强合作、分享經驗、强化合作及執法機制等層面，並沒有取得實質成果。2020 年 4 月廣州市曾印發了《廣州市黃埔區廣州開發區推進粵港澳知識產權互認互通辦法（試行）》，推動三地知識產權互認互通，這是良好的嘗試。建議三地盡快就知識產權全面互認的問題作出商討，令知識產權可一地註冊，三地互認，以便利三地文創產業中小企業申請，降低它們的營運成本。此外，亦應共同研究將區塊鏈等新技術應用在知識產權保護之中，進一步簡化大灣區內知識產權在登記、證明、審核及維護的流程。

16. 建立高校文創合作平台

三地高校都擁有高水平的文化創意項目，應研究構建大型的交流合作平台，讓各類型的青年文創人才，包括藝術管理、動漫設計以及多媒體等範疇，都可以相互交流經驗以及進行緊密合作和聯合推廣。另外，政府可支持鼓勵相關企業透過此平台開展更多實習活動，以推動大灣區內的經驗雙向交流。

民建聯在 2021 年 2 月 19 日舉辦了「粵港澳大灣區文化創意產業發展」圓桌會議，會議主持人為立法會議員劉國勳。五位嘉賓分別是：

1. 中手游創始人兼副董事長冼漢迪
2. 香港話劇團行政總監梁子麒
3. 粵港澳大灣區文創科技聯盟執行主席李嘉俊
4. 香港粵劇曲藝協會主席周潔冰
5. 邵氏影城影視營運經理楊勉恒

五位嘉賓都認同大灣區文創產業非常有前景，並提出很多具體建議，包括三地成立跨部門的統一協調機制、將科技與文化藝術結合，以及簡化知識產權互認等。

八 《探討港人子女學校在大灣區內地城市發展的挑戰與建議報告》及相關圓桌會議

2022 年

（民建聯委託香港政策研究所撰寫）

第一章
大灣區教育概況及需求

1.1 研究簡介

現時有不少香港居民長期居住在廣東省，當中的適齡學童有接受教育的需要。現時部分香港學童以跨境形式到香港上學，其餘大部分學童則留在內地的各種學校入學。香港一直有聲音關注他們的教育需要，包括早年提出在深圳發展香港公帑資助學校，以紓緩跨境學童對香港造成的壓力。近年在大灣區發展的背景下，也有意見認為子女教育是吸引人才流動的重要配套之一，建議推動香港辦學團體在內地發展港人子女學校。但由於現時只有少數香港辦學團體具在內地開辦香港課程的經驗，要推動港人子女學校在內地的發展，需要進一步了解相關情況。

本研究將先集中探討在內地開辦提供香港小學至高中階段的課程，並為具香港居民身份的學童提供可負擔的教育機會，協助他們日後銜接香港的教育。我們期望透過研究解答以下問題：

1. 在廣東省居住的香港學生情況，以及他們可能帶來的學位需求有多少？

2. 若要在內地開辦學校，可以有哪些類別選擇？相關規管措施為何？

3. 在內地開辦港人子女學校的過程會遇到哪些困難？在營運階段又會遇到哪些挑戰？

4. 要推動香港辦學團體在內地開辦學校需要哪些政策支援？

本研究包括一手資料及二手資料兩部分。一手資料方面，我們會訪問今年開辦的深圳香港培僑書院龍華信義學校和廣州暨大港澳子弟學校，了解他們的開辦過程以及遇到的困難，又會邀請他們分享在開學後對教師和學生適應校園生活的觀察。另外，我們也訪問了全國政協委員戴希立校長，從宏觀角度了解相關政策如何協助港人子女學校的發展。二手資料方面，我們通過整理現有數據了解香港學生在廣東省居住的情況，亦整理現有法規去了解創辦和營運學校的要求。除此之外，由於台商子弟學校在內地的發展時間較長，而且同時獲得兩岸當局承認，因此我們亦參考相關研究，整理它們的發展過程和遇到的困難，以及兩岸相關部門如何協助學校解決問題。

1.2 大灣區教育的政策

自「內地與香港關於建立更緊密經貿關係的安排」（CEPA）補充協議於 2008 年簽訂後，香港團體可以在內地設立學校和教育機構。在大灣區的政策下內地更明確提及相關政策措施，2019 年 2 月發表的《粵港澳大灣區發展規劃綱要》（下稱《大灣區規劃綱要》），第 8 章更明確提及要在廣東省為港澳居民提供港澳子弟學校服務：「在廣東建設港澳子弟學校或設立港澳兒童班並提供寄宿服務。」[1] 在《大灣區規劃綱要》公佈以來，各大灣區內地城市也推出不同的措施協助香港學童就讀當地學校，當中部分城市更有意引入香港辦學團體開辦的港人子女學校。現時的內地政策框架下將對發展港人子女學校較為有利。

1 粵港澳大灣區發展規劃綱要。2019。

1.3 居住廣東省的香港人口

在大灣區內地城市發展港人學校的首要目標受眾，應為具有香港居民身份的學童。這些學童有香港永久性居民的身份，應合資格享受香港接受免費教育的權利，只是因為他們定居在內地而無法直接來港上課。這些學童部分因為父母工作原因定居當地，也有部分來自「單非」或「雙非」家庭，即父母其中一方或雙方均非香港永久居民而在香港所生的兒童。

1.3.1 整體人口統計

根據香港政府統計處利用出入境數字作出的估算，2020年年中約有536,800名香港居民通常逗留於廣東省。[2] 自2013年開始統計以來，逗留於廣東省的香港居民數字一直維持在50萬人以上。[3] 在2020年的年中統計數據中，約有221,800人為18歲或以下的香港居民，其中小學階段（6 － 12歲）的人數最多，佔18歲以下人口的近半。中學階段（13 － 18歲）及0 － 5歲分別佔約兩成及不足一成。中學階段的人數有穩定上升趨勢，由2016年的14,100人上升至2020年的約48,900人，6 － 12歲及0 － 5歲的人口趨勢較為反覆。2016年至2020年中通常逗留於廣東省的香港居民數字列於表8.1。

表8.1 通常逗留在廣東省的香港居民人數（0至18歲）[4]

年份	0-5歲	6-12歲	13-18歲	0-18歲小計
2016年中	86,200	128,400	14,100	228,700

2 1年內逗留在廣東省6個月或以上。

3 政府統計處。2021。通常逗留在廣東省的香港居民統計數字。https://www.censtatd.gov.hk/tc/EIndexbySubject.html?pcode=D5320188&scode=160#section2。

4 向香港政府統計處查詢所得。

（續上表）

年份	0-5 歲	6-12 歲	13-18 歲	0-18 歲小計
2017 年中	52,300	162,600	17,300	232,200
2018 年中	23,300	180,900	25,900	230,100
2019 年中	14,200	158,100	38,400	210,700
2020 年中	38,800	134,100	48,900	221,800

1.4 不同上學模式的學生人數

從表 8.1 可見，現時約有 183,000 名 6 － 18 歲的香港居民居住於廣東省內地城市，他們可以選擇的學校類別如下：

1. 入讀香港的學校（跨境學童）；

2. 入讀內地一條龍「港人子女學校」；

3. 入讀「港籍學生班」計劃下的學校（只限於深圳市）；

4. 入讀內地「外籍人員子女學校」；

5. 入讀內地的民辦學校；

6. 入讀內地的公辦學校。

上述提到的 183,000 名學生均處於入學年齡，因此理論上他們會以某種模式入學，但現時有關他們實際入學模式的統計資料有限，香港教育局只統計與香港關係較大的兩類入學模式，即跨境學童及深圳「港籍學生班」計劃下的學生人數。於今年開辦的港人子女學校在接受傳媒訪問時提及它們的收生情況。雖然內地各城市的教育局會公佈就讀於當地學校的學生總人數，但未有詳細劃分當地香港居民的統計；部分城市可能會將澳門和台灣學生一併計算為「港澳台學生」而作公佈；因此現時未能全面掌握在內地的香港學生所在城市及入學情況分佈。

1.4.1 第一類：跨境回港上課

上述第一及第二類學校（1.4 段）均採用香港課程，由香港教師授課，主要分別只是校舍的地點。第一類的學生於香港上課，第二類的學生留在內地上課。由於跨境學童每天需要經過邊境管制站來港上課，因此學生主要來自深圳市。

在過去數個學年，跨境學生的總人數由 2014/15 的 24,990 人略為上升至 2019/20 學年的 27,055 人。從表 8.2 可見，當中就讀幼稚園的跨境生數目持續下跌，由 2014/15 學年超過 1 萬人下降至 2019/20 學年的約 1 千人，而小學及中學的學生人數則持續上升，與在廣東省居住的 13 － 18 歲香港居民人數漸漸上升的趨勢吻合。但由於新冠疫情及邊境管制存在不確定性，加上「雙非學童」的人數漸漸下降，未來的跨境學生人數發展或會有較大變化。

表 8.2 跨境學童人數 [5]

學年	幼稚園	小學	中學	合計
2014/15	10,364	11,774	2,852	24,990
2015/16	10,407	14,567	3,132	28,106
2016/17	7,846	17,458	3,355	28,659
2017/18	4,610	19,215	4,084	27,909

5 資料一線通。2021。按幼稚園、小學及中學劃分的跨境學生人數及 https://data.gov.hk/tc-data/dataset/hk-edb-crossbound-num-cross-bound-stu 及 資料一線通。2021。按級別劃分，使用各陸路出入境管制站的跨境學生人數。https://data.gov.hk/tc-data/dataset/hk-edb-crossbound-num-cbs-var-land https://data.gov.hk/tc-data/dataset/hk-edb-crossbound-num-cbs-var-land； 2020/21 學年資料：香港特別行政區政府。2021。立法會十八題：跨境學生。2021 年 6 月 23 日。https://www.info.gov.hk/gia/general/202106/23/P2021062300301.htm。

（續上表）

學年	幼稚園	小學	中學	合計
2018/19	2,031	20,188	5,567	27,786
2019/20	1,479	17,974	7,602	27,055
2020/21	**由於新型冠狀病毒疫情下無法跨境上學，因此沒有實際每天跨境上學的學生；香港教育局於 2020 年 10 月經各學校收集居住在內地的學生資料，共有 26,971 人；當中九成居於深圳。**			26,971

1.4.2 第二類：港人子女學校

2021 年有辦學團體在內地創辦港人子女學校，分別是位於深圳，由培僑教育機構和信義集團合辦的「深圳香港培僑書院龍華信義學校」（深圳培僑），以及位於廣州，由暨南大學和香港維港集團等合辦的「廣州暨大港澳子弟學校」（廣州暨大港澳學校）。在 2022 年，亦有另外兩間港人子女學校成立和招生，分別為「東莞暨大港澳子弟學校」及「廣州南沙民心港人子弟學校」。上述四間學校提供由小學至高中階段的十二年制香港課程，並主要由香港教師負責教授。

由於深圳培僑和廣州暨大港澳學校為首年開辦，實際取錄的學生數目不算多。廣州暨大港澳子弟學校首年取錄了約 350 名香港學生，[6] 而深圳培僑共收到了 8,000 至 9,000 名學生的申請，實際取錄了約 1,000 多名學生。[7] 兩間學校合共取錄了約 1,350 名學生。

---

6 文匯報。2021。記者手記：籌辦大灣區首家港澳子弟學校　校長哽咽談「感恩」。2021 年 9 月 1 日。

7 明報。2021。大灣區 GBA 專題：北上一條龍港校：負笈中港外國皆優勢。2021 年 11 月 15 日。

1.4.3 第三類：深圳「港籍學生班」計劃

香港教育局和深圳教育局自 2009 年簽訂合作協議，容許在深圳的民辦學校開辦「港籍學生班」提供香港小學課程。現時共有九間民辦學校開辦了「港籍學生班」，全部位於深圳。

根據香港教育局的統計資料，近年的學生人數大約維持在 3,600 至 4,000 人（表 8.3）。在「港籍學生班」計劃下，合資格的小六學生可以參加「香港中學學位分配辦法」（俗稱升中派位），而參加升中派位的小六學生人數由 31 人上升至 185 人（表 8.4）。

表 8.3　深圳「港籍學生班」計劃下的參與人數[8]

學年	學生數目（約數）
2014/15	2,200
2015/16	3,100
2016/17	3,800
2017/18	4,300
2018/19	4,000
2019/20	3,600
2020/21	3,600

8　2014/15 及 2015/16 年度資料來源：教育局。2016。香港教育整體發展。https://www.legco.gov.hk/yr15-16/chinese/panels/ed/papers/ed20160702cb4-1181-4-c.pdf。2016/17 至 2020/21 學年資料經查詢後由香港教育局提供。

表 8.4 深圳「港籍學生班」小六學生參加香港中學學位分配計劃的人數

年份	參加人數
2010	31
2011	41
2012	49
2013	37
2014	67
2015	51
2016	81
2017	123
2018	154
2019	161
2020	185
2021	139

1.4.4 第四類：外籍人員子女學校

若學生不選擇入讀香港課程的學校，他們也可以選擇入讀內地的「外籍人員子女學校」，即俗稱「國際學校」。根據內地的法規，這些學校可以自行決定課程內容，但不可以招收中國公民。

根據廣州市教育局的資料，2019 年廣州市共有 13 所外籍人員子女學校，就讀的外籍學生 4,546 名，港澳台學生則有 1,657 名。[9] 根據廣州市教育局統計，在 2021 年，全市約有 18,000 名港澳台學生在廣州市基礎教育階段就讀。[10]

9 廣州市教育局、廣州市教育研究院。2020。廣州市教育統計手冊 -2019 年度。

10 廣東省人民政府港澳事務辦公室。2021。廣州暨大港澳子弟學校簽約啟動。

從以上有限資料可以推斷，就廣州市而言，就讀外籍人員子女學校的港澳台學生只佔當地所有港澳台學生的少數。但由於數字同時包括來自澳門和台灣的學生，加上缺乏其他城市的統計數字，因此未能掌握在各大灣區內地城市的香港學生實際就讀外籍人員子女學校的情況。

1.4.5 第五及第六類：民辦或公辦學校

若學生在上述位於內地的港人子女學校、「港籍學生班」及「外籍人員子女學校」就讀，均需要支付學費，部分學費可達數十萬元，並非所有家庭能夠負擔，因此他們大多數可能會入讀內地的公辦或民辦學校。內地各城市為了吸引人才，為他們的子女提供入學優惠。其中對於符合內地各項「人才計劃」資格的專業人士，他們的子女會獲安排入讀當地公辦學校，接受免費教育。即使不符合資格的香港居民，只要持有「港澳居民居住證」，即可以透過積分制入學方案安排子女入讀當地學校接受免費教育。但現時同樣未有全面數字整理出內地各城市就讀的學生人數。

1.5 小結

綜合上文所述，現時長期居住於廣東省，年齡介乎 6 － 18 歲的香港居民總共約有 183,000 名，他們處於小學至中學求學階段。現時這些學生有多個入學途徑，包括跨境回港入學、入讀深圳「港籍學生班」計劃下的 11 間民辦學校、入讀提供香港課程的 12 年制學校、入讀外籍人員子女學校、入讀當地的民辦或公辦學校。

現時有關香港居民在內地的入學情況的資料有限，未能全面掌握他們居住的城市及入學情況。就跨境學生而言，在疫情影響跨境以前，每天約有

25,576 名小學和中學學生跨境到香港上學。深圳「港籍學生班」計劃下由深圳教師按香港小學授課，現時約有 3,600 名小學生於內地就讀。2021 年由兩間提供由小學至高中香港課程的港人子女學校開辦，兩校今個學年合共取錄了約 1,350 名學生。

現時未有就讀於其餘學校的學生人數統計，因此在廣東省居住的約 183,000 名香港適齡學童中，我們能具體掌握入學分佈的只有約 30,000 多人，估計其餘約 150,000 名的學生現時入讀於外籍人員子女學校、民辦學校或公辦學校，但由於缺乏這些學校實際取錄香港學生的人數，因此無法完全掌握內地的香港學生的實際入學狀況，亦未能得知他們是因為未有選擇，所以只能入讀內地課程的學校，還是因為有意將來在內地升學，所以選擇從小學階段入讀提供內地課程學校；他們也可能會因為將來有意選擇到外地升學，選擇入讀其他外籍人員子女學校的國際課程。但若在廣東省當地提供香港課程，這 150,000 多名的港籍學生也有可能成為港人子女學校的潛在學生來源。

表 8.5　在廣東省居住的香港學童入讀各學校的人數

	人數
跨境學童（小學及中學）	25,576
港人子女學校	約 1,300
港籍學生班計劃（只包括小學）	約 3,600
小計	30,476
香港居民人數（6 － 18 歲）	約 183,000
尚餘學生人數（就讀其他學校）	152,524

第二章
內地有關港人子女的入學政策

2.1 跨境學生政策

如第一章所述，現時在大灣區內地城市的香港居民子女有多種不同的入學途徑，本章節將整理各類學校的政策、有關法規以及現時的情況。

2.1.1 特區政府為跨境學童推出的措施

在新型冠狀病毒疫情影響跨境來往前，每天約有 27,000 多名居於內地的香港學生通過各個跨境管制站到香港上學。香港特區政府因應跨境學童的需要及對香港學位供應的影響，推出了不同措施回應他們的需要。

就學位分配而言，由於跨境學童在「小一派位」時傾向選擇入讀北區的學校，令該區學位供應緊張。因此，香港教育局於 2014/15 學年公佈了另一份包括鄰近邊境管制站地區的學校以及其他有跨境學童就讀的地區學校的學校名單，現時名單包括元朗、屯門及北區合共五個校網，[11] 讓跨境學童選擇。香港教育局亦透過不同措施紓緩跨境學童對本地學位供應的影響，例如改建現有學校和使用空置校舍開辦「有時限學校」增加學位供應，並為學生派位

11 當局因應跨境學生人數變化，於 2021 年學年起將校網由九個減至五個。星島網。2021。【教育要聞】跨境生專網再收縮 九個校網減至五個 。

人數上升的學校提供額外教席和津貼。[12]

就跨境學童的交通需要而言，特區政府為學童簽發禁區通行證，以容許他們在羅湖或落馬洲支線管制站轉乘校巴。除此之外特區政府也在廣東省政府口岸辦公室的配合下，安排跨境校巴接載學童，以點對點形式直接從內地乘車來港上課，無須在口岸轉乘校巴。當局亦推出措施協助學童的通關需要，包括安排學童使用專用通關通道及無須下車接受出入境檢查等。[13]

2.1.2 跨境學童的身心問題

跨境學童每天來回邊境管制站上課，他們的身心健康問題亦備受關注。香港青年協會於 2014 年曾就跨境學生的問題進行調查，[14] 該調查發現，超過六成受訪學生每天要花一小時從內地住所回到學校，而過程通常沒有家人陪伴，有超過三成學生以「辛苦疲倦」來形容跨境上學，而且由於回家的交通時間較長，四成受訪跨境學生無法參與香港學校的課外活動。約兩成受訪跨境學生表示不喜歡跨境上學。研究認為長時間的交通對學生的身心都有負面影響；亦帶出學生在上學過程遇到意外的監護安排問題，而且他們的全人發展、友儕相處等問題亦逐一浮現。

2.1.3 新冠疫情的影響

因為新型冠狀病毒疫情的影響，來往香港和內地需要接受強制隔離檢疫，令跨境學童無法如以往一樣每天通過邊境管制站來港上學和即日回到內地居住。

---

12 教育局。2015。關於跨境學童及為香港出生兒童在深圳設立學校事宜。https://www.legco.gov.hk/yr14-15/chinese/panels/ed/papers/ed20150511cb4-925-6-c.pdf。

13 教育局、保安局、運輸及房屋局、香港警務署、民政事務總處。2009。立法會「研究內地與香港特區家庭事宜小組委員會」為跨境學童作出的安排。

14 香港青年協會。2014。穿梭兩地—跨境學生的學習與成長需要研究。

根據香港教育局的資料，由於受疫情影響，有部分家長選擇安排子女留在香港居住，以回校參與面授課堂。兩地政府曾於 2020 年 6 月至 7 月期間，安排就讀中三至中五的跨境學生，經指定跨境口岸以點對點形式到香港上課，[15] 但其後未有再進行類似安排。

亦有部分學生選擇留在內地以網上課堂形式上課。跨境學生在內地參與網上課堂遇到一定困難。香港國際社會服務社 2020 年進行的跨境學生調查反映，由於在內地無法如常瀏覽 Google Class、YouTube 等常用教學網址，令跨境學生和家長感到不公平；家長期望香港教育局和學校提供可以在內地使用的網絡，協助學童在家學習。[16] 亦有家長認為網上課堂阻礙學習進度，亦影響學童的眼睛健康。因此有部分跨境學童的家長選擇從香港學校退學，轉為入讀在深圳提供香港課程的學校或民辦學校。[17]

為了支援未能回港上課的跨境學生在學習和情緒上的需要，香港教育局委託機構於 2021 年 5 月至 7 月期間在深圳羅湖、福田及南山區，開辦「心理社交支援課程」及「學習支援課程」，以面授形式為他們提供支援。有接收跨境學童的香港小學於 2021 年亦推出類似計劃，安排該校居於深圳的跨境學生到位於深圳福田的教育中心集體上網課，並由該中心導師協助回應學生提問。該校認為安排可讓學生恢復社交活動，令學生心情較以往開朗。[18] 在疫情持續及通關限制未明朗的情況下，跨境學生未能如常上課，加上網上學習受到各種限制，部分家長有可能會安排子女另行在內地選擇學校。

---

15 https://www.legco.gov.hk/yr20-21/chinese/panels/ed/papers/ed20210702cb4-1175-2-c.pdf。

16 香港國際社會服務社。2020。跨境家庭及學童問卷調查： 過半受訪者憂不統一開學引發不公平學習 網上學習困難重重 http://www.isshk.org/zh-hant/news/latest_news_detail/93。

17 香港特別行政區政府。2021。立法會十八題：跨境學生。2021 年 6 月 23 日。及明報。2021。跨境生上學難 逾一成家長辦退學 通關無期 校長憂明年退學潮更盛。

18 經濟日報。2021。【跨境學童】北區小學於內地中心辦「集體網課班」營造本港課堂氣氛兼減低跨境生退學意欲。

2.2 外籍人員子女學校政策

2.2.1 CEPA 協議下廣東省可以審批港人子女學校申請

香港機構在內地營辦學校的主要依據為「內地與香港關於建立更緊密經貿關係的安排」（CEPA）下的安排：港資機構可以在內地開辦學校，但不得舉辦義務教育機構、宗教教育機構，若學校以中國公民為主要收生對象則限於合作形式。[19] 2008 年簽訂的 CEPA 補充協議五規定，廣東省可以自行審批香港機構在當地設立的港人子女學校。[20] 2009 年內地當局亦容許深圳市自行審批在當地設立的港澳子弟學校。[21]

2.2.2 開辦境外課程學校以外籍人員子女學校的規定為主

按現行政策，在內地開辦學校的申請主要分為兩類：（1）民辦學校，及（2）外籍人員子女學校。前者需要按照內地課程教授，後者可以自行決定課程，但只能取錄外籍或港澳台學生。雖然民辦學校一般只能使用內地課程，但亦有例外情況，包括香港教育局和深圳市教育局 2009 年起同意開辦「港籍學生班」提供香港課程，而 2021 年開辦的深圳培僑也獲准以民辦學校的性質開辦香港課程，兩個例子請參考第 2 章第 4 段。

「港籍學生班」和深圳培僑以民辦學校的性質採用香港課程，都屬於深圳市的特有情況；一般而言，在內地的小學和初中階段要提供香港課程，需要以外籍人員子女學校的規定申請；此模式也適用於有意開辦其他國際課程

19 工業貿易署。2021。《內地與香港關於建立更緊密經貿關係的安排》教育服務。

20 工業貿易署。2008。《內地與香港關於建立更緊密經貿關係的安排》的進一步開放與深化粵港經貿合作措施。

21 中華人民共和國教育部。2020。關於政協十三屆全國委員會第三次會議第 2485 號（教育類 234 號）提案答覆的函及深圳市教育局及香港特別行政區政府教育局。2013。深圳學校開設「港籍學生班」合作協議。

學校的團體。本節將會整理內地有關外籍人員子女學校的主要政策。

內地現時未有為開設港人子女學校設立特定規則。根據國家教育部 2020 年 8 月回應全國政協委員提出有關粵港澳大灣區教育政策發展的提問時，指出廣東省批准開辦港人子弟學校的程序，原則上參照外籍人員子女學校管理規定，並鼓勵各市給予土地和申請綠色通道等支持。當局也允許在符合國家政策前提下，使用港澳教材和聘用香港教師。[22]

2.2.3「外籍人員子女學校」申請條件及規管方式

根據《關於開辦外籍人員子女學校的管理暫行辦法》，[23] 在中國境內合法成立的機構或企業或合法居民的個人可以申辦外籍人員子女學校，招生對象限於在中國境內持有居留證件的外籍人員子女，不得招收中國公民子女。申請者需要符合一定規模的學生來源、師資、辦學場地和資金等條件，向省級教育部門提出申請。早年申請需要轉交國家教育部審批。2014 年起國家教育部將審批權下放至省級教育部門。[24]

外籍人員子女學校課程、教材和教學計劃由學校自行決定，學校每年需要將教材連同師生名單送當地教育部門備案，並接受依法監督和檢查。外籍人員子女學校聘用外籍人員需要遵守外國人在華工作的規定，聘用中國公民須向省級部門申請。[25]

由於法律規定外籍人員子女學校只能招收外籍人員子女，一般中國公民無法入讀；在小學和初中階段，一般而言內地學童無法修讀境外課程，而港澳和外籍學生只有在入讀取錄外籍學生的民辦學校（採用內地課程為主）

22 中華人民共和國教育部。2020。關於政協十三屆全國委員會第三次會議第 1176 號（教育類 089 號）提案答覆的函。

23 教育部。1995。關於開辦外籍人員子女學校的管理暫行辦法。

24 中華人民共和國教育部。2014。教育部關於做好外籍人員子女學校有關工作的意見 。

25 由於港澳居民工作證安排已經取消，因此聘用港澳居民應該無須額外程序。

下，才有機會和內地學生一起學習。因此，若港人子女學校以外籍人員子女學校的性質開辦，將限制了他們透過和同校的內地學生交流，從而認識內地文化的機會。

2.2.4「外籍人員子女學校」的現況

截至 2017 年，中國教育部共批准了 116 間外籍人員子女學校，當中個別學校提供從幼稚園至高中 12 年制的課程，部分學校則只開辦個別級別（包括只開設幼稚園課程），其中部分由香港辦學團體創辦，例如耀中教育機構，位於北京、上海、重慶和青島的耀中國際學校。在全國 116 間外籍人員子女學校當中，18 間位於廣東省，其中有 13 間位於廣州市，[26] 當中部分屬不同國家的國際學校，包括美國、日本、韓國等。這些國際學校學費水平較高，例如深圳南山國際學校小學至高中每年的學費介乎 209,000 至 238,000 元人民幣、[27] 深圳蛇口國際學校的學費則介乎 243,000 至 252,000 元人民幣。[28] 位於北京的耀中國際學校學費更高，介乎 260,000 至 303,000 元人民幣。[29] 部分學校在入學時也有額外徵費，例如南山國際學校收取一筆過 50,000 元人民幣的申請費。

這些學校收費水平較高，並非很多港人家庭可以有能力負擔。課程亦非以讓香港學生日後回港升學（例如報考香港中學文憑試）而設計。它們可能較適合有意到外國升學的學生（例如報考國際文憑大學預科課程，即 IB

---

26 教育部 教育涉外監管信息網。2017。教育部公佈經批准設立的外籍人員子女學校名單。及 廣州市教育局、廣州市教育研究院。2020。廣州市教育統計手冊 -2019 年度。

27 深圳南山國際學校。2021。PRIMARY & SECONDARY SCHOOL TUITION & FEES。https://www.isnsz.com/admissions/tuition-and-fees/。

28 Shekou International School, 2021, School Fees 2021-22 https://resources.finalsite.net/images/v1621402158/shenzhenshekou/d9szq2g8vts3riffbrc8/202122schoolfeesverbadmissions.pdf。

29 Yew Chung International School of Beijing, 2021, School Fees, https://www.ycis-bj.com/en/admissions/school-fees。

Diploma Programme）。考慮到現時廣東省只有 18 間外籍人員子女學校，深圳市政府也在該市的十四五規劃中提及按情況增設外籍人員子女學校。因此，在大灣區內地城市開辦國際課程，並以外籍學生為對象的學校可能有進一步發展空間。由於本次研究主要探討港人子女學校的發展，外籍人員子女學校提供的課程和學費水平未能符合大多數內地港人的條件，因此不是本研究的範圍。

2.2.5 以「外籍人員子女學校」性質開辦的港人子女學校

2021 年開辦的廣州暨大港澳子弟學校（廣州暨大港澳學校）由暨南大學、香港維港教育集團、奧園集團及東莞伊頓教育集團合作創辦。根據該校網頁，該校是按照外籍人員子女學校的規定創辦。[30] 廣州暨大港澳學校除了提供小學至高中課程外，也開辦幼稚園。該校總校長鄭景亮接受傳媒訪問時指出，學校以「暨大本色」、「灣區底色」、「港澳特色」為初心，吸取粵港澳及海外的基礎教育課程為精華，開設「IB+ 港澳融創課程」，由小學至初中的課程以香港課程為核心，主要以英語授課，並將發展學生的自主學習能力；在高中則開辦香港中學文憑試（DSE）、國際文憑大學預科（IBDP）及英國普通教育高級程度證書（A-Level）課程。[31] 廣州暨大港澳學校小學至高中的學費介乎 88,000 至 168,000 元人民幣一年，[32] 相對於前述的外籍人員子女學校，廣州暨大港澳學校的學費較低，而且課程也能配合有意回到香港升學學生的需要，因此學校也主要以香港學生為招生對象，同時招收台灣以及外籍人員子女。

---

30 廣州暨大港澳子弟學校。2021。學校簡介。暨南大學基礎教育辦公室。2021。廣州暨大港澳子弟學校教師招聘啟事。

31 文匯報。2021。穗港澳子弟學校 逾 250 港生入讀。

32 國際教育網。2021。2021 年廣州暨大港澳子弟學校學費及學校簡介。

2.3 民辦學校的一般政策

開辦上述外籍人員子女學校在課程上有較大的自主性，可以在小學和初中階段引入其他課程，但由於學校不能同時招收內地學生，收生來源相對較窄。若學校希望為香港學生提供融入內地生活文化的學校環境，校內只有香港、澳門、台灣或其他海外地區的學生並不理想。因此有部分辦學團體或會選擇以民辦學校的模式開辦學校，令學校有機會同時接收內地和境外學生；第 1 章提及的「港籍學生班」計劃下的機構便屬於民辦學校。

一般而言，內地對民辦學校的規管較為嚴格，從學校的管理架構到課程和教材的選用都較外籍人員子女學校有更嚴格的限制，其中最重要的差異在於課程和教材受到的限制，民辦學校只能選用經當局審批的教材。下文將會簡介民辦學校的主要規管內容。

2.3.1 對民辦學校架構和運作的規管

內地對民辦學校的規管相當嚴格。《中華人民共和國民辦教育促進法》[33]及《中華人民共和國民辦教育促進法實施條例》[34]明確規定學校屬於公益事業以及社會主義教育事業的一部分，需要堅持中國共產黨的領導和社會主義辦學方向。學校的中國共產黨基層組織需要貫徹中國共產黨的方針政策，參與學校重大決策並實施監督。相關條文亦明確規定學校理事會、董事會和監督機構的組成方式，其中理事會或董事會及監督機構需要有共產黨基層組織和教職工代表出任成員。條文亦對外資參與民辦學校作出限制——外商投資企業或社會組織不得開辦或實際控制義務教育的民辦學校，開辦其他類型學校也需要符合外商投資的規定。

---

33 全國人民代表大會。2019。中華人民共和國民辦教育促進法。

34 中華人民共和國中央人民政府。2021。中華人民共和國民辦教育促進法實施條例。

民辦學校的開辦程序亦和外籍人員子女學校有所不同。根據相關條例，擬開辦的學校首先要提交「籌設申請」，在獲批後再提交正式設立申請，由縣級以上教育行政部門按國家相關規定審批。實施條例亦明確規定教育部門應對民辦學校的教育工作、教師培訓進行指導。學校需要接受當地教育部門監督，進行年度檢查和報告；有關部門需要為民辦學校、舉辦者及校長建立信用制度，並對違規情況公開監督結果。民辦學校聘用教師除了需要確保教師具備相應教師資格外，應按照國家規定配備專任教師，而聘用外籍人員需要按照國家規定執行。

2.3.2 對民辦學校的課程和教材嚴格規管

民辦學校選用的教材和課程均受嚴格規管。根據相關規管條文，民辦學校需要採用國家標準課程，學校可以基於國家標準課程自行開設有特色課程，並向主管教育部門備案。根據 2019 年 6 月公佈的《中共中央國務院關於深化教育教學改革全面提高義務教育質量的意見》中就深化教育改革、提高教育質量提出要求，[35] 當中提到加強課程及教材建設，由國家建立義務教育課程方案、課程標準修訂機制及完善教材管理。地方和校本課程開發指引由省級教育部門制定，並由縣級教育部監管。學校需要提高校本課程質量，但原則上不可編寫教材，而且不可以用地方或校本課程取代國家課程。教材方面，學校不可使用未經審定或境外課程、境外教材。

國家教材委員會 2020 年年初公佈的《中小學教材管理辦法》則提出教材審批的具體程序，規定所有教材均需要經過審批才能使用，所有未經批准的教材不得選用或使用，省級教育部門負責從國家部門公佈的目錄中，選用當地適用的教材。思想政治、語文和歷史課程等涉及國家主權、安全等的教材需要國家統一編寫、審核和使用。小學和初中階段的學校不得選用境外教

35 人民網。2019。中共中央國務院關於深化教育教學改革全面提高義務教育質量的意見。

材，除了中外合辦或經省級教育部門批准開設境外課程的高中，其他高中學校不得選用境外教材。[36] 總括而言，內地當局對課程和教材的選用十分嚴謹，民辦學校不能使用境外課程或教材，即使開辦校本課程也受到嚴格限制，必須按內地課程標準授課。

2.3.3 各地民辦學校學費限制

根據民辦學校相關條例規定，各民辦學校的學費需要受省級部門監督。深圳市的民辦中小學的收費需要由深圳市物價局及深圳市教育局批准。[37] 制定學校收費時，需要考慮培養成本（包括教職員薪酬開支、材料費用、資產折舊等），已評為「區一級」、「市一級」及「省一級」學校的收費可按成本上浮 20% 至 35%。

2021 年 7 月深圳市發展和改革委員會及深圳市教育局制定了《深圳市民辦教育收費管理辦法》徵求意見稿，[38] 提出修訂深圳民辦學校的學費審批制度。建議中的制度規定民辦學校的收費包括「學費（包括教科書費、作業本費）」、「住宿費」、「服務性收費」、「代收費」四個類別。在新安排下，新建學校的學費將以該年度的教育成本為準，為期 2 年；其後每年的費用調整將以特定公式計算——以上年度學費作為基準，再乘以「成本漲幅」及「優質發展漲幅」[39] 計算。若學費標準已經超過深圳市公辦學校的教育成本 5 倍，該年不得調整學費。根據深圳市教育局的統計，該市民辦小學的學費中位數為每學期 5,400 元人民幣，初中則為每學期 5,850 元人民幣。

---

36 中華人民共和國教育部。2020。教育部：義務教育學校不得使用境外教材；中華人民共和國教育部。2020。教育部關於印發《中小學教材管理辦法》《職業院校教材管理辦法》和《普通高等學校教材管理辦法》的通知。

37 廣東省人民政府。2020。深圳市物價局 深圳市教育局 深圳市勞動局 深圳市財政局關於規範我市民辦學校收費管理的通知。

38 深圳市發展和改革委員會及深圳市教育局。2021。深圳市發展和改革委員會 深圳市教育局關於徵求《深圳市民辦義務教育收費管理辦法（徵求意見稿）》意見的通告。

39 包括市／區教育部門對學校教學質量的評價、教師薪酬、師生比等因素。

2.3.4 內地民辦學校的現況

現時在大灣區內地城市的民辦學校均佔整體學位供應的一定比例，更為非當地戶籍的學生提供了教育機會，其中深圳市（截止2020年年底）共有1,338間民辦學校，佔全深圳市學校數目近五成（49.3%），其中小學和初中階段的民辦學校有255間，佔全市小學和初中約三成（33.9%），學生人數約為509,000人，當中超過九成為非深圳戶籍學生。[40] 廣州市的情況稍有不同，該市民辦初中有195間，多於民辦小學約141間（另有17間開辦高中），佔全市學校的比例接近五成和一成半。[41]

內地對民辦學校採用的校本課程和教材規管均較嚴格。現時內地有部分學校按照民辦學校的規定，在國家課程標準的基礎上加入校本元素來開辦「國際化」課程，當中包括由香港辦學團體開辦的學校。舉例來説，在北京和上海等城市開辦「耀中國際學校」（International School）的耀中教育機構亦有透過民辦學校模式開辦「耀華國際教育學校」（International Education School）。與只能取錄港澳台和外籍學生的「耀中國際學校」不同，「耀華國際教育學校」可以同時取錄內地居民。「耀華國際教育學校」每年學費達185,000至189,600元人民幣。[42] 雖然學費水平低於外籍人員子女學校，但並非很多港澳居民能夠負擔。

2.3.5 未來政策的轉變

近期內地對民辦教育的規管出現一些轉變，當局一方面支持開辦民辦學校，但同時也要求加強對民辦學校的規管。

40 深圳市發展和改革委員會 深圳市教育局。2021。深圳市發展和改革委員會 深圳市教育局關於徵求《深圳市民辦義務教育收費管理辦法（徵求意見稿）》意見的通告 - 起草説明。

41 廣州市教育局、廣州市教育研究院。2020。廣州市教育統計手冊 -2019 年度。

42 耀華國際教育學校 廣州校區。2021。2021-2022 學年學費標準與付費政策 耀華學校。

在國家《十四五規劃綱要》第四十三章第五節中，提及要「支持和規範民辦教育發展」。近期內地對於民辦學校加強了規管。中國教育部在2021年8月公佈的《關於規範公辦學校舉辦或者參與舉辦民辦義務教育學校的通知》，限制公辦學校參與或開辦民辦學校（即「公參民」學校）；現有「公參民」學校若不能符合民辦學校的要求，需要轉為公辦學校或停辦。根據網上報章報道，有部分省市隨即宣佈，要求就讀於民辦學校（小學和初中）的學生人數佔總學生人數比例維持在5%或以下，以及原則上不再審批民辦義務教育學校。

深圳市則提倡加強公辦學位供應，同時發展優質民辦學校。深圳市的十四五規劃的第十二章，提出要促進義務教育的均衡發展，目標到2025年增加673,000個公辦學位；綱要同時提出要完善民辦教育，包括推進民辦學校分類管理改革，並會按需要增設外籍子女學校，目標在2025年建設三至五個高端民辦教育園區，發展優質國際化特色學校。[43]

2021年年底，有部分原定計劃於深圳開辦的民辦學校要停辦或取消開辦計劃，其中提供國際化課程的「哈羅禮德學校」因無法取得雙語學校的辦學資格，宣佈取消開辦計劃。根據該校網頁，該校源自英國的哈羅公學，並會和哈羅國際學校的教師合作。哈羅禮德學校原本希望可以取錄中國居民。課程方面，該校原計劃以中國九年義務教育大綱為核心，同時融合英國國家課程的精髓；除了深圳外，該校在重慶和珠海橫琴本來也有開辦計劃。學費介乎190,000至290,000元人民幣。除了哈羅禮德外，近期也有其他民辦學校受影響，須要轉為外籍人員子女學校，不能再取錄中國公民。[44]

上述的新政策對香港辦學團體在內地的發展有重要影響。一方面有意

---

43 深圳市人民政府。2021。深圳市國民經濟和社會發展第十四個五年規劃和二〇三五年遠景目標綱要。第80至81頁。

44 明報。2021。深圳哈羅禮德學校停辦；杜振華。2021。重磅！教育部大動作：兩年內部分民辦義務學校將取消，有重要原因；哈羅禮德學校。2021。中小學課程。

開辦學校的團體需要留意內地的政策變化，會否影響其辦學申請審批，例如能否參照深圳培僑的例子，獲准以民辦學校性質為香港學生提供香港課程。另一方面，現時部分內地的香港學生因為外籍人員子女學校學費較高，但又不希望入讀只提供內地課程的公辦學校，因此於提供校本課程的民辦學校就讀。隨着內地收緊部分民辦學校的辦學資格，這些學生需要尋找新的學校。若辦學團體能在內地成功申請開辦提供香港課程的民辦學校，這些轉校生可以成為新的學生來源。下一章節將介紹深圳市教育局就民辦學校開辦香港課程提供的特別安排。

2.4 民辦學校的特殊例子

在正常的規管政策下，民辦學校的校本課程不能偏離內地標準課程；因此若學校在內地需要採用香港課程和教材，一般來説不能以民辦學校的形式開辦，但現時在深圳市有兩個較為特殊例子——學校以民辦學校的性質開辦，但獲准採用香港的課程和教材。這兩個例子分別為自 2009 年起在香港教育局和深圳市教育局簽訂合作協議下成立的「港籍學生班計劃」，以及 2021 年開辦的深圳香港培僑書院龍華信義學校。

2.4.1 深圳的「港籍學生班」計劃背景及簡介

2009 年香港教育局和深圳市政府教育局簽訂「深圳學校試辦港人子弟班合作協議」，在深圳的民辦學校開辦「港人子弟班」（後改稱「港籍學生班」），招收香港居民及父母中最少一人持有香港永久性居民身份的學童，為他們提供香港小學課程。[45] 在此計劃下的學校由內地教師按香港的課程授

45 父母最少其中一方為香港居民：見教育局。2009。深圳學校試辦港人子弟班合作協議。

課，合資格的小六學生可參加香港中學學位分配計劃，回到香港升讀中學。

其後由於包括「雙非學童」在內的跨境學生人數逐漸增多，對香港邊境管制站附近地區的小一學額造成壓力，情況引起社會關注會否影響本地學生的學額。為回應需求，特區政府和深圳市政府於 2013 年的深港合作會議修訂協議，將深圳的港人子弟學校或港人子弟班的收生範圍擴展至雙非兒童，並改稱「港籍學生班」計劃。[46]

根據我們向教育局查詢所得資料，2020/21 學年深圳共有 2 間「港人子弟學校」[47] 及 9 間提供「港籍學生班」的民辦學校，過去數個學年平均每年約有 3,000 至 4,000 名學童就讀，而每年參加香港中學學位分配辦法的學生由 2010 年的 31 人略為上升至 2020 年的 185 人。每年學費介乎 11,600 至 60,000 元人民幣。[48]

2.4.2 深圳市政府主要對「港籍學生班」作出規管

雖然「港籍學生班計劃」由港深兩地教育局共同簽署協議下開辦，但兩地教育局的參與程度有較大差異，深圳教育局對學校作出規管，而香港教育局只會為學校提供技術支援，未有提供財政資助，也無法直接監管學校的教學質素。

深圳市教育局為「港籍學生班」計劃下的學校，制定了《深圳學校開設港籍學生班施行細則》，[49] 對學校作出規管。根據該細則，深圳民辦學校開辦「港籍學生班」時需要先由香港教育局和深圳教育局評估和批核；兩地教

46 政制及內地事務局。2013。深港合作會議。

47 「深圳市羅湖區港人子弟學校」及「深圳東方香港人子弟學校」。

48 教育局。2021。審核二零二一至二二年度開支預算 管制人員對財務委員會委員初步書面問題的答覆。頁 624 問題編號 2378。

49 深圳市教育局。2019。深圳學校開設港籍學生班施行細則（原「深圳學校試辦港人子弟班施行細則」）

育局考慮因素包括學校辦學能力、師資和設施能否提供優質教育及配合開設香港課程的需求。學校需要接受深圳市教育局的規管，學校每年需要就學生學籍向深圳市教育局登記，任教的教師必須具有教師資格及通過專業訓練，並為深圳市教育局接受。學校需要每年向深圳市教育局匯報管理學校的情況，同時需要遵守深圳市教育局的規定及該局代香港教育局轉發的課程及行政指引。

一般而言，雖然內地的民辦學校不能使用境外課程，但該細則訂明的學校需要採用香港課程發展議會編訂及由香港教育局建議採用的課程，並為學生準備參與香港的公開考試和評估，包括全港性系統評估、中一入學前學科測驗等。這變相容許民辦學校在港籍學童入讀的班別採用香港課程和教材。

值得留意的是，香港教育局現時只和深圳市教育局簽訂合作協議，因此計劃只適用於深圳，而 2021 年開辦的深圳培僑和廣州暨大港澳子弟學校並不是此計劃內的學校。其他大灣區城市暫時未有推出類似計劃，或為取錄港籍學童的學校提供特別課程審批安排，因此其他地區的民辦學校無法直接採用香港課程。

2.4.3 特區政府主要對「港籍學生班」作出支援

香港特區政府對內地「港籍學生班」的政策以提供專業支援為主，包括為當地教師提供培訓課程，以及安排深圳學校與合適中小學建立「姊妹學校」關係並舉行交流活動，增加教師對本地課程的了解及協助學生過渡到香港的教育制度。為協助學生升讀香港的中學，教育局亦為「港籍學生班」的教師和家長舉行中小學銜接講座。[50]

特區政府有關「港籍學生班」的政策一直未有涉及財政資助。事實上

50 教育局。2014。「妥善處理跨境學童引伸的問題」議案 進度報告。關於跨境學童及為香港出生兒童在深圳設立學校事宜。第 4 頁。

在跨境學童對香港本地學位供應的影響引起社會關注時，社會上有聲音建議港府在深圳設立公帑資助小學，但建議未有被政府採納。特區政府如上文提及，擴大「港籍學生班」的收生範圍至雙非學童。當時特區政府認為小一學位需求急升屬短暫現象，隨着「雙非零配額」政策實施，雙非學童的數目將會於 2016 － 17 學年（入讀幼兒班即 K1）至 2018 － 19（入讀小一）學年左右達到高峰，其後人數逐漸回落，對在深圳設立資助學校的持續發展有影響。[51] 再者，為身在內地的香港居民提供資助教育服務將涉及「福利可攜」、規管以及財政等考慮因素，[52] 因此特區政府一直未有為「港籍學生班」提供任何財政資助，參與的程度亦相當有限。

2.4.4 「港籍學生班」計劃面對的挑戰

香港青年協會 2014 年曾就跨境學生的情況進行調查，[53] 並詢問跨境學生及家長是否有意讓子女轉為入讀深圳的「港籍學生班」，調查發現縱使跨境就讀面對種種困難和不便，只有近一成半受訪家長表示希望子女入讀「港籍學生班」。

青協調查認為「港籍學生班」不吸引有多個原因。首先由於「港籍學生班」的校舍在內地，學生缺乏認識和參與香港社區的機會，不利他們將來融入香港生活；近年在「港籍學生班」計劃下於深圳就讀小學，然後選擇回到香港升讀中學的學生接受傳媒訪問時指出，縱使學校採用香港課程，但由於香港和內地在生活文化上有不同（例如用字），回到香港升學需時適應；加上疫情限制下，香港教育局原本安排內地「港籍學生班」學校與香港學校的交流活動無法進行，減少了他們認識香港的機會。

---

51 立法會秘書處。2015。跨境學童教育的相關事宜 背景資料簡介。教育局。2015。關於跨境學童及為香港出生兒童在深圳設立學校事宜。第 4 頁。

52 立法會十六題：在內地居住的港人子女的教育事宜。

53 香港青年協會。2014。穿梭兩地—跨境學生的學習與成長需要研究。

青協調查反映另一因素是家長認為「港籍學生班」的師資質素參差，由內地教師教授香港課程亦影響了授課效果。升中呈分試的進行方式也帶出另一個問題，小五和小六的三次呈分考試均以校內考試為準，但兩地教師進行評分標準或存在一定差異，加上教育局無法對「港籍學生班」持續監察，可能會令中學學位分配辦法造成不公平的情況。[54]

由此可見缺乏香港教育局的參與是「港籍學生班」吸引力有限的原因之一。現時香港教育局除了提供專業支援外，無法直接介入內地「港籍學生班」如何進行教學或評估其質素。有意見認為，香港教育局需要考慮香港教育制度中的註冊和質素管理等安排是否能夠應用於內地的港人子女學校，以及特區政府在日後是否應有一定規管責任和角色。[55]

2.4.5 十二年制香港課程民辦學校

「港籍學生班」計劃自2009年開辦至今，每年就讀的學生人數約為2,000至3,000人，雖然採用香港課程，但由於主要由內地教師負責教學，對於港人家長吸引力有限，加上計劃下的民辦學校只提供香港小學課程；學生在完成小六課程後，若無意入讀內地課程，只能選擇跨境回到香港升讀中學，或入讀外籍人員子女學校。

情況於2021年出現改變，香港培僑教育機構和深圳市當局簽訂協議後，於深圳市龍華區開辦一所提供由小學至高中的香港課程學校，即「深圳香港培僑書院龍華信義學校」（深圳培僑）。學校以「12年一貫制民辦學校」的性質開辦，但獲深圳市教育局同意採用香港課程，即使香港教師尚未取得內地教師資格，他們也可以獲准在深圳培僑授課。上述安排與一般民辦學校

54　香港青年協會。2014。穿梭兩地—跨境學生的學習與成長需要研究；星島日報。2014。近半跨境生拒讀「港籍學生班」；無綫電視。2019。新聞透視 - 大灣區教育。2019年4月20日。

55　無綫電視。2019。新聞透視 - 大灣區教育。2019年4月20日。

的規定有明顯差別，但未必適用於其他內地城市，也未能肯定深圳市政府會否再次作出類似的特別許可。但無論如何，深圳培僑作為第一間獲批准以民辦學校形式，採用香港小學至高中課程，並由香港教師任教的學校有值得研究之處，因此我們深入探討該校的發展過程，有關詳情請見第三章。

2.5 香港學生入讀內地課程的相關政策

2.5.1 提供內地課程學校的相關政策

按照內地的教育制度，當地戶籍的學生可以享受由小學至初中階段的免費義務教育，但在當地工作或定居的港人及其子女未必屬於當地戶籍，無法直接享受上述福利。在香港出生的兒童（包括雙非兒童）在內地沒有戶籍，無法直接入讀公辦學校。2019 年廣東省教育廳公佈對港澳居民子女接受義務教育實施「歡迎就讀、一視同仁、就近入學」的政策，容許持港澳居民居住證的學童入讀當地義務學校。[56]

港澳居民在廣東省的入學途徑主要有三類：一是依照父母在當地「人才計劃」給予的優惠下，按當地居民身份入學；第二類是按「積分制入學」方案申請派位；第三類則是直接申請入讀接收港人學生的公辦或民辦學校，包括廣州市政府專門招收港澳學生的「港澳子弟班」。這些學校全部提供內地課程。

2.5.2 特色人才計劃

大灣區各市市政府推出的特色人才計劃的其中一項優惠政策，是人才的

56　政制及內地事務局。2019。內地九市教育概覽。

子女可獲安排到當地公辦學校就讀，初中畢業後可以按當地戶籍學生待遇報考高中。但由於各地特色人才計劃門檻較高，在當地工作的港人除非具一定學術造詣，或在大型企業中有擔任高級管理層的經驗，否則較難符合申請資格。他們大多只能申請各地政府為非當地戶籍人員（包括港澳人士）子女提供的「積分制入學」方案。

2.5.3 積分制入學

「積分制入學」是上述廣東省「歡迎就讀、一視同仁、就近入學」政策下的一項主要措施，指各地政府透過積分排名，給予非當地戶籍的適齡學童入讀當地公辦學校的機會。參加計劃的港人及其子女均需持有《港澳居民居住證》，並會以繳納社會保險（社保）供款年期、是否在申請入學的區域持有自住物業等作為計分條件；當局會按分數排名及學額供應安排入讀公辦學校。大灣區不同城市以至同市不同區之間的計算方式略有差異。

以東莞市為例，積分以學童的父母持有《居住證》的累計年期（滿 1 個月得 1 分）、繳交社保的時間（每種保險每 1 個月得 0.2 分）、過去三個年度繳交稅款總額（每 1 元稅款得 0.005 分，上限為 100 分）等計算，因此持有《居住證》和繳交社保時間愈長，繳交稅款愈多，獲得的積分愈高。東莞市教育局每學年會公佈可供申請的學位數目，當局確認申請人的分數及入學志願後，會按積分及填報的志願錄取，若被錄取但未能安排至公辦學校或政府買位的民辦學校入讀，申請人可自行申請入讀民辦學校，東莞市政府給予學費補貼。補貼金額按積分高低及就讀級別劃分，每學年為 3,500 元至 6,000 元。[57]

57 東莞市人民政府辦公室。2020 年。東莞市人民政府關於印發《東莞市義務教育階段非戶籍適齡兒童少年積分制入學積分方案》的通知；東莞市教育局。2020。關於印發《東莞市教育局東莞市財政局非戶籍適齡兒童少年積分制入學民辦學位補貼實施辦法》的通知。

2.5.4 廣州市「港澳子弟班」

在人才計劃及積分制入學計劃下，港籍學生與當地其他學生一同入學，廣州市教育局則安排港澳學生獨立分班。該市教育局為落實《大灣區規劃綱要》，於 2019 年試點開辦「港澳子弟班」，專門招收香港和澳門學生入讀當地公辦學校。該市在 6 個區共 9 所學校開辦 25 班「港澳子弟班」，招收港澳籍學生約 600 人。這些學校包括公辦和民辦學校，而入讀這些「港澳子弟班」的學生需要持有「港澳台居民居住證」，學校大多會將港澳學生獨立編班。現時在佛山和中山也有類似學校，但數目較廣州少。

這些「港澳子弟班」在小學和初中階段與內地學生一樣修讀內地課程，但學校會在校本課程增加香港特色課程，例如適應香港兩文三語而設的特色教學環節。高中階段則會按照「普通高等院校聯合招收港澳台僑和外籍學生統一考試」（即港澳台聯招）開辦課程。[58] 由於學校主要採用內地課程，因此學生若要轉回香港學校升學會面對較大的適應挑戰，將來升學途徑主要限於內地的大學，未必能配合有意到香港或其他地方升學學童的需要，或會限制其升學的選擇。

2.5.5 公辦學校有其限制

在特色人才計劃或積分制入學計劃下的港籍學生可以獲得免費教育機會，但由於部分積分項目以在當地生活或繳納社保的年期計算，而且各城市給予非當地戶籍居民的公辦學位有限，初到當地發展的港澳人士或未能取得足夠積分安排子女入讀公辦學校。他們只能選擇其他接收港澳學生的民辦學校或外籍人員子女學校，現時深圳市的民辦學校中，便有多達九成學生屬非深圳戶籍居民。

---

58 中央人民政府駐香港特別行政區聯絡辦公室。2020。家長讚港澳子弟班靈活教學；廣州市教育局。2021。濃濃家國情，翩翩少年歸｜廣州港澳子弟班開學。

另一方面，由於公辦學校採用內地課程，而內地與香港在課程設計、教學方法等存在一定差異，因此考慮到學生將來或有需要回港銜接香港課程，一般公辦學校未必能滿足他們的需要。廣州市教育局在公辦學校的「港澳子弟班」中加入兩文三語的教學元素，但由於2019年才開始實行，對香港學生的幫助有待觀察。總括而言，現時香港居民子女在內地入讀公辦學校，在取得學位以及適應課程等方面都會有一定困難。

2.6 小結

從上文可以得知現時港籍學生在內地入學的相關政策：

（一）港籍學生入學困難

在現時約183,000名定居於廣東省的港籍適齡中小學生中，只有少數學生入讀提供香港課程的學校，大部分則入讀內地各類型的學校；他們在這些學校均面對不同的限制。

選擇以跨境形式回港上學的學生可以接受香港義務教育，在學費負擔和課程適應上均可應對，但在疫情通關限制下，跨境學童無法每天回港上課，只能參與網上課堂，對他們的學習進度以至身心健康有一定影響。即使恢復通關，由於跨境交通所需時間，跨境學童參與學校課後活動也受到限制。另一方面，自2009年起港深兩地教育局合作推出的「港籍學生班」計劃只提供小學課程，而由於教學由內地教師負責，並缺乏香港教育局對教學質素的監察，因此和香港學校仍然有一定差距，令大部分家長卻步。

雖然香港居民在內地的子女也可以透過現行計劃（例如積分制入學方案）入讀內地公辦學校，享受免費教育，但由於他們的父母未必能取得足夠分數讓他們的子女入讀公辦學校，因此爭取學位存在一定難度，加上內地公辦學校採用內地課程，考慮到子女將來回港升學的銜接，他們或需要安排子女入讀民辦學校和外籍人員子女學校。

現時廣東省有 18 間外籍人員子女學校（即俗稱的國際學校）提供境外課程選擇，但這些學校收費較高，並非很多港人家庭能夠負擔。部分民辦學校在內地課程基礎上提供了額外課程元素，例如加強英語教學，但即使這些學校的學費低於外籍人員子女學校，港人家庭的負擔仍然偏高；加上近期個別開辦這種課程的學校被要求停辦，這類學校的學位供應將會下降。

總括而言，現時港籍學生在內地入學會面對一定限制，因此若能在內地開辦提供香港課程的學校，相信對部分學生有一定吸引力。2021 年和 2022 年共四間提供 12 年制香港課程的港人子女學校開辦，學費水平相對外籍人員子女學校或開辦校本課程的民辦學校較低，而且是由香港教師負責授課的香港課程，較「港籍學生班」有更大吸引力。現時港人子女學校供應有限，未必能滿足有意入讀香港課程的港籍學生需求，但如第一章所述，由於未能掌握在內地的約 150,000 名香港學生的具體入學狀況及意願，要評估實際有多少學生會有意轉讀有一定困難。

（二）「港人學校」主要以外籍人員子女學校性質開辦

在內地開辦提供香港課程等境外課程的學校需要以外籍人員子女學校管理辦法申請。外籍人員子女學校可以自行選擇課程和教材，不受內地對民辦學校的限制，但學校不能取錄中國公民，只能取錄港澳台或外籍學生。廣州暨大港澳子弟學校便是以外籍人員子女學校的模式開辦。

民辦學校採用課程和教材受嚴格限制，並需要採用內地標準課程。校方只有向當局申請後才可以使用校本課程，所有採用的教材亦同樣需要經過國家級和省級部門審核和選擇。學校也要遵守較多有關學校架構的要求，因此一般而言無法採用香港課程，但深圳出現了例外情況。深圳「港籍學生班」的學校可以採用香港課程，而且 2021 年開辦的深圳香港培僑書院龍華信義學校也獲批准以民辦學校的性質開辦，並採用香港課程和教材，但安排能否適用於大灣區其他內地城市有待觀察。

（三）香港教育局現時對「港籍學生班」的參與限於技術層面

香港和深圳教育局早在 2009 年簽訂合作協議，在深圳的民辦學校成立「港籍學生班」，招收當地的港籍學生。香港教育局只會對該等學校提供教師培訓及和香港的學校交流等技術協助，以及安排學校的小六學生參加香港中學學位分配。社會上曾有建議指特區政府應為該等學校提供財政資助，政府以涉及「福利可攜」等因素未有提供援助。學校的規管主要由深圳市教育局負責，香港教育局未有直接監管的角色和責任，無法保證學校的質素，成為部分跨境學生家長對「港籍學生班」卻步的原因。有關港人子女學校在內地的發展過程，請參考表 8.6。

（四）政策轉變

近期內地對民辦教育的規管出現一些轉變，對港人子女學校在內地的發展可能造成影響。在深圳十四五規劃中，提及要完善民辦教育發展，包括興建三至五個民辦教育園區，發展國際化特色學校。不過，內地同時收緊民辦學校的規管要求，部分民辦學校需要停辦。這一方面可能影響香港辦學團體申請開辦學校的審批；另一方面由於部分學校將停辦，這些學生需要轉到其他學校就讀，變相有機會增加港人子女學校的學生來源。

表 8.6 港人子女學校相關政策發展過程

2008 年	• CEPA 補充協議五下，廣東省獲委托審批香港機構在當地設立的港人子弟學校（參照外籍人員子女學校的規定審批）
2009 年	• 國家教育部容許深圳市自行審批在當地的港人子弟學校 • 香港和深圳市教育局簽訂有關在深圳的港人子弟學校及港人子弟班安排協議 • 港人子弟學校或港人子弟班以學生本人具香港居民身份且父母至少其中一方為香港永久性居民（即包括單非學童）
2013 年	• 港府實施「雙非零配額」制度，限制非本地孕婦在港分娩，並預期雙非兒童來港入學將於 2018/19 學年達到高峰 • 跨境學生（包括雙非學童）對香港本地學額供應壓力引起關注，有意見提出由港府在深圳設立供香港居民入讀的學校，港府指涉及「福利可攜」以及雙非學童將會達到高峰而未有資助深圳的港人子弟學校 • 香港教育局和深圳教育局簽訂協議將港人子弟學校收生範圍擴大至雙非學童
2014 年	• 深圳市教育局制定有關深圳學校開辦港籍學生班的規則
2019 年	• 《大灣區規劃綱要》提出「在廣東建設港澳子弟學校或設立港澳兒童班並提供寄宿服務」 • 廣州市教育局試辦採用內地課程的「港澳子弟班」 • 內地當局容許港澳台居民報考內地中小學教師資格考試 • 根據最新公佈的民辦學校規例，民辦學校在義務教育階段不得使用境外教材
2021 年	• 「十四五」規劃下提出支持和規範民辦教育發展，其後內地當局加強對民辦學校規管，部分民辦學校要停辦或取消開辦計劃 • 深圳市教育局批准香港辦學團體以 12 年一貫民辦學校方式在當地開辦採用香港課程的學校；另外有辦學團體在廣州以外籍人員子女學校的規定開辦提供香港課程的 12 年制學校

表 8.7 內地不同學校的性質比較

	外籍人員子女學校／港澳子弟學校	「港籍學生班」計劃（只適用於深圳市）	民辦學校（斜體為給予深圳培僑特別安排）	公辦學校
相關條文	《關於外籍人員子女學校的管理暫行辦法》	《深圳學校開設港籍學生班施行細則》	《中華人民共和國民辦教育促進法》、《中華人民共和國民辦教育促進法實施條例》	不適用
辦學機構	在中國合法設立的外國機構、外資企業、國際組織或合法居留的外國人	合資格民辦學校	政府以外的社會組織或個人	政府部門
學校管理組織	條例無規定	條例無規定	學校董事會或理事會及監督組織的成員需要包括共產黨基層組織及教職員工代表	不適用
審批機構	省級教育部門 （2014 年以前需要經國家教育部審批）	香港教育局和深圳市教育局	縣級以上教育部門	不適用
監管內容	提交教職員及學生名冊、教材備案 接受當地教育部門的監督和審查	學籍登記以及匯報學校的情況	年度檢查和報告制度	不適用
收生 - 港澳台學生	可以入讀： （具體資格和優先次序由學校決定） （內地當局曾指出港澳台居民應視為「中國籍」，不應入讀外籍人員子女學校）	可以入讀： 父母雙方或其中一方為香港永久性居民或擁有香港居留權的學生	自行報讀： （具體資格和優先次序由學校決定）	按非戶籍學生積分制方案入讀
收生 - 內地學生	不能入讀 （學校不得招收中國公民）	不能入讀 （學校不得招收中國公民）	可以入讀 （應納入統一招生）	可以入讀 - 參與統一招生 （當地戶籍）

（續上表）

	外籍人員子女學校／港澳子弟學校	「港籍學生班」計劃（只適用於深圳市）	民辦學校（斜體為給予深圳培僑特別安排）	公辦學校
課程	課程、教材和教學計劃由學校決定	香港課程 （需要為香港學生準備應考公開試）	國家課程 在國家課程之上可以開設特色課程，並向主管當局備案 *深圳培僑：獲批准使用香港課程*	國家課程
教材規定	學校每年向教育部門提交教材作備案	教材需要接受深圳市教育局審讀	不得選用未經當局審訂的教材或境外教材	不得選用未經當局審訂的教材或境外教材
聘用教師規定	聘用外籍教師按外籍人士在中國工作的規定辦理 聘用中國公民需要預先向省級教育部門申請	教師具有深圳市教育局規定的教師資格及通過專業訓練，為深圳教育局接受	具備相應教師資格按國家規定聘用「專任教師」 *深圳培僑：部分香港教師獲豁免考取內地教師資格*	具備相應教師資格按國家規定聘用「專任教師」
學費規定	由學校自行決定 （條文無明確規定）	受政府規管 （與深圳市物價管理局與核准的民辦學校收費標準一致）	受政府規管 （具體辦法由省級人民政府制定）	免學費
學校數量[59]	廣東省共18間+1間2021年開辦的香港課程學校	2間「港人子女學校」+9間民辦學校中的港籍學生班 共11間	廣州：336間（小學至初中） 深圳：255間（小學至初中）	廣州：1009間 深圳：504間

59 深圳市發展和改革委員會 深圳市教育局。2021。深圳市發展和改革委員會 深圳市教育局關於徵求《深圳市民辦義務教育收費管理辦法（徵求意見稿）》意見的通告 - 起草說明。http://sf.sz.gov.cn/ztzl/gfxwj/gfxwjyjzj_171008/content/post_8913251.html 及 廣州市教育局、廣州市教育研究院。2020。廣州市教育統計手冊 -2019 年度。http://jyj.gz.gov.cn/attachment/0/96/96341/6456182.pdf。

第三章
在內地創辦港人子女學校的挑戰：以深圳培僑為例

3.1 背景及簡介

深圳香港培僑書院龍華信義學校（下稱深圳培僑）是由香港培僑教育機構以及信義集團於 2021 年 9 月於深圳市龍華區創辦的學校。學校提供從小學至高中的十二年制課程。學校雖然以民辦學校的性質開辦，但獲深圳市政府批准同時取錄香港和內地學生，並分別為他們開辦香港和內地課程，亦可以使用香港教材，這與深圳市對一般民辦學校的規管有明顯差異。為了進一步了解深圳培僑的創立情況以及開辦至今遇到的困難，我們邀請到深圳培僑的吳育智總校長（吳校長同時兼任香港培僑書院的校長）接受訪問。另一方面，為了從更宏觀的角度了解在大灣區為港人子女發展學校的政策，我們也邀請港區全國政協委員戴希立校長（他熟悉內地和香港的教育政策與情況）接受訪問。

3.1.1 香港培僑書院的背景

香港培僑教育機構辦學歷史悠久，包括 1946 年創立的培僑中學、2000 年創辦的培僑小學及 2005 年創辦一條龍（小學至高中）的培僑書院。培僑書院以英語和普通話作為主要授課語言，校方也根據學生的心理及生理發展特點，重新設計中小學共 12 年的學習經歷，並強調豐富語言和閱讀環境，透過全方位學習使學生更有效學習。[60]

校方自 2017 – 18 學年起開辦國際基礎課程（International Foundation Year, IFY），[61] 成績達標的學生可以 100% 保證獲英國北方大學聯合會的大學錄取，學生完成兩年特別設計的香港中學文憑試課程，以及一年 IFY 課程後（相當於中六），便可以直接升讀海外大學，而且可以節省海外預科留學費用。

3.1.2 深圳培僑的背景

2019 年大灣區的發展規劃推出後，香港培僑書院開始接觸內地有關部門，尤其深圳市相關部門探討在當地創校。由於一直有相當數量的香港學生定居深圳，並入讀當地的學校，享用了深圳市的教育資源，因此該市亦關注香港學生的教育需要。深圳市政府開始與校方接觸後，透過協助他們尋找適合的教育用地，最終落實在深圳市龍華區建校。校方與龍華區政府和龍華區教育局開展溝通，包括説服當地政府撥出用地興建校舍，校方指出獲得當地政府支持對建校計劃十分重要。

雙方於 2020 年 7 月達成戰略合作協議，正式開始相關討論。由於建立深圳培僑屬嶄新安排，可以同時取錄內地和境外學生並使用香港課程的民辦學校，雙方需要釐清相關法規和政策；經過半年間多次溝通，最終於 2021 年 2 月簽訂正式合作協議。由於雙方均期望於同年 9 月開學，龍華區政府成立了一個 20 多人的工作小組，由各個相關部委派出代表協助處理相關法律、土地平整等事宜，最終校舍及時落成，並於 2021 年 9 月開學。

深圳培僑屬於 12 年一貫制學校，提供由小學至初中的課程。學校以「雙

---

60 培僑書院。簡介。https://www.puikiu.edu.hk/file.aspx?clid=202&atid=121&lan=1。

61 培僑書院。國際組。https://www.puikiu.edu.hk/file.aspx?clid=816&atid=2684&lan=1。

軌制」設計課程，同時按香港和內地的課程標準開辦小學至初中課程，分別取錄香港和內地學生；與香港培僑書院一樣，深圳培僑採用普通話和英語作為教學語言。小學生符合要求可以直升學校中學部，無須參加派位。在小學和初中階段，香港和內地學生不能報讀對方的課程，但校方會安排採用各自課程的特色精華，在原有課程基礎上增加新的元素，例如在香港課程參考內地課程的元素，加強中文和數理科的培訓，內地課程部分則融入香港課程的精華，加強學生的英語學習環境。

高中階段則有不同選擇，包括內地高考課程（需參加初級中等教育畢業考試及派位，適用於內地學生）、香港中學文憑試（HKDSE，設英文班和中文班，分別供香港和內地生入讀）。深圳培僑也提供類似香港培僑書院的安排，即國際中學教育普通證書（IGCSE）、國際基礎課程（IFY）以及 SAT、TOFEL 等國際課程，供有意升讀不同大學的學生選擇。[62]

根據深圳培僑提供的資料，該校招生反應踴躍，共收到約 9,000 個申請，最終取錄了 1,245 名學生（部分學生來自香港培僑書院），香港課程的學生主要在小一至中四共 31 個班級，內地課程的學生則在小一至小三以及中一的 6 個班級；該校的目標招生規模約為 3,000 至 4,000 人。現時約 100 名教師中，約 70 人從香港聘請，校方表示有多達 1,000 多人競爭這些職位。[63]

3.1.3 開辦學校的主要挑戰

我們透過專訪及資料整理，歸納了一些在內地發展港人子女學校可能會面對的挑戰，並按開辦學校的先後次序分為：（1）創辦學校面對的挑戰、（2）營運挑戰及（3）長遠挑戰三個主要類別。被區別為創辦挑戰的有三個，

62 深圳培僑書院信義龍華學校。2021。課程概覽。https://www.puikiuxinyi.edu.hk/tc/school.php?id=19。

63 明報。2021。大灣區 GBA 專題：北上一條龍港校：負笈中港外國皆優勢。

包括財政成本、對情況的掌握及內地的政策變化。這三個挑戰均是開辦學校的先決條件，若未能解決這些挑戰，難以吸引辦學團體在內地開辦學校。在學校開辦後，也會面對營運挑戰，包括內地對學校的規管、教師和學生的適應等問題，這些挑戰部分需要政策介入，部分也需要學校自行調整和適應。最後，長遠而言學生來源的穩定性也會影響學校的長遠發展，需要及早作出應變，下文將會介紹整理在內地發展學校會遇到的挑戰。

3.2 創辦學校面對的挑戰

現時內地的主要政策雖然支持發展港人子女學校，但辦學團體在開辦學校時會遇到不少障礙，當中有部分會限制辦學團體在當地的發展。由於辦學計劃規模龐大，需要投入的資源和時間相當多，因此需要有足夠資金和政策支持，才能推動辦學團體在內地發展學校。本節會整理三個主要的創辦階段挑戰。

3.2.1 港人子女學校缺乏港府財政資助

（一）建校成本高昂

開辦學校的成本相當高昂，單單計算建築費用開支已經可達數億元。在香港的學校均可以獲得政府批出的土地作辦學用途，無須自行購入土地；而按不同學校類別，特區政府也會提供資助或免息貸款。撇除土地需要額外平整或斜坡工程的情況，大部分學校的建築成本最少需要 2 億至 3 億元，我們整理了近期香港一些學校的建築成本作為參考，詳情列於附錄。但與香港的情況不同，在內地發展不但要考慮土地平整及建築開支的因素，若未能獲得內地政府直接批出土地，學校可能要自行購買土地創校（例子包括原定於 1995 年創辦的深圳台商學校），相關費用高昂成為開辦學校的重要障礙。

深圳培僑獲當地政府免費撥出土地興建校舍，因此可以減省購入土地的成本。校方希望選址交通較為便利，最終在深圳市當局協助下選定位於深圳市龍華區，鄰近深圳北站的兩塊教育用地興建校舍。學校用地本身為一座山，因此在 2021 年 2 月簽訂正式協議後，需要進行大量平整及樹木整理工作，最終校舍於 2021 年 9 月落成開學。

該校設計包含小學至高中三個校區（分別提供香港和內地課程），校內亦設有學生宿舍、教師公寓、足球場、室內恆溫游泳池等設施，造價超過 15 億元人民幣。學校的建築費用和初期營運資金，由合作機構信義集團全額支付。[64]

（二）辦學團體在內地缺乏特區政府的資助

其他辦學團體難以像香港培僑一樣，在內地覓得願意全額資助建校和營運開支的合作伙伴。現時香港的辦學團體在內地開辦學校，基本上不會獲得特區政府的任何財政資助。事實上在 2012 年前後，跨境學童對香港本地學位需求帶來的壓力備受各界關注時，社會上曾有建議特區政府在深圳興建資助學校或向開辦「港籍學生班」的學校購買學位，供跨境學童入讀；但建議未有被港府採納，原因包括港府認為在內地的跨境學生需求會隨着 2013 年實施的「雙非零配額」政策逐步降低，而資助會涉及「福利可攜」以及其他規管和運作等事宜。[65] 近期有香港辦學團體包括培僑到大灣區內地城市開辦學校，香港教育局也未有定出有關資助的政策。第二章曾提及香港教育局和深圳市教育局簽訂合作協議開辦「港籍學生班」，但香港教育局對深圳「港

64 頭條日報。2021。培僑書院深圳辦港人子弟學校 9 月營運提供逾 3000 學位。

65 立法會十六題：在內地居住的港人子女的教育事宜。

籍學生班」計劃下的學校提供不涉及直接財政資助的政策，只包括以下支援：[66]

1. 為內地教師提供培訓，與他們分享教授香港課程的策略；
2. 協助他們與香港小學進行交流活動及與香港中學建立姊妹學校關係，增加內地教師對香港課程的了解及協助學生過渡到本地教育制度；
3. 安排合資格小六學生參加中學學位分配辦法。

根據我們向香港教育局查詢所得，香港教育局並沒有參與深圳以外的港人子女學校或港人子女班相關事宜。上述「港籍學生班」措施只適於用深圳市，即計劃下共 11 間學校。深圳培僑和同於 2021 創辦的廣州暨大港澳子弟學校不屬於計劃下的學校。由此可見，現時港府對在內地提供香港課程的學校只有局部（限於深圳市的 11 間學校）和有限度（只提供非財政援助）的參與，辦學團體若無法從民間途徑獲得資助便難以開辦學校。

（三）缺乏尋找啟動資金的途徑

就資助港人學校在內地發展的議題，我們亦曾訪問戴希立校長。他認為財政是學校發展的最重要因素，當中包含創校建築開支以及營運開支兩部分，辦學團體在無法應付相關開支下，根本無法開辦內地學校，因此戴校長認為推動港人子女學校發展，首先要在財政資助問題上取得突破，才能發展成功。

戴校長指出，學校的建築費用可達數億元，一般辦學團體要籌集啟動資金並不容易。本港慈善團體的善款一般難以用於境外的項目，因此即使具有慈善團體背景的學校要在內地開辦分校也不容易。即使籌得啟動款項，由

66 教育局。2014。「妥善處理跨境學童引伸的問題」議案 進度報告；教育局。2019。深圳港人子弟學校及開設港籍學生班的學校。

於未必能獲得香港或內地當局的恆常財政資助，加上發展初期學生來源不明朗，能否達到收支平衡也屬未知數，因此未必有多少機構和個人願意投放資源到香港以外的地方辦港人子女學校。

由此可見，學校要從民間途徑籌得創校以及營運資金並不容易。若港府期望在內地有多間港人子女學校，應該要提供財政資助，但考慮到學校位處境外，若港府要考慮提供創校開支資助，相較於直接提供資助（Grant），以借貸（Loan）方式的可能較為合適。

（四）要達到收支平衡並不容易

辦學團體要籌得建校費用存在相當大的困難，而即使學校透過借貸的方式應付建校開支，但在日常營運維持收支平衡，以至償還貸款，將為學校帶來較大的財政壓力，不利學校的長遠發展。若學校選擇提高學費應付支出，可能會減低學校對香港學生的吸引力，而且若學校的價錢定位提升至接近國際課程學校的水平，又要面對和國際學校的競爭問題。

吳校長指出，該校的行政和課程都跟隨香港教育局要求，教師的薪金亦跟隨香港的教師薪酬標準。為吸引人才，校方更為教師提供宿舍、膳食等額外配套。但同時，辦學團體希望以照顧香港學生為目的，因此學費水平低於其他學校，約為每年 10 萬元。由於深圳培僑以非牟利為目的，因此幸得企業願意捐助，深圳教育局撥出土地，校方才可期望達致收支平衡。

若辦學團體未能尋得企業贊助，在尋找建校土地又面對困難，要維持收支平衡而同時提供一個可負擔的學費水平並不容易，由此可見要吸引辦學團體在內地開辦港人子女學校，資金是它們面對最大的困難和障礙。若港府期望有更多香港學校到大灣區發展，須先為學校提供應對財政問題的途徑，否則難以説服辦學團體在大灣區內地城市開辦學校。

3.2.2 港府缺乏對情況的掌握及政策基礎

（一）香港教育局對情況缺乏掌握

若香港教育局期望推動香港辦學團體在內地發展學校，便需要考慮為有意為在內地提供香港課程的學校提供一定程度的資助。但現時香港教育局對內地的香港學生和港人子女學校的情況掌握有限，對發展資助相關政策造成一定障礙。

我們曾向香港教育局查詢大灣區內地城市「港人子女學校」或「港籍學生班」的情況；局方除了提供深圳「港籍學生班」計劃下 11 間學校的學生人數外，並未能提供有關深圳以外的其他 8 個大灣區內地城市的相關資料（包括 2021 年開辦的 2 間提供 12 年香港課程的學校的相關資料）。局方在回覆中也指出他們未有參與深圳以外的「港籍學生班」事宜。我們在第一章也曾指出，現時無統計顯示在廣東省長期居住的十多萬香港兒童的居住城市分佈或具體入學情況。在缺乏相關統計資料下，特區政府無法了解在大灣區內地各個城市的港人實際學習需要。這一方面會影響局方就是否需要作出資助的判斷，例如優先發展的城市或區域，以及需要預期的入讀人數等；另方面若有香港辦學團體接觸香港教育局，希望了解在內地開辦香港學校情況，局方也難以提供相關資料協助。

（二）缺乏相關港人子女學校政策基礎

由於不涉及公帑撥款，再加上學校身處內地，無法直接套用香港的法例規管，若香港教育局有意為學校提供資助，它就有需要先定義可獲資助的學生對象，並考慮在適當情況下為學校引入規管，否則難以監察學校是否符合香港的教學要求，以及有否妥善運用獲批撥款等。在缺乏香港教育局的監管指引下，學校也難以了解如何符合撥款要求，亦難以給予在內地的香港家長信心——在內地開辦的學校是否符合香港的辦學要求。

現時香港教育局在內地參與深圳「港籍學生班」計劃，但在過程中只作有限度的規管——學校在申請開辦時需要取得香港和深圳教育局的評估和批准，以及香港教育局每年會收到經深圳教育局轉交的學籍登記等資料。除此之外，香港教育局無法如對其他香港本地的學校一樣，監察「港籍學生班」的教學質素和財政狀況等。

香港教育局的監管除了可以確保公帑運用妥當外，也可以給予家長信心。從「港籍學生班」的經驗可以得知，有部分跨境學童的家長選擇跨境而非「港籍學生班」的原因，是後者缺乏香港教育局的質素監管，教學質素參差不齊；可見缺乏香港教育局的監管，難以令家長放心讓子女入學。

現時在內地開辦香港課程無需要經過香港教育局同意或審批，因此理論上只要取得內地方面的同意，任何機構也可以聲稱開辦「香港課程」，例如一些學校或培訓機構開辦的香港中學文憑試班級，但這些香港課程是否真正符合香港的課程和師資等要求並不確定，而香港教育局現時無法作出任何監管或認證。在內地的香港家長也難以知道哪些學校有助子女將來銜接香港課程，令他們無法為子女做出適當的入學選擇，更可能會令他們不選擇讓子女入讀這些學校，影響學校的收生情況。

3.2.3 內地政策變化

（一）內地主要政策

除了資金來源外，內地有沒有支持港人子女學校發展的政策十分重要。深圳培僑的經驗是一個明顯例子，該校在深圳市政府支持下獲龍華區政府批出土地發展學校，也獲准以民辦學校性質開辦港人子女班，以及容許尚未取得內地教師資格的香港教師在內地任教，這些均是在內地（深圳市）的政策支持下，才能得到的特別安排。可見是否獲得內地當局的政策支持，對港人子女學校在內地能否順利發展十分關鍵。

現時內地對為香港和澳門居民提供教育服務提供了一定政策支持。首先在《大灣區規劃綱要》中，提出要發展廣東省，為港澳居民提供港澳子弟學校服務。其後各城市也提倡港澳子弟學校發展，例如深圳市在 2021 年 3 月公佈的《關於進一步便利港澳居民在深發展的若干措施》中，提出「支持和鼓勵符合條件的港澳機構來深開辦港澳子弟學校」。[67] 2021 年 9 月公佈的《全面深化前海深港現代服務業合作區改革開放方案》，加強港深合作和吸引港人到深圳前海工作和發展，其後深圳市大灣區辦常務副主任接受傳媒訪問時提出，前海將引入港澳高等教育資源和港人子女學校。[68] 在 2022 年，東莞市亦有港人子女學校成立，並開始招生，預計於 2022 年 9 月開學。

在民辦學校和外籍人員子女學校的發展方面，內地當局同樣支持相關發展，但提出需要加強規管。《中華人民共和國國民經濟和社會發展第十四個五年規劃和 2035 年遠景目標綱要》（下稱國家十四五規劃）第四十三章涉及「建設高質量教育體系」，當中提及會「支持和規範民辦教育發展」。[69]《深圳市國民經濟和社會發展第十四個五年規劃和二〇三五年遠景目標綱要》（下稱深圳十四五規劃）提出促進義務教育的均衡發展，目標到 2025 增加 673,000 個公辦學位，綱要同時提出要完善民辦教育，包括推進民辦學校分類管理改革，並會按需要增設外籍子女學校，目標在 2025 年建設三至

---

67 深圳市教育局。2021。深圳發佈《關於進一步便利港澳居民在深發展的若干措施》。

68 文匯報。2021。前海擬建港人子弟學校。

69 新華網。2021。中華人民共和國國民經濟和社會發展第十四個五年規劃和 2035 年遠景目標綱要。

五個高端民辦教育園區，發展優質國際化特色學校。[70]

由此可見，在《大灣區規劃綱要》及國家十四五規劃等政策框架下，內地將會推動發展港人子女學校以及民辦學校，各城市也計劃引入優質辦學團體開辦學校，將會為香港的辦學團體帶來一定機遇。但仍然需要留意內地的政策實施情況，首先不同城市對港人子女學校目標可能有異，而且在內地推動民辦學校發展的同時，也要求加強對學校的規管，對辦學團體的發展帶來一定障礙。

（二）不同城市的政策差異

雖然大灣區內地城市均提倡推動港人子女學校的發展，但現時不同內地城市對「港人子女班 / 學校」或「港澳子弟班 / 學校」未有明確及相近的定義，包括其學校類別以及是否必需採用香港課程，因此會出現教學模式完全不同的學校。

就課程而言，港深教育局合作協議下開辦的「港籍學生班」計劃及深圳培僑，均採用香港課程，分別只是前者主要由深圳教師授課，深圳培僑則聘用香港教師負責。另一方面，廣州市教育局於 2019 年開始於該市公辦或民辦學校推出的「港澳子弟班」，則是採用內地課程為基礎，加入兩文三語的港澳元素。

學校的開辦手續和性質亦有不同。第二章曾提及，根據相關法規條文，現時要在內地開設學校主要有兩種選擇，一項是參照為外籍人員子女學校的規定申請，可以自行決定課程內容（需要向當局提交課程作備案），但不能接收內地公民；另一項是成為民辦學校，但需要按內地課程標準，只可以申請在內地課程基礎上開辦校本課程，可以同時接受內地和港澳台學生。

---

70 深圳市人民政府。2021。深圳市國民經濟和社會發展第十四個五年規劃和二〇三五年遠景目標綱要。第 80 至 81 頁。

但根據我們調查所得，2021 年開辦的兩所提供「一條龍」課程的港人子女學校的類別並不相同。深圳培僑屬於「十二年一貫制民辦學校」，並非以外籍人員子女學校的性質開辦；但與一般民辦學校使用教材受嚴格限制不同，深圳市教育局同意深圳培僑可以開設香港課程並使用香港教材。另方面，廣州暨大港澳子弟學校則參考外籍人員子女學校的規定申請，該校採取以香港課程為核心的「IB+ 港澳融創課程」。

由此可見，大灣區各內地城市對「港澳子弟學校」的定義以及審批程序也有不同。在無清晰的法律條文規定下，即使香港教育機構有意在內地開辦學校，也會感到無所適從。缺乏接觸內地政府部門網絡或渠道的辦學團體較難知道需要遵從哪些條文或要求，甚至無法預計會否獲批准使用香港課程，阻礙他們到內地開辦的意願。

（三）內地政策轉變

另一方面，辦學團體也需要留意內地對民辦學校規管的轉變。《國家十四五規劃》和《深圳十四五規劃》均提及要支持民辦學校的發展，但在 2021 年 9 月，中國教育部提出加強規管民辦學校的措施；《關於規範公辦學校舉辦或者參與舉辦民辦義務教育學校的通知》提及限制公辦學校參與或開辦民辦學校（即「公參民」學校），現有公參民學校若不能符合民辦學校的要求，需要轉為公辦學校或停辦。根據網上報章報道，有部分城市隨即宣佈將會降低民辦學校初中和小學學生人數與總學生人數比例至 5% 或以下，以及原則上不再審批民辦義務教育學校。其後於 2021 年年底，有部分計劃於深圳開辦民辦學校和開辦接受內地學生修讀國際化課程的學校，也宣佈取消開辦計劃。[71]

71　明報。2021。深圳哈羅禮德學校停辦；杜振華。2021。重磅！教育部大動作：兩年內部分民辦義務學校將取消，有重要原因；哈羅禮德學校。2021。中小學課程。

上述政策變化可能影響港人子女學校的開辦計劃，但戴希立校長接受訪問時認為，限制民辦學校的趨勢與國家主要方針不符，認為限制措施只屬短期影響，而且深圳市面對學額壓力，包括現時在深圳各學校就讀的港籍學生，加上部分被停辦的「國際化」民辦學校的學生需要轉讀其他學校，因此戴校長認為需要考慮長遠政策發展。

長遠而言，大灣區內地城市對港人子女學校仍然會有一定需求，但需要留意內地近期的政策變化，而在考慮開辦地點時，除了要考慮當地的學生數目外，也要留意不同內地城市之間的要求或會有所不同。若辦學團體未能對情況有充分和及時的掌握，對於他們在內地辦學帶來不少挑戰。

3.3 營運挑戰

由於香港和內地在制度、教學方式以至生活習慣等均有顯著差異，港人子女學校在開學後也可能會面對各種挑戰，包括內地的教材規管、不同背景的教師和學生適應，以及公開考試的安排；當中有部分問題可以由校方、教師和學生在逐步調整適應後解決，但有部分問題仍然需要港府的政策協助。下文將整理相關挑戰：

3.3.1 內地當局對學校的規管

（一）內地當局對學校日常運作的規管

如第二章所述，相對外籍人員子女學校，內地對民辦學校的規管較為嚴謹，因此若港人子女學校以民辦學校的性質開辦，可能會面對更大的規管限制。就行政和運作而言，學校架構上需要安排共產黨基層組織代表參與學校的校董會，也需要日常向當局提交匯報，並接受有關部門監督。從深圳培僑的訪問得知，由於該校同時設有香港和內地課程，因此分別從香港和內地聘用校長負責各自課程的日常管理。校方為了配合內地對學校管理架構的規管要求，委任負責內地課程的校長兼任該校黨委書記以及法人，人選由學校自行決定，並非由內地當局決定。

（二）內地當局對教材的審批嚴謹

除了日常運作的規管外，內地對課程和教材審批嚴謹，近年更有收緊趨勢。一般而言，民辦學校只可以在國家標準課程的基礎上，申請開辦校本課程，亦只能從經當局審批的教材當中選用，更不得使用境外教材。過往只有以外籍人員子女學校性質開辦的學校，以及「港籍學生班」計劃下，位於深圳的 11 間民辦學校，才可以按相關條文使用境外（包括香港）教材。雖然有關「港籍學生班」的指引沒有明確提及教材需要交由深圳市教育局審核，但該局會委託外間機構負責審核參與「港籍學生班計劃」的學校所引入的教材。[72]

深圳培僑作為民辦學校，卻獲深圳市教育局批准採用香港課程和教材，與一般民辦學校的規管有異。培僑校方認為深圳市有鼓勵香港辦學團體到深圳創辦學校的政策，因此較願意提供相關配套安排，但能否適用於其他城市則是未知之數。縱使獲批准使用香港課程，深圳培僑的教材也需要由深圳市教育局先行審閱，但他們沒有遇到太大阻礙，無須修改下可以直接使用香港的課程和教材。校方指出主要原因是香港和內地課程內容差異較少（尤其是通識科改為公民與社會發展科後），再加上學校方面也考慮到內地的審批要求，因此事前自行檢視所有課程和教材內容，稍為調整內容後才交予深圳

---

72 深圳市教育局。2021。關於遴選開設港籍學生班學校引進教材審讀單位的公告 。

教育局審閱，因此較容易通過審批。除了審查教材內容外，深圳市教育局希望學校要有「中國歷史」、「中華文化」和「傳統品德」課程元素，而這三項元素本身已存在於香港培僑的課程，因此深圳培僑較易符合深圳當局的要求。

（三）學校就課程的選擇

從深圳培僑的經驗可以得知，深圳市政府基於鼓勵香港辦學團體開辦學校的政策，較樂意為學校提供相關政策配套，例如在民辦學校內開辦香港課程供香港學生入讀。該市早在十多年前已和香港教育局合作，在該市學校開辦香港小學課程，累積了對香港課程的了解，相信亦是深圳當局接受深圳培僑開辦香港課程的因素之一。

但類似安排會否持續進行以及套用到於其他大灣區內地城市，則有待觀察。若不清楚相關城市會否批准特別安排下，可以考慮以外籍人員子女學校的模式開辦，按相關法規自行決定開辦課程，但會錯失同時取錄內地學生，為香港學生提供校內文化交流的機會。

就課程審批而言，從深圳培僑教材審批的經驗可以得知，現時香港課程在內地未必有太大衝突或被要求刪改的風險，但需要留意該校亦稍為調整內容才提交審批，加上上述經驗未必反映深圳以外城市的情況，因此辦學團體也需要留意相關發展，並考慮應變方案，避免影響學生的學習。

3.3.2 發展教師團隊

（一）吸引香港教師到內地發展的困難

從過往深圳「港籍學生班」的經驗可見，家長認為由內地教師負責香港課程未能給予他們足夠信心，因此港人子女學校應該從香港聘用教師任教，但由於兩地在薪酬、福利及生活環境方面均有差異，因此即使部分教師有意考慮在內地的教學機會，最終也可能會有些人因為這些因素而卻步。

現時香港教師的薪級明顯高於內地。香港官立及資助學校常額教師的薪酬與公務員薪級表掛鈎，並按入職年份劃分，起薪點約為 30,000 元，薪酬亦會按教學年資遞升，月薪最高可達 70,000 元以上，若升至高級教師月薪更可達 90,000 元以上。[73] 2020 年深圳市民辦高中、初中和小學教師的平均月薪僅為 7,015 元至 11,874 元人民幣，即使校長級別也只是 15,500 元人民幣。由此可見內地教師的薪酬只及香港教師薪酬的三分之一。若要吸引香港教師北上任教，應給予香港薪酬，並以香港年資計算。

深圳培僑同時聘用內地、香港和外籍教師。現時約 100 名教師中，約 70 人從香港聘請，校方表示有多達 1,000 多人競爭這些職位。[74] 深圳培僑同時聘用來自香港、內地和外地的教師，他們的薪酬福利均有不同。來自香港的教師按照香港的標準給予薪酬、福利和假期，內地教師的薪酬福利則參考內地公辦學校的標準，學校行政因此變相有兩種制度——香港和內地教師的兩種制度。

內地的稅款最高可達 45%，而且免稅額種類少於香港，因此在內地的稅務負擔較香港重，即使薪酬與香港相若，扣除稅款後的實際收入會大幅減少，加上內地的稅款在每月出糧前已經自動扣除，成為深圳培僑的香港教師

73 香港教育工作者聯會。2019。官立、資助學校教師薪級表。

74 明報。2021。大灣區 GBA 專題：北上一條龍港校：負笈中港外國皆優勢。

最大的關注。深圳市政府將深圳培僑納入人才計劃內，為香港教師提供稅務優惠，他們實際繳交稅款以 15% 為上限，雖然稅款仍然高於香港，但已縮窄和香港的稅款差異。校方認為若非有人才優惠，高昂稅款或會成為令香港教師不願到內地任教的原因。由於教師初期不熟悉相關安排，感到難以適應，並希望了解更多，深圳培僑為教師提供講座和工作坊，介紹稅款安排。

除了稅款外，教師也關注其餘生活保障。由於深圳培僑的香港教師在內地獲豁免社會保險（俗稱五險一金）供款，也不能參與香港的強積金（或公積金），變相失去退休保障。因此校方為教師另行以香港強積金的供款標準購買企業年金保險，另外為香港教師投保可以到香港大學深圳醫院求診的醫療保險，為教師提供全面保障。除此之外，校方也會為教師提供宿舍和三餐，協助香港教師適應內地的生活。

校方認為上述稅制、保險、醫療、生活等問題若沒有解決措施，會阻礙香港教師到內地發展的意願。深圳培僑在完成招聘程序前，會先和有意入職教師溝通，介紹內地的情況（包括稅制和學校的情況等），令教師較有心理準備，才正式簽署聘用合約，因此在開學後面對的問題不算太大。就吸引教師而言，除了由內地當局提供的稅務優惠可以由政府政策介入外，學校需要自行協助教師適應。

（二）教師資格及年資

香港教師也關注在內地的教學資格和服務年資問題。香港教師離港或會中斷其在港服務年資，也或會影響其將來回港工作時的薪級計算；香港以外的教學年資若要包含在其香港認可服務年資內，要先得到香港教育局認可。[75] 現時教育局會承認深圳培僑的教師的年資，但前提是該教師已取得教師資格（檢定教員或准用教員），檢定教員是指已完成教師培訓的教師，

75 香港教育專業人員協會。權益問答 － 薪金。

並由教師本人自行申請。准用教員指未完成師資培訓，可以經香港註冊學校申請成為准用教員，資格於該校離職後自動取消。但由於深圳培僑並非香港註冊學校，無法為教師申請准用教員資格，因此未完成師資培訓的教師雖然可以在深圳培僑任教，但不論取得多少年教師經驗，均無法作日後計算年資之用。

一般而言，在內地任教的教師需要通過考試，取得內地教師資格認定。2019 年 1 月內地教育部宣佈容許符合學歷資格及普通話水平標準的港澳台居民，報名參加中小學教師資格考試（筆試）及申請認定中小學教師資格。據統計，2019 年共有 800 多名香港居民申請報考考試。據教育部 2020 年回覆全國政協委員的查詢時，指出由於互認資格涉及香港同意持有內地教師資格的公民到香港任教，因此現時未有推行粵港澳教師資格互認的條件。[76]

深圳培僑會聘用尚未考取內地教師資格的香港教師，深圳市教育局基於對香港教師註冊制度的信任，因此內地當局在考慮申請人的年資、學歷等條件後，特別批准 70 多名香港教師於深圳香港培僑書院龍華信義學校任教香港課程。[77] 即使教師已獲得豁免，校方也會協助他們準備內地教師資格考試，為將來有意在其他內地學校發展事業做準備。

（三）教師支援

教師能否獲得專業支援及持續培訓對教學質素也有重要影響。現時在深圳培僑的香港教師無法參與香港教育局為學校和教師提供的培訓和支援課程，例如介紹課程或公開考試變更等。因為深圳培僑同時在香港有開辦學校，因此可以安排香港的教師在課餘時間與深圳培僑的教師分享。若要確保

76 中華人民共和國教育部。2020。關於政協十三屆全國委員會第三次會議第 2890 號（教育類 274 號）提案答覆的函。

77 明報。2021。大灣區 GBA 專題：北上一條龍港校：負笈中港外國皆優勢。

內地的港人子女學校的教學質素，需要考慮如何更有效地安排教師接受培訓以及進行課堂質素評核等。香港教育局在深圳「港籍學生班」計劃下，已為參加計劃的民辦學校的內地教師提供講座，與他們分享教授香港課程的方法，對身處香港以外的學校提供培訓已有一定經驗。

（四）不同背景教師的磨合

港人子女學校或會聘用不同背景的教師團隊，包括來自內地、香港或海外的教師，負責不同崗位。以深圳培僑為例，該校的香港和內地課程分別由香港和內地教師負責，但個別學科也會互相教授對方的學生，例如香港學生的體育、文化、書法等科目部分會由內地教師負責，內地學生的數學、STEM、音樂和視藝等科目也會邀請香港教師以英語授課，以引入各自的專長經驗。

由於學校團隊中有不同背景的教師，他們在教學理念、方法、對學生的要求或期望等均可能存在差異，需要磨合和適應。以深圳培僑為例，由於內地體育科為內地學生的公開考試（中考）科目之一，有一定體能表現要求，因此來自內地的體育教師習慣日常對學生的表現有較嚴格要求，但由於香港課程的學生無須參加體育科的公開考試，因此內地體育教師負責教導香港學生初時較難適應，而香港體育教師教導內地學生時也要適應學生的應試要求。校方需協助教師因應香港和內地學生在課程上的不同需要而調節教學要求和方法。

兩地的教師在其他層面也可能會出現矛盾。深圳培僑香港和內地的教師的薪酬福利按照各自的標準。由於香港教師薪酬福利高於內地教師，教師之間難免存在互相比較。校方需要多和教師解說溝通，例如向他們解說內地教師在該校的薪酬福利已優於內地同業，而且校方對內地教師和香港教師的學歷要求不同，不能互相比較。假期安排亦曾引起內地教師的疑慮，由於深圳培僑的校曆表跟隨香港安排，因此假期安排和內地也存在差異。例如內地教師習慣於10月初「國慶黃金週」放較長的假期，但由於該校跟隨香港校曆表，因此只設一天假期，內地教師難免不適應，甚至相當抗拒。不過，由於學校會於11月安排學校假期（Term Break），內地教師反而因為得以避過內地國慶假期的外遊高峰，最終樂於接受假期的安排。

由此可見，香港和內地體制不同，教師一開始會有抗拒和感到不適應，教師間互相比較更可能會產生摩擦。學校若聘用來自不同背景的教師，需要考慮教師團隊之間的磨合問題，向他們解釋不同制度下的安排，調解他們處理當中可能出現的矛盾。若教師要負責教授其他課程下的科目，更需要協助教師適應或調整教授不同背景學生的教學方法。

（五）其他適應問題

香港和內地在學校習慣和文化上的差異也會為香港教師帶來困難，例如內地有不少學生於中學甚至小學階段便會在學校寄宿，學校教師也要肩負輔導的職責。但香港有寄宿服務的學校數目不多，香港教師以及前往內地入學的香港學生未必有太多相關經驗，宿舍的管理和學生輔導工作在初期或會成為一項挑戰，校方也需要協調不同教師適應相關安排，例如內地各間學校的教師習慣會安排寄宿學生在教師看管下在晚上自修，並會有津貼，但由於香港甚少有類似安排，香港教師並沒有此類習慣。因此深圳培僑的內地教師負責輪流看管學生，香港教師則較少參與，令內地教師感到不太公平。

深圳培僑的經驗也帶出家校合作上需要重新適應的情況。近年由於社交媒體盛行，內地的家長與教師已習慣以社交媒體或即時通信軟件溝通，甚至會聯同其他家長和教師建立微信群組通信。即使是來自香港的家長也習慣了這種風氣。但由於香港教師未有這種習慣，香港培僑書院亦禁止教師和家長交換即時通信軟件的聯絡方法，因此深圳培僑的教師也不能應家長的要求交換微信或加入群組，家長難免感到失望。校方和教師需要透過其他途徑加強與家長的溝通，令他們明白學校及子女的情況，令他們習慣學校的文化。

3.3.3 學生培養

（一）學生來源多元化增加培養難度

以往在內地居住的香港學生可以選擇的上課途徑多元化，例如跨境回到香港上課、在深圳由內地教師按香港課程授課、入讀採用內地課程的公辦、民辦學校或採用外國課程的外籍人員子女學校，這些學生均可能會轉為入讀港人子女學校，但這些不同背景的學生過往接受的課程、學習進度或教學方法會有一定差異，可能會對教學帶來挑戰。

深圳培僑在開學至今也觀察到學生學習的差異，來自外籍人員子女學校的學生英文科的學習能力較佳，而且習慣活動教學模式；來自公辦或民辦學校的學生中文和數學科的能力較好，但英文較弱，他們習慣操練學習模式；部分學生來自香港培僑書院，他們較容易適應課程，並較容易和教師相處。由於來自不同學校背景的學生進度和能力差異大，對教師的挑戰亦增加不少，他們需要調節教學方法，令學生容易學習。

另一方面，部分來自香港的學生本身在深圳沒有固定住所，平日會在學校寄宿，週末或假期回港由家人照顧。由於疫情下他們無法回到香港居住，在深圳也無家人照顧，因此在假期他們也要逗留在學校宿舍。深圳培僑考慮到他們的身心健康，為他們在週末或假期等時間安排額外活動。

（二）學生未來發展

值得一提的是，「港籍學生班」對跨境學生家長缺乏吸引力的原因，是因為學習環境除了課程外，也需要讓學生認識自己的社區和了解當地文化，但「港籍學生班」的校舍位於內地，令學生缺乏認識香港社區的機會。[78] 由此可見，日後發展的港人子女學校需要確保學生在內地學習香港課程的同時，保持對香港社區的連繫，讓他們可以增加對香港社區的認識，為日後到香港發展做準備。此舉亦有助他們學習與香港社區關係密切的學科，例如常識、公民與社會發展科等，但由於現時受防疫措施限制，令內地港人子女學校的學生要保持與香港的認識以至連繫有更大的困難。

3.3.4 在內地舉行香港公開考試

（一）內地香港中學文憑試試場有潛在需求

隨着更多港人子女學校在內地成立，並開辦高中課程，在內地設立香港中學文憑試（HKDSE）試場成為一個重要措施。現時深圳培僑和廣州暨大港澳子弟學校已招收第一批中四學生，但文憑試未有設立香港以外的試場，因此在現行安排下他們只能選擇回港應試，但疫情下他們未必能經常來往兩地。他們可以暫住在香港備試，但部分家庭可能長期定居於內地，在香港沒有固定住所，子女在香港要找到暫住的地方並不容易，而學生留在香港應試期間也無法親身接觸師長以解決考試疑難；因此為他們於內地設立試場屬較理想的安排。

另一方面，由於中學文憑試沒有限制報考學生的居民身份，因此近年有內地學生以自修生的身份報考文憑試。大灣區各內地城市也出現培訓學生參

78 香港青年協會。2014。穿梭兩地—跨境學生的學習與成長需要研究。第 79 頁。

加 HKDSE 的高中或培訓機構。2019 年中學文憑試中，並非以香港身份證報考的人數約有 402 人，[79] 加上過往跨境到香港應考的香港考生或會選擇在內地應考，可以預計在內地設立試場會有一定需求。

（二）需要協調試場安排

根據我們向香港教育局查詢所得，香港和內地教育部未有就在內地進行「全港性系統評估」（TSA）簽訂任何協議，因此至今未有在內地舉辦採用統一試卷的香港公開考試的經驗。中學文憑試也未曾在香港以外的地方進行，因此缺乏跨境試卷運送、試場安排、境外考試運作的經驗，例如處理試卷跨境運輸及海關檢查安排，防止試卷提早外洩。文憑試的中英文聆聽科目主要以收音機廣播考試內容，需要考慮在內地試場同步進行聆聽考試的方法，這些均是確保考試公平和暢順進行的關鍵因素。相關安排需要由香港教育局和香港考試及評核局與內地相關部門探討在內地設立試場的可行性，並商討試卷運送和試場運作等安排，以確保考試能在公平情況下順利進行。

3.4 長遠挑戰

3.4.1 長遠學生來源不穩定

（一）現時需求較高

深圳培僑的招生反映踴躍，共接獲約 9,000 個報名申請，學校最終取錄了約 1,245 名學生。從報名的情況來説，現時該校學位供應只及需求的一成，

79　香港 01。2019。【DSE 2019】內地考生湧港？今屆非本地考生逾 400 名超歷屆總和。

即使學校計劃擴展校園至 3,000 至 4,000 人的規模，也未能滿足所有申請學生。同樣地，廣州暨大港澳子弟學校原本只打算取錄約 250 名學生，最終亦因為報名學生人數眾多而額外多收 100 名學生。[80] 由此也反映現時在內地的港人對港人子女學校學位有多於一間學校容量的需求，而且基於大灣區政策推動港人到當地發展，他們可能會帶同家人前往內地工作，短期內在當地發展港人子女學校的學生來源有一定保證。

（二）港人子女學校的學生來源可能會出現改變

雖然現時在內地有一定學位需求，但需要留意適齡學童人口可能會因為社會和經濟等變化而出現改變，例如學生流動性會增加，部分學生會轉讀其他學校或回到香港上學。長遠而言，隨着出生率下跌和「雙非零配額」政策，適齡學童人口將會下降，在香港和內地的學校均要面對學生人數變化的挑戰。

學生流動性主要受家庭因素和其他學校的競爭影響。由於現時在內地能提供香港課程的學校不多，因此港人子女學校面對其他內地學校的競爭時，就課程而言仍有一定優勢。但在疫情結束或學童通關限制放寬後，家長可以選擇安排子女以跨境形式到香港上學，這些香港學校與內地的港人子女學校提供一樣的教學課程，但香港的學校學費水平較低，具有一定吸引力，港人子女學校可能會流失一部分學生。

長遠而言，香港適齡學童人口將會逐漸下降，主要由於雙非學童減少及本地出生率下降的兩個因素影響。港府於 2013 年實施「雙非零配額」政策，限制非本地孕婦來港產子，雙非學童的數目將漸漸下降，當局估計入讀小一

---

80 文匯報。2021。記者手記：籌辦大灣區首家港澳子弟學校 校長哽咽談「感恩」。2021 年 9 月 1 日。

人數已於 2018/19 學年達到高峰。[81] 就香港本地學童而言，由於出生率持續下降，尤其受疫情的影響，生育數字在 2020 年跌至 20 年新低，出生率會否在疫情過後回升未能確定。當局認為與以往過渡性轉變不同，現時的人口下降屬於結構性轉變，香港政府統計處推算未來八年（2022 至 2029 年）的 6 歲和 12 歲學齡人口將會持續下降，小一（6 歲）和中一（12 歲）適齡人口將分別下跌近 10,000 人。香港教育局就本地學位供應已作出長遠規劃，現時部分官立學校因此要合併或停辦，香港教育局也鼓勵辦學團體合併屬下收生不足學校或申請調遷至其他地方，應對學生人數減少。[82] 內地的港人子女學校也可能會受到學生人數下降的影響，它們與香港學校之間更可能會就吸引跨境學童入讀面臨競爭，對它們的長遠穩定發展帶來影響。學校需要及早應變，考慮如何維持學校對學生的吸引力。

另一個問題在於港府對居於內地的香港居民相關資料掌握有限，無法知道他們確實的居住城市分佈、入學情況和意願、打算定居的年期、生育意願等。在未能充分了解相關情況下，難以評估內地長遠的學額需求，令港人子女學校難以就長遠發展作出規劃。由於學校的投資規模龐大，有必要讓辦學團體了解相關情況，他們才能決定是否在內地辦學。

3.5 小結

總括而言，現時在內地發展港人子女學校會面對一定困難。按照學校的發展階段分為創辦階段、營運階段及長遠發展等三個部分的困難，當中創辦階段的困難是最重要，亦非辦學團體能自行解決。若當局期望推動港人子女學校的發展，有必要推出政策協助他們解決。若創辦階段的挑戰能得到妥善

81 教育局。2015。關於跨境學童及為香港出生兒童在深圳設立學校事宜。

82 教育局。2021。因應學生人口變化的公營中小學學位規劃。

處理，將有助吸引香港辦學團體在內地開辦學校，但由於兩地制度存在一定差異，他們在營運期間也會遇上各種適應上的挑戰，學校和教師要作出調整和適應。長遠而言，也需要考慮學校在內地的持續發展。

（一）缺乏資金

現時在內地發展學校的所有資金，包括創校建築費用及初期營運資金，均需要由學校自行負責，香港教育局不會提供任何資助。除非辦學團體能如深圳培僑和廣州暨大港澳子弟學校一樣，獲得私人機構贊助創校開支，否則難以應付數億以至十多億元的建校和初期營運支出，而且有慈善機構背景的辦學團體也不能輕易把善款用於香港以外的地區。除此以外，由於無法像香港的學校一樣獲得恆常資助，辦學團體也要考慮創校後的收支平衡，以香港學生為主要對象，既要維持類似香港的教學水平，但學費水平也不宜定得太高，要達到收支平衡並不容易。由此可見，若港府期望有更多辦學團體在大灣區內地城市開設學校，須要考慮如何協助學校解決財政問題，否則難以吸引辦學團體在當地發展。

（二）香港教育局的參與

若港府有意資助內地的港人子女學校，須要考慮如何定義受資助對象及規管事宜，以考慮哪些條件的學校可以獲得資助以及監管公帑是否被妥當運用。除了涉及公帑運用的考慮外，香港當局的規管也可以作為認證，給予香港家長信心；就深圳「港籍學生班」計劃而言，由於缺乏香港教育局對學校教育質素的規管，成為部分家長寧可選擇跨境到香港上學也不選擇入讀「港籍學生班」的原因之一。另一方面，現時在內地有一些學校以提供香港課程為賣點，但家長無法了解相關質素是否符合香港的要求，令他們難以決定應否安排子女入學。若香港教育局對這些學校作出適當的規管，一方面可以保障公帑的運用，另一方面也可以為家長和學生提供安心的選擇。

除此之外，香港教育局現時對內地香港居民以及港人子女學校的情況缺乏掌握，當局現時只掌握跨境學生及入讀「港籍學生班」香港學童的入學人數，對於其餘約150,000名學生的入學情況了解較少，在缺乏相關資料下難以就相關政策作出決定；另外香港教育局也難以為有興趣了解內地情況的辦學團體提供協助。

（三）內地政策和規管事宜

在內地開辦學校需要獲得內地的政策支持。近年內地推出多項政策文件，提出發展港人子女學校以及民辦學校，可見發展港人子女學校具有一定政策支持基礎。但需要留意不同城市的港人子女班政策可能有不同。深圳市希望由香港辦學團體開辦學校並提供香港課程，廣州市則在當地的公辦及民辦學校開辦港澳學生班，取錄持有港澳居民居住證的學生並提供內地課程。另一方面，內地近期在支持民辦學校發展的同時又加強對其規管，部分有公辦學校參與的民辦學校被要求轉為公辦學校，亦有部分學校暫停開辦計劃。但我們認為，隨着香港融入大灣區發展，長遠而言內地對港人子女學校仍然有一定需求，但有意開辦的團體需要了解內地各城市的要求和政策轉變。

另外，學校採用的教材需要交由當地教育部門審核，深圳培僑的經驗未有遇到太多障礙，也沒有被要求刪改教材的內容；其他有意開辦的機構需要留意深圳培僑有按內地情況調整教材內容，而其他大灣區內地城市的審批程序未必完全一致。

（四）師生適應問題

由於香港和內地在教育文化、薪酬福利、稅務制度以至日常生活等方面都有林林總總的差異，這些差異需要妥善處理，以減低對學校發展的影響。就吸引香港教師到內地任教而言，即使給予香港的薪酬，也要考慮在內地的稅率明顯高於香港。現時深圳市政府將深圳培僑的香港教師納入可以獲稅務優惠的人才名單，否則教師可能會面臨高達 45% 的稅款，成為教師到當地發展的重要障礙。除此以外，學校也要為教師提供醫療保險、住宿等配套，以讓他們適應當地生活。

另外，由於兩地的制度存在差異，深圳培僑同時聘用香港和內地教師，兩地教師之間會有不適應以至互相比較；兩地教師的教學模式也有差異，例如對學生的表現要求以至看管寄宿學生的分工安排等。學校在教師受聘前和開辦初期應和教師多作溝通，希望令兩地教師均能更好適應。

另一方面，由於學生來自不同學校，學生各學科的能力以至學習習慣差異較為明顯，校方和教師需要花時間思考如何調整教學方法。由於部分學生在深圳未有親人可以提供照顧，校方也要多加關注這些學生的需要。除此以外，雖然學校為學生提供香港課程，但學生校舍位於內地，學生缺乏認識香港社會的機會，對其將來回港發展會有一定影響，而疫情下學校要安排學生回港交流也有更大困難。

（五）公開考試安排

與過往「港籍學生班」只提供小學課程不同，現時深圳培僑和暨大港澳學校均有開辦香港中學文憑試課程，加上部分內地學校或培訓機構的文憑試班級（過去數年約有 300 至 400 名非本地考生報考文憑試）以及居住在內地的跨境學生，在內地設立試場有一定需求。但文憑試過往未曾在香港以外設立試場，未有跨境試卷運送、試場運作等經驗，因此需要兩地政府進一步探討可行性。

（六）學生來源及學生需要

深圳培僑報名情況相當踴躍，共接獲9,000個報名，最終學校取錄約1,200名學生，現時的情況反映深圳存在一定對香港課程學校的需求。但將來的學生來源或會有一定變化。首先現時因疫情未能回港的跨境學生將來可能會選擇回港就讀，另外大灣區政策實際吸引帶同家人到當地定居的香港家庭數目可能亦存在變數，加上他們也可能會因為工作變動關係而令子女需要轉校，學生流動可能較多。另一方面，隨着「雙非零配額」的實施以及香港適齡學童減少，學校可能會面臨學生人數減少的情況。學校需要及早規劃吸引學生的措施，應付未來發展需要。

第四章
台商子弟學校的經驗和政策

現時在內地以香港模式運作，而且聘用香港教師任教的學校數目相對較少，發展時間也相對較短，能夠分享的經驗也限於開學後短短兩至三個月的觀察，可能有部分挑戰或困難尚未浮現。現時部分已觀察到的挑戰也尚未有有效的解決辦法。若要全面了解在內地開設港人子女學校可能遇到的困難以及可行的政策措施，要透過參考其他在內地辦學校時間較長的例子，透過它們的經驗了解辦學機構曾遇到的挑戰及作出了哪些應對措施。

現時在內地有不少為在當地工作的境外人士子女而設的學校，其中一種便是為在當地工作的台灣商人及其僱員的子女而設的「台商學校」。在東莞、昆山（江蘇省）和上海分別設有三間台商子弟學校，學校同時獲得內地和台灣地區相關部門承認。內地對於台商子女入學的政策自 1980 年代後期發展至今已有一定時間，相關制度較有系統亦累積了不少經驗。除了在內地設有台商學校外，在馬來西亞、印尼及越南自 1990 年代起已設有台商學校，這些海外的台商學校和內地的台商學校一樣，均需要向台灣地區教育主管部門備案以獲得承認，台灣地區教育主管部門也會提供一定程度的資助和支援。由此可見，台灣地區教育主管部門已建立明確政策，支援在境外的學校發展，因此他們的政策措施有一定參考價值。

相較香港的研究主要集中於跨境學童的需要，而非當地港人子女學校的發展情況，台灣有不少研究從更廣泛的角度，探討台灣學童在內地學習的情況和兩岸當局的相關政策、並透過訪問內地的台商學校以了解它們的發展過程，以及分析學校面對的主要困難。台商學校的相關經驗，對於今後發展以吸引香港人才為目標的港人子女學校有一定參考價值，因此我們參考台灣方面的研究，對比了兩地的情況。下文將先概述內地對台商子女入學的政策，並按創校階段、營運階段及長遠階段整理台商學校遇到的困難，以及台灣地區教育主管部門及台商學校採取的措施。

4.1 內地對台商子弟的教學政策概述

4.1.1 台商家庭在內地的情況

自內地改革開放以來，在內地設廠的台灣商人數目持續增加，台商及其幹部的家人人數持續上升，有估計指出在 2001 年在內地的台商及家屬人數已達一百萬人。根據台灣地區相關部門的統計，2019 年在內地工作的台灣地區居民數目較往年略有減少，但仍有 395,000 人；[83] 由於統計不包括其家屬，未能知道準確數字，但他們的子女人數可能達數十萬人。

由於台商子女大多與父母一起遷到內地居住，自 1980 年代後期，台商子女在內地的入學需要成為一個重要議題。內地當局的政策有不同的發展階段，但均期望能以子女教育吸引台商到當地投資。下文將簡述有關台商子女在當地的入學需要。

4.1.2 台商子女早期只能入讀當地學校

有台灣的研究文章以「築巢引鳳」和「就近入學」概括內地對台商子女的入學政策。[84] 「築巢引鳳」是指為了吸引台商到當地投資，容許開辦台商子女學校，方便台商帶同家人遷到當地；「就近入學」則是提供政策，方

83 https://www.stat.gov.tw/public/Attachment/01217147167RLW6M7Z.pdf。

84 劉勝驥。2003。中共對台商子弟之教育政策。展望與探索第 1 卷第 4 期。66 頁。

便台商的子女在住所附近入讀公辦學校。部分台商選擇安排子女入讀其他民辦或外籍人員子女學校。早年由於尚未出現台商學校，因此內地的台商只能安排子女入讀當地的學校，包括公辦學校、民辦學校以及外籍人員子女學校（1995 年之前也包括部分使館人員子女學校；當時習慣統稱為「國際學校」）。

（一）就近入學：內地公辦學校

早在 1987 年，廈門市已制定台商子女教育的政策——《廈門市台灣同胞投資保障條例》，條例規定在當地的台商子女可以用借讀生的身份在廈門各級學校就讀，廈門市教育局會按學校能力及台商意願統一安排學校。[85]

1996 年，內地頒佈《台灣同胞投資保護法實施條例》（其後於 1999 年改名為《台灣同胞投資保護法實施細則》），規定台商子女可以在當地就近入讀當地公辦學校。內地各省市的教育部門也推出相應條例，規定在當地的台商子女入學時按當地居民標準收費，但部分學校可能要收取「借讀費」、「贊助費」、入讀高中的「擇校費」等各種名目的收費，[86] 各校收費水平不一。其後內地教育部和國台辦於 2008 年公佈《關於進一步做好台灣同胞子女在大陸中小學和幼兒園就讀工作的若干意見》，[87] 進一步提出要改善台商子女在內地的入學安排，規定在學位安排和收費等給予當地居民同等待遇。其中福建省政府率先於 2007 年公佈豁免台灣學生的借讀費和與入學掛鈎的贊助費。[88] 免收各種費用的政策確實減少了入讀公辦學校台商家庭的經濟負擔。

入讀公辦學校的台灣學生會修讀內地課程，以簡體字上課及修讀內地

85 劉勝驥。2003。中共對台商子弟之教育政策。展望與探索第 1 卷第 4 期。66 頁。

86 吳建華、陳鏗任。2011。經濟全球化下台灣海外學校的挑戰與因應：以東莞台商子弟學校為個案。教育研究與發展期刊。第七卷第三期。第 181 至 214 頁。

87 台胞子女就讀大陸中小學和幼兒園。

88 福建省人民政府台港澳事務辦公室。2007。關於進一步加強台商子女在閩就讀服務工作的若干意見。

政治課程，由於涉及意識形態的灌輸，課程安排令台商及子女感到困擾，家長亦憂慮子女日後回台灣的適應問題。另外，內地公辦學校校規嚴格，例如上課時手需放在枱邊，不能亂動，令向來好動和習慣活潑上課氣氛的台灣學生較難適應。[89] 因此有部分家長安排子女回台灣入學，亦有家長選擇外籍人員子女學校或使館人員子女學校（當時習慣上統稱為國際學校）或入讀民辦學校。

（二）入讀民辦學校

部分台商家長選擇安排子女入讀民辦學校。當時有部分內地民辦學校為吸引台灣學生報讀有提供特別安排，例如有深圳的民辦學校採用台灣教學大綱，並避過涉及兩岸歷史問題的課程，其餘課本和課程，原則上都可以按照台灣要求。但這些民辦學校並非台灣地區教育主管部門承認的台商子女學校，無法如其他入讀台商學校的學生獲得資助，另外若學生將來有意回到台灣升讀高中或大學，需要就其內地學歷向有關單位申請驗證，方可報考相關入學試。[90] 內地的民辦學校採用軍事化模式管理，學生需要寄宿，上課和作息均有規定的時間，宿舍管理有軍事化的傾向，未必適合台灣學生入讀。

（三）入讀外籍人員學校

除了入讀民辦學校外，早年台商也會安排其子女入讀當地供外籍人員子女（包括領事人員子女）入讀的「國際學校」（後來內地將這類學校改稱外籍人員子女學校），當時的例子包括北京國際學校（ISB）、日人學校、德國人學校和法國人學校，也包括其他機構開辦的京西學校和新加坡國際學校等，這些學校自 1991 年起開放吸引台商子女入讀，一直未有引起爭議。

89　劉勝驥。2003。中共對台商子弟之教育政策。展望與探索第 1 卷第 4 期。66 頁。

90　國際及兩岸教育司。2011。於大陸地區就學之台商子女，返台就讀各級學校之辦理方式？

但情況於 1995 年出現改變，內地國家教育委員會（即現教育部）禁止北京國際學校（ISB）等「使館人員子女學校」接收台灣和香港學生，理由是內地方面認為香港和台灣不是外國，香港和台灣學生均是中國公民，並非外交官或僑民子弟，不應入讀北京國際學校，因此要求正在就讀的學生需要在新學期前轉到其他學校。其他「非使館人員子女國際學校」的學生可以原校升學。事件引起學校和家長的抗議，最終內地容許正在使館人員子女學校就讀的 43 名來自香港和台灣的學生繼續原校升學。[91]

事實上根據當時的法規，使館人員子女學校不應招收台港學生。根據外交部和國家教育委員會（即現教育部）於 1987 年制定並一直生效至今的規定，外國駐中國使館開辦的學校招收學生範圍只限於該國駐中國使館職員的子女，不得招收該國或第三國在中國的永久居民或中國公民的子女入學，若要招收該國或第三國在中國的其他非永久居民需要取得北京市教育局同意。[92] 至於由使館以外機構開辦的「外籍人員子女」學校，根據 1995 年制定的法規，這類學校不得招收「中國公民」，但沒有限制只能招收某一外國國籍的學生。因此當時內地對北京國際學校的要求可以理解為嚴格執行原有法規，但是否有其他以外籍人員子女學校性質開辦的學校也被限制招收香港或台灣學生尚待確定。無論如何，在內地的台灣學生在當時要入讀內地課程以外的學校存在一定困難，即使學校取錄了學生也可能會因為各種原因面對政策突然轉變，令他們無法繼續入讀。有評論就認為 1995 年的政策轉變促使台商更積極籌辦台商子弟學校。

4.1.3 「築巢引鳳」：台商子弟學校的發展

1995 年頒佈的《台灣同胞投資保護法實施條例》容許台商或台商企業

91 劉勝驥。2003。中共對台商子弟之教育政策。展望與探索第 1 卷第 4 期。66 頁。

92 外交部。1987。中華人民共和國外交部、中華人民共和國國家教育委員會關於外國駐中國使館開辦使館人員子女學校的暫行規定。

在內地台商投資集中的地區開辦「台胞子弟學校」，並接受當地教育部門的管理和指導。在條例實施後，內地各省市均有提出開辦台商子弟學校，但發展過程因為兩岸當局未能就課程、學校管理層和學歷認證等方面達成共識，有數間擬開辦的台商學校最終未能成功辦學。直至 2000 年，才有第一所台商子女學校成立，即東莞台商子弟學校。至今共有三所台商子弟學校，除了東莞台商學校外，亦有 2001 年於江蘇省昆山市創辦的華東台商子女學校及 2007 年創辦的上海台商子女學校。

在上述政策推出前後，已有台商計劃在深圳（1994 年）及廈門（1995 年）投資開辦台商子弟學校。內地要求部分科目不得使用台灣教材、需要教授內地政治課程、校長需要由內地人或取得中國國籍的台灣地區居民出任。若學校按內地要求辦學則未能為台灣當局接受，未能獲得台灣承認該校學歷。最終深圳台商學校的計劃不成功，而「廈門集友（私立）台灣子弟學校」曾於 1995 年獲准招生，但只有 8 名台商子弟及 2 名港商子弟入學，其後因為被指招收了內地學生，被廈門市教育局取消學校執照，被逼停辦。蘇州的台商也曾計劃開辦台商學校，但同樣因為未能滿足內地對教材以及辦學資金的限制，而未能成事。[93]

其後東莞台商協會會長葉宏燈計劃在東莞成立台商學校，並向內地當局傳達台灣地區教育主管部門要求校長必需由台灣地區居民出任的底線，否則不會承認學校學歷。內地方面最終考慮到引入台商學校帶來的效果，同意彈性處理台灣校長的問題，但需要由廣東省教育廳派駐副校長作為名義上的合法校長，[94] 而教材內容仍然要由內地部門刪減。最終東莞台商子弟學校於 2000 年成功設立。其後華東台商子女學校（昆山校區）及上海台商子女學校分別創辦，華東台商子女學校亦於蘇州（2010 年）、宿遷（2012 年）和

93 劉勝驥。2003。中共對台商子弟之教育政策。展望與探索第 1 卷第 4 期。第 63 至 65 頁。
94 劉勝驥。2003。中共對台商子弟之教育政策。展望與探索第 1 卷第 4 期。第 65 至 66 頁。

南京（2017 年）成立新的校區。[95]

4.1.4 其他入學途徑：金門入學計劃

除了以上在內地入學的選擇外，台商可以選擇安排子女回到台灣於金門縣的學校入學。台灣地區教育主管部門 2002 年起推出「大陸台商子女赴金門就學方案」，利用廈門和金門之間的「小三通」出入境安排，讓台商子女入讀金門的學校寄宿就讀。金門縣政府安排了小學、國中（初中）、高中及職業學校各一所參加計劃，並準備了二百多個床位供學生寄宿，學生在小學和初中階段無須繳付學費，每學期只需繳付二千元新台幣住宿費；高中階段學雜費八千元，住宿費每學期為一千六百元。[96] 相較在內地的台商子女學校只能修讀經刪減的課程，金門計劃下可以提供完整的台灣課程，對於日後有意回到台灣升學或生活的學生有一定吸引力。但礙於交通及出入境安排的限制，居於廈門以外的台商子女較難參與計劃，每年只有約 100 位台商子女在金門就讀，[97] 人數相較整體在內地的台商人數或其他台商學校就讀的人數少。

4.1.5 現時的入學情況

總括而言，在內地的台商子女可以有五種不同的入學途徑。首先可以在「就近入學」政策下，按各地政府的安排入讀當地的公辦學校，「借讀費」和「贊助費」要求近年已逐步取消，但學校提供內地課程令台灣學生較難適應，因此有部分學生選擇入讀其他民辦學校和外籍人員子女學校。其中外籍人員子女學校的入學資格曾出現轉變，但現時部分外籍人員子女學校明確表

95 華東台商子女學校。2021。華東大事記。

96 大陸台商經貿網。歡迎台商子弟 赴金門就學。

97 立法院。2013。立法院第 8 屆第 3 會期第 3 次會議議案關係文書。

明可以招收港澳台學生。例如 1995 年被要求停收內地及香港學生的北京國際學校（ISB）的中文名稱現已更名為北京順義國際學校，根據該校網頁，現時註冊為外籍人員子女學校（International School for Foreign Nationals in Beijing），學校不得招收中國永久居民，但可以招收持有通行證的港澳台居民，但優先次序低於駐中國使館人員[98]子女及外籍學生。

若家長選擇入讀台灣課程，可以安排子女入讀台商學校，現時在東莞、昆山和上海分別有三間台商學校，提供台灣課程，學歷可以獲得台灣和內地部門承認，但課程內容會被內地部門刪減。台商可以選擇透過台灣地區教育主管部門的金門就學方案，安排子女入讀金門的學校，可以入讀完全跟隨台灣課程的學校，但主要適用於廈門的通商以便利用「小三通」上學。

表 8.8 台灣學生在內地的入學選擇

	內地公辦學校	內地民辦學校	內地外籍人員子女學校	內地台商子弟學校	金門就學方案
課程	內地課程	內地課程＋校本內容	海外課程（因學校而異）	台灣課程（有刪減）	台灣課程（完整）
地區	內地各省市（就近入學）	內地各省市	內地各省市（自行報讀）	內地東莞、華東（昆山、蘇州、宿遷及南京校區）、上海	台灣金門（從廈門經「小三通」前往）
學歷	需要經台灣地區教育主管部門認證才能獲承認	需要經台灣地區教育主管部門認證才能獲承認	需要經台灣地區教育主管部門認證才能獲承認	獲承認，可以直接回台升學	獲承認，可以直接回台升學

98 指創校時的服務的五間駐中國使館人員，即澳洲、英國、加拿大、新西蘭及美國。

（續上表）

	內地公辦學校	內地民辦學校	內地外籍人員子女學校	內地台商子弟學校	金門就學方案
備註	1987 年起（廈門） 1996 年起（全國）	1987 年起（廈門） 1996 年起（全國）	1995 年後限制入讀使館人員學校	2000 年開始陸續成立	2002 年起

4.2 創辦挑戰

台商學校在內地發展也面臨很多挑戰，除了第 4.1 章提及在 1990 年代因為兩岸的政策未能協調，令數間台商學校的開辦告吹外，即使獲得兩岸當局承認開辦，仍然面臨一些重要挑戰。當中同樣可以按學校的發展階段劃分為創辦挑戰、營運挑戰及長遠挑戰。就創辦挑戰而言，由於台商學校獲得當地台商支持及台灣地區教育主管部門的政策支援下，台商學校得以在內地發展。另方面，由於兩岸在意識形態、生活習慣等方面的差異較大，台商學校面對課程審查、教師和學生適應也面對一定困難，最後台商學校也有考慮長遠發展的困難，並透過不同方法應對學生人數不穩的挑戰。下文先整理台商學校在創校階段的挑戰。

4.2.1 財政成本

（一）創校資金主要來自當地台商籌集

基於兩岸特殊關係，台灣當局未有直接為台商學校建築費用提供資助，但由於台商學校的發展背後有當地台商積極參與，包括籌募經費，因此它們未有面對太大的困難。例如 1995 年曾計劃建立的深圳台商子弟學校，便是由時任深圳台商協會會長吳盛順自行購買土地發展台商別墅區，並在當中預留 1 萬多平方尺土地興建台商小學和幼稚園。曾計劃開辦的廈門台商學校則由當地的台商蕭琇陽獨資，聘用台灣建築師負責設計和興建。[99]

2000 年創校的東莞台商學校主要由時任東莞台商協會會長葉宏燈推動；當時台商的家人大多留在台灣，他為了協助台商家庭團聚，在發展事業的同時兼顧家庭和子女，因此推動在東莞建立一間與台灣教育接軌的學校。當時創校預算約五億元新台幣，學校獲得兩岸各界的支持，東莞台商協會向各廠商募捐或贊助物資，因此可以順利開學。[100] 從上述的例子可見，在內地的台商積極參與台商學校的發展，他們也樂意一同分擔部分建校開支，因此學校即使無法獲得兩岸政府的資助，也有能力自行籌集資金應付建設學校和初期運作費用的需要。

除了參與集資外，當地的台商均有加入各學校的校董會出任成員，其中東莞台商學校屬非營利性質，校董會成員為無薪酬的榮譽職務；兼任該校董事長的葉宏燈更辭去原有工作，全職投入台商學校工作。上海及華東台商學校的校董會成員可以按學校的情況獲得報酬。[101] 根據台灣地區教育主管部門的規定，台商學校成立的董事會應有三分之一或以上的成員由在內地從事投資或技術合作的團體或其他機構之代表人或員工出任，因此當地的台商除了在啟動階段提供資金外，在往後的發展也會發揮一定影響力。有研究認為台商學校的成功除了內地部門的支持外，台商積極參與、投入、協助突破困難更是成功的關鍵。[102]

99　劉勝驥。2003。中共對台商子弟之教育政策。展望與探索第 1 卷第 4 期。第 64 頁。

100　康韶娟。無私奉獻的教育奇蹟—專訪台商子弟學校葉宏燈學長。

101　康韶娟。無私奉獻的教育奇蹟—專訪台商子弟學校葉宏燈學長。第 184 至 185 頁。及蔡佳雯。2008。政府對台商學校政策現況。

102　林瑞雯。2007。大陸地區台商學校之現況與展望。展望與探索。第 5 卷第 6 期。97 至 114 頁。

（二）台灣地區教育主管部門就營運資金作出資助

雖然在內地的台商學校從當地台商籌集到資金，但仍然需要面對運作開支的壓力。由於台商學校的教科書和教材需要通過審查，加上需要以較高薪酬穩定內地教師團隊，因此辦學成本較高，學校只能選擇提高學費水平，以達到收支平衡。不過這樣可能影響學生就讀意願，不利學校長遠發展。

基於兩岸特殊關係，台灣當局未有一如其他台灣學校一樣，直接補貼台商學校的設備經費。但台灣地區教育主管部門根據《台商學校輔導辦法》及《教育部補助大陸地區台商學校實施要點》，為內地的台商學校提供財政資助。台灣地區教育主管部門提供資助的理由，包括照顧台商子女教育、協助學校健全發展，並作為吸引在內地的台灣學生轉讀台商學校的誘因，以讓學生銜接台灣教育，除此之外，學校也要承擔傳承中華文化的任務。[103]

現時台灣地區教育主管部門主要為內地的三所台商學校提供以下資助：[104]

1. 每學年給予每名學生 35,000 元新台幣的學費資助（根據華東台商學校的簡介，補助每學期會在向台灣地區教育主管部門呈報學籍後，換算成人民幣直接發給家長）。[105]
2. 每學年補助部分教師回台交通費及安排代課的費用，以鼓勵台商學校的教師回台灣參加培訓活動 。
3. 學校推行課程及教學特色發展計劃或與台灣地區交流計劃，例如在 2014 年度共補助 3 間台商學校 1,500 萬元新台幣「美感教育」，推動

103 蔡佳雯。2008。政府對台商學校政策現況；教育部。2020。教育部補助大陸地區台商學校實施要點；公立學校退休教職員再任境外台校不受停發月退休金規範之限制符合退撫條例之立法意旨。

104 教育部。2020。教育部補助大陸地區台商學校實施要點；教育部。2020。近年輔導大陸地區台商學校成果。

105 華東台商子女學校。2020。招生資訊。

相關設備改善計劃。

4. 補貼學生團體保險費用。
5. 按台商學校需要，安排借調台灣公立學校教師，並由台灣當局作出補貼（過去數年每年約安排 10 名教師，每學期約涉及 500 萬元新台幣）。
6. 因應課程內容按內地當局要求刪改，安排學生暑期回台灣補課，相關費用由台灣地區教育主管部門補貼，每年約 600 萬至 700 萬元新台幣。

上述由台灣當局提供的資助針對個別課程發展計劃，以及透過借調公立學校教師到台商學校的薪酬支出，協助他們穩定教師團隊，在一定程度上減少台商學校的財政負擔，亦為他們提供較穩定的財政來源，有助學校作出較長遠的規劃。至於為學生提供學費補助的措施，可以抵銷學費較高所帶來的部分影響，吸引更多學生報讀學校，為學校提供較為穩定的學生來源。學校同時也有更多資源改善教學及教師團隊，亦可以安排學生在暑假回台灣學習，補充被內地當局刪改的課程內容。[106]。

（三）資助內地台商學校引起的爭議

台灣地區教育主管部門對內地台商學校的補助程度少於台灣的公立學校，但受資助模式已引起一定爭議。由於在 2011 年以前，台灣地區教育主管部門對本地高中或高職（高級職業學校，現稱技術型高中）的學生每年補貼金額只為 10,000 元新台幣，低於當時對台商學校每年 30,000 元新台幣的補助。[107] 台商學校獲得的資助水平優於本地學生，引起台灣家長團體的不滿。有評論文章更指出台商學校學生來自經濟狀況相對較佳的家庭，但政府仍額

106 教育部。2020。教育部補助大陸地區台商學校實施要點；教育部。2020。近年輔導大陸地區台商學校成果。

107 自 2011 年起台灣地區教育主管部門將逐步推行 12 年免費教育，為家庭年收入低於 148 萬新台幣的高中學生免學費。

外提供補助，並不符合教育公平原則。[108]

對台商學校的財政規管措施亦引起關注。有台灣立法委員曾指出，內地和海外台商學校均接受當局的財政資助，但相關學校未有建立內部控制制度，外界無法有效監督學校財務狀況。因此有意見認為學校需要訂出中長期計劃，以及財務運作和監督機制。[109] 其後台灣當局於 2016 年修訂《台商學校輔導辦法》，明確要求學校建立內部控制機制，對人事、財務等自我監督，條文亦規定學校需要將經會計師查核及董事會通過的財務報告提交台灣地區教育主管部門審查。但台灣地區教育主管部門亦指出由於台商學校位處內地，《私立學校法》的要求無法完全適用於台商學校。[110]

4.2.2 政策規架

第 4.1 章提及，由於無法平衡兩岸當局對台商學校的政策和法規要求，有台商學校的辦學計劃被逼終止，有意開辦的台商也要於兩岸相關部門間多次溝通才獲批准開辦學校。其後兩岸當局先後修訂法規，為台商學校的發展訂下更清晰的框架，台商學校可以跟隨相關法規辦學，台灣方面的法規亦為台灣地區教育主管部門提供的資助提供法律基礎。現時在內地的台商學校受內地方面《中華人民共和國台灣同胞投資保護法實施細則》及台灣方面《大陸地區台商學校設立及輔導辦法》規管，其中台灣地區教育主管部門將台商學校定位為私立學校，部分規定參照台灣《私立學校法》制定。[111]

108 蔡佳雯。2008。政府對台商學校政策現況。
109 立法院教育及文化委員會。2014。第 13 次全體委員會議議事錄。第 11 頁。
110 全國法規資料庫。大陸地區台商學校設立及輔導辦法部分條文修正條文對照表。
111 教育部。2014。立法院第 8 屆第 7 會期第 14 次會議議案關係文書。第 1794 頁。

（一）內地法規：台灣同胞投資保護法實施細則

現時台商學校在內地辦學的法律基礎為《台灣同胞投資保護法實施細則》的第 15 條，該條容許台灣投資者或投資企業協會可以在台商投資集中的地區，申辦台商子女學校，[112] 條文亦規定學校需要受當地教育部門監督，但未有提出實際規管要求。[113] 按台商學校的實際經驗，內地部門的監管包括對教科書的嚴格審查，有關內地當局的實際要求會於第 4.3 章詳述。

（二）台灣法規：大陸地區台商學校設立及輔導辦法

台灣地區教育主管部門根據《私立學校法》第 86 條為基礎，[114] 制定《大陸地區台商學校設立及輔導辦法》[115]（下稱台商學校輔導辦法），詳細規定對台商學校的要求，包括創辦人 / 機構需要向台灣地區教育主管部門提交籌設學校計劃。該辦法亦規定學校校長及董事會成員需要由台灣地區居民出任，並且要求當地台商代表及具台灣教學經驗的人士各佔董事會最少三分一。若被內地有關部門刪改教科書內容，學校需要向教育部及陸委會報告，並需要採取補救措施。學校也需於每年指定時限前向台灣地區教育主管部門提交招生辦法、簡章及名額。學校亦需要將師生名冊、畢業生名冊（包括升學狀況）等提交台灣地區教育主管部門備案。台商學校輔導辦法亦就上文提及的台灣地區教育主管部門對台商學校的資助作出規定，若台商學校違反規定，台灣地區教育主管部門有權下令作出改善，否則當局會停止向學校提供財政補助。

台商學校輔導辦法有部分呼應了第 4.2 章提及台灣當局的要求，其中台

112　根據內地的法規稱這些學校為「台胞子女學校」，但為方便理解，下文將統稱台商子女學校

113　國家市場監督管理總局。2020。中華人民共和國台灣同胞投資保護法實施細則

114　2010 年以前依照《台灣地區與大陸地區人民關係條例》第 22 條制定，其後改為依照《私立學校法》第 86 條作為基礎。全國法規資料庫。2014。《私立學校法》。

115　全國法規資料庫。2016。大陸地區台商學校設立及輔導辦法。

商學校的校長及董事會成員必須由台灣地區居民出任，符合當初台灣當局提出的「底線」。另外也規定學校需要使用台灣課程和教材，但若被內地當局要求刪改需要向台灣地區教育主管部門及陸委會匯報，並安排補救措施，因此內地當局即使對教材有要求，也不至於令學校無法開辦。

總括而言，台灣方面的規例明確訂明在內地的台商學校的定位，台灣地區教育主管部門視學校為私立學校，並規定學校必須要通過台灣地區教育主管部門的備案才能以台商學校名義招生，就讀於台商學校的學生的學歷可以獲得台灣地區教育主管部門承認，直接回到台灣升學，無須如其他內地學校畢業的台灣學生一樣，要經當局的認證。台灣地區教育主管部門也基於相關法規帶來的法理基礎，可以向台商學校提供第 4.2 章提及的財政支援，並規定他們若違反特定要求，將被取消財政資助。內地方面也明確透過法例訂明開設台商學校及作出規管的基礎，但實際規管措施如教材審查則未有在法規中訂明要求。

4.3 營運挑戰

4.3.1 內地對學校的日常規管

基於兩岸的意識形態和規管要求等種種原因，台商學校在應對內地對台商學校的規管存在一定的困難，其中教科書審查更可能嚴重影響學生的學習進度，並對學校的運作帶來負擔。

（一）日常運作

內地對台商學校的規管嚴格，包括校長、師資、學籍、教材、宿舍、收費等都予以嚴密監管。雖然內地容許台商學校的校長由台灣地區居民出任，以符合台灣當局的規定。但內地省級教育部門會委派一位副校長作為該校的「合法校長」，初期主要處理學校與地方教育部門的關係，但可能會在台灣校長拒絕配合內地要求時接任校長。[116]

台商學校也可能要應對兩岸當局存在矛盾的要求，例如 2004 年上海台商子女學校提交辦學申請，計劃 2005 年開學，內地初時要求學校名為上海「台胞」子女學校，但未被台灣地區教育主管部門接納，最終上海台辦同意改為上海「台商」子女學校，學校終於 2007 年獲台灣地區教育主管部門批准成立。[117]

（二）教科書審查[118]

內地對教材的審查一向嚴格，由於兩岸的意識形態以至歷史觀等都存在差異，因此內地當局嚴格監管和審查台商學校的教科書和教材。台商學校的教科書和教材一般直接從台灣訂購，部分教科書因為內容敏感不能使用，尤其涉及台灣歷史、地理以及三民主義等題材，其餘教材中的敏感字眼需要刪改才能使用（例如「民國紀元」、「總統」等字眼或在歷史年表中加入「中華民國到 1949 年，1949 年 10 月 1 日改為中華人民共和國」）。

由於教科書需要通過審查，學校需要安排教職工在暑假在教科書上以墨汁塗改被要求刪改的內容，因此令台商學校準備教材的成本上升，更可能在開學後未能取得教科書。2006 年東莞台商學校選用的台灣史教科書被廣東省教育廳指立場偏頗篇幅太多，要求更換教科書，但學校來不及更換，結果整個學期沒有教科書可用，教師要編教材授課。由於課本訂購和通過審查較

116 劉勝驥。2003。中共對台商子弟之教育政策。展望與探索第 1 卷第 4 期。66 頁。

117 林瑞雯。2007。大陸地區台商學校之現況與展望。展望與探索。第 5 卷第 6 期。101 頁。

118 劉勝驥。2003。中共對台商子弟之教育政策。展望與探索第 1 卷第 4 期。、林瑞雯。2007。大陸地區台商學校之現況與展望。展望與探索。第 5 卷第 6 期及陳鏗任、吳建華。2006。是故鄉，還是異鄉？從東莞台校學生的學習經驗看台商子女的身份認同意象。師大學報：教育類；51 卷 2 期。第 173 至 193 頁。

為困難，加上需要為學生補充被刪改的內容，有台商學校的教師選擇製作講義輔助學生學習，因為內地當局沒有對講義內容進行審查，因此可以減低對學生的影響。[119] 教科書部分字眼被塗改，甚至有部分教科書未能使用影響了學生學習，為確保學生能完整學習課程，台灣地區教育主管部門資助台商學校每年暑假期間安排學生回台灣補課及實地考察。[120]

（三）台商學校政策出現演變

如第 4.1 章所述，早於 1994 年，內地當局開始推動成立台商子弟學校，作為吸引台商投資的配套措施。但早期因為兩岸相關部門未能就課程和校長任命等安排取得共識，遲至 2000 年待兩岸當局就相關議題取得共識後，才有第一間獲兩岸承認的台商學校在東莞成立。在 2007 年位於上海的台商學校開辦後，該校負責人曾透露內地當局表示不會再批准新的台商學校申請，該校將會是最後一間獲批准設立的學校。其後國台辦於回應記者提問時指出內地當局沒有説過以後不再批准新建台商子女學校，辦學申請將會取決於該地區的台商是否有需求。[121] 截止 2021 年未有再開辦新的台商子女學校，但華東台商子女學校成立了三個新校區，最近一次為於 2017 年成立的南京校區。[122]

---

119 我的課本都被貼紙貼起來了？：玻璃殼下的小溫室——台商子女學校。

120 教育部。2020。近年輔導大陸地區台商學校成果。

121 聯合報。2007。「上海台商子女學校，我准設立，中共告知：最後一所」，2007 年 4 月 21 日，第 15 版。及中國新聞網。2007。國台辦否認將不會核准新設的台商子女學校法。

122 華東台商子女學校。2021。華東台商子女學校大事記。

4.3.2 發展教師團隊

（一）台商教師流動較大

台商學校聘請台灣教師擔任主科教師，而藝術、體育科教師以及生活輔導教師則聘用內地教師擔任。大部分台灣教師從台灣公立學校借調，亦有部分台灣教師辭職或在退休後前往內地台商學校任教。有研究指出由於台商學校教師身在異地較難適應、家長期待較高、加上需要在學校寄宿，肩負輔導學生生活的職責等原因，教師的工作壓力較在台灣的學校任教大，因此有部分台灣教師工作 1 年便選擇離職，加上借調至台商學校的教師也有工作年期限制（一般為 2 年最多可延長 1 年），因此令台商學校教師團隊變動頻繁，東莞台商學校的流失率達 20%，對塑造學校管理文化帶來困難。[123]

此外，基於台灣原有法例規定，前往內地逗留超過半年的退休教師，會被暫停每月發放退休金，影響教師退休後在內地工作的意願。台灣地區教育主管部門於 2018 年修訂相關條例，訂明任教於境外（包括海外及內地）台商學校的退休公立學校教師不會被暫停退休金。台灣地區教育主管部門表示，考慮到台商學校聘用教師困難，甚至每年要辦理三次以上的招聘，空缺長期無法填補，而退休教師是境外台商學校的重要師資來源，期望透過上述安排，穩定學校師資，以維持教師質素和學校長遠發展。[124]

由於東莞台商學校被視為「境外學校」，受聘於學校的內地教師需要向「廣州市友誼對外勞動服務管理公司」繳交每月 150 元至 300 元人民幣的管理費。東莞台商學校的校長曾指出，這些內地教師地位不明確，期望將受僱於該校的內地教師納入內地教育體系，以便他們日後轉到其他內地學校任教

123 吳建華、陳鏗任。2011。經濟全球化下台灣海外學校的挑戰與因應：以東莞台商子弟學校為個案。教育研究與發展期刊。第七卷第三期。第 181 至 214 頁。

124 公立學校退休教職員再任境外台校不受停發月退休金規範之限制符合退撫條例之立法意旨。

時可以銜接工作年資。[125] 這些制度上的差異也會影響學校對內地教師的吸引力。

總而言之，台商學校的教師團隊面臨較頻繁的變動，流失率較高，空缺長期無法填補，難以建立穩定的教師團隊，更有可能會影響教學質素。台灣地區教育主管部門為了協助學校穩定教師團隊，除了借調公立學校的教師外，也鼓勵退休教師到台商學校任教。

（二）學校不同教師團隊的磨合問題

台商學校的教師來自不同背景，包括內地、台灣和海外教師，來自台灣的教師又分別由借調自公立學校的年輕教師以及剛退休的教師等。根據東莞台商學校的經驗，這些來自不同背景的教師對工作有不同期望：來自台灣的年輕教師以拓展視野為目的到內地任教，只計劃短期任教；退休教師期望在退休後尋找較輕鬆的工作，因此現實與期望出現落差會選擇離職；由於台商學校的資源主要集中在台灣師生上，部分內地教師感到次等，缺乏認同；對外籍英語教師來說，多以「過客」心態在各國遊歷和工作，不會視台商學校為歸宿。因此東莞台商學校的教師出現台灣、內地和外籍教師三個相互疏離的族群。[126] 東莞和華東台商學校均花了一定時間才能磨合教學團隊。由於兩岸的意識形態差異，學校方面也提醒台灣教師日常交往避免提及敏感政治議題[127]。

---

125 劉勝驥。2003。中共對台商子弟之教育政策。展望與探索第 1 卷第 4 期。第 66 頁

126 吳建華、陳鏗任。2011。經濟全球化下台灣海外學校的挑戰與因應：以東莞台商子弟學校為個案。教育研究與發展期刊。第七卷第三期。第 199 頁。

127 劉勝驥。2003。中共對台商子弟之教育政策。展望與探索第 1 卷第 4 期。第 67 頁

（三）台灣和內地教師的教學習慣差異

除了期望或習慣外，內地和台灣教師在背景、教學觀念、管理方法等方面都存在較大差異，也影響他們與學生的互動。有研究訪問東莞台商學校的學生對教師的觀感，發現他們與來自兩岸的教師互動有顯著差異。學生感到負責主科的台灣教師授課較為生動活潑，而且較為親切，了解學生的想法和需要，能夠以較適合他們的方法進行教學和輔導。台商學校藝術和體育等科目由內地教師負責，但這些來自廣東省和鄰近省份的內地教師和台灣學生磨合出現困難。內地教師認為台灣學生過於活潑，不尊重教師的權威，台灣學生則認為內地教師嚴格、呆板、口音較重，令台灣學生較難適應。[128] 除了不同背景的教師之間需要磨合外，師生之間互相適應也十分重要，若他們之間未能互相適應，更有可能會影響教學質素。

4.3.3 學生培養

（一）台商學校適應課程和校園生活有差異

台商學校的轉校生來源廣泛，在 2010 年佔全校人數約 10% 至 20% 的轉校生中，分別就讀於台灣和內地的學校，各有不同課程和教學模式，因此適應台商學校的學習有一定困難。具體而言，來自內地學校的學生混淆繁體和簡體字，英文科和歷史科史實學習進度存在差異；原本就讀台灣學校的學生則在團體生活和文化適應等有問題，學生的學習進度出現差異，而且有教學困難。東莞台商學校安排銜接課程及心理輔導活動作為補救措施，但這些額外活動同時增加了辦學的負擔。[129]

---

128 陳鏗任、吳建華。2006。是故鄉，還是異鄉？從東莞台校學生的學習經驗看台商子女的身份認同意象。師大學報：教育類；51 卷 2 期。第 186-187 頁。

129 吳建華、陳鏗任。2011。經濟全球化下台灣海外學校的挑戰與因應：以東莞台商子弟學校為個案。教育研究與發展期刊。第七卷第三期。第 200 頁。

除了課程適應外，學生在適應當地校園生活時也遇到困難。台商學校的學生大部分在學校寄宿，但由於部分台商家長忙於工作，子女的管教大多託於褓母代勞，令子女出現缺乏責任感、我行我素等行為問題，在學生寄宿生活時對其他同學造成影響。該校甚至因為行為問題加上學習進度不佳，開除了十名學生。另外台灣學生要適應內地生活相當辛苦，包括輔導教師軍事化的生活管理，加上部分家庭設在工廠內，使學生生活較為苦悶。因此有研究認為台商學校的教師需要較一般教師更有耐心和愛心，並要加強和家長溝通，邀請他們參與學校的活動，協助學生成長。[130]

（二）學生的未來發展

台商學校的另一個困難在於如何在內地平衡學生對內地和台灣的認識。一方面有研究認為境外台商學校提供的台灣的課程和學習環境，有助學生將來銜接台灣的課程和生活。不過由於學生均來自台灣，校園生活抽離當地社區，令學生缺乏對當地文化的體驗，阻礙學生融入當地文化，對有意長期在內地生活的學生帶來不利的影響。東莞台商學校一直思考如何提供兼顧「在地化」和「國際化」的教學環境。[131]

另一方面，亦有研究認為雖然台商學校採用台灣教師和教材，但校舍位於內地，教學時無法配合校外環境，例如在教授台灣當地文化或昆蟲時，教學互動存在困難。學生亦難以掌握台灣時事，因此學生社會科的學習特別困難。台商學校每年利用暑假安排學生回台補課，但由於與生活和時事相關的題目在升學試題的比重日漸上升，該研究指出對內地台商學校的學生存在不

130 劉勝驥。2003。中共對台商子弟之教育政策。展望與探索第 1 卷第 4 期。第 67 頁

131 吳建華、陳鏗任。2011。經濟全球化下台灣海外學校的挑戰與因應：以東莞台商子弟學校為個案。教育研究與發展期刊。第七卷第三期。第 200 頁

公。[132] 可見，台商學校在如何令學生同時對內地和台灣有足夠的認識，協助他們日後升學發展確實存在困難。

學生未來的入學途徑亦引起關注，由於台灣地區教育主管部門提出資助內地台商學校的其中一個理由是為了學生未來順利銜接台灣學制，因此學生實際回台灣升學的比率備受關注。有台灣地區民意代表指出，內地台商學校學生高中畢業後回台升學人數比率（79%）較海外台商學校的比率（89%）低，認為學校需要制定中長期方案。台灣地區教育主管部門回應指內地台商學校回台升學的比率逐年提升，而且內地當局也針對台灣學生推出優惠措施，吸引台灣學生留在內地升學，台灣地區教育主管部門會透過提升台商學校的教師質素和教學環境，提升學生的水準，培養學生的全球移動能力。[133]

4.3.4 公開考試

（一）兩岸協商下在內地舉行台灣大學入學試

台商學校提供12年制的課程，並安排學生參加台灣的大學入學考試——大學學科能力測驗（簡稱學測）。學測每年安排在1月初，分兩天進行（2022年起將改為3天）。在2012年以前，在內地的台商學校就讀的學生需要回到台灣應考，對考生造成較大壓力和負擔。

經兩岸相關部門協調後，2012年起在東莞和上海的台商學校分別設立考場，讓台商學校的學生應考，並就考試工作人員出入境作出特別安排。台灣地區教育主管部門重視考試試卷的保密，不容許考試人員以外的人士接觸試卷。因此考試試題由台灣人員於考試前兩天從台灣隨身攜帶至內地試場，

132　林瑞雯。2007。大陸地區台商學校之現況與展望。展望與探索。第5卷第6期。97至114頁。

133　教育部。2014。立法院第8屆第7會期第14次會議議案關係文書。第1794頁。

入境時無須接受內地海關檢查，可以直接將試題運至試場保存，在考試當天在內地海關人員目視檢查沒有試題以外的物品後，將試題拆封隨即進行考試。考試完成後同樣在內地海關人員見證下貼上封條，在出境時無須接受海關檢查，[134] 避免試題提早外洩，造成不公平的現象。

（二）疫情下如常安排內地試場

受新型冠狀病毒疫情以及兩岸各自檢疫措施影響，2021 年年初舉行的學測一度未能確定是否能夠如期在內地試場進行，台灣方面指若內地因為防疫要求拆封試卷和有嚴格防疫措施，將會取消內地試場，而由於內地和台灣試場使用同一份試卷，若試卷遭拆封，基於公平性考慮，台灣本地的考試也將延期。

最終在兩地政府協調下，安排台灣工作人員分兩批到內地工作，第一批提早出發，以便在隔離期結束後在試場工作，第二批人員攜帶試題，在考試前兩天才前往內地，並與第一批人員交接試卷。考試工作人員在內地和台灣接受隔離的時間合計 30 多天。內地台商協會協助安排工作人員在內地的隔離地點，並為他們安排額外餐飲，抒解他們接受防疫期間的壓力，以保持最佳身心狀態進行考試工作。根據負責舉辦學測的台灣大學考試中心公佈，一般情況下內地考場費用約為 300 萬元新台幣。受疫情影響，2021 年的費用增加至 1,500 萬元新台幣。[135]

134　大學入學考試中心。2012。101 學測大陸考場試務紀要［選才 第 211 期 101.3.15］。

135　李忻嫚。2021。大陸考場如常運作　台商子女安心應考。財團法人海峽交流基金會；聯合新聞網。2020。大陸考場學測試題若被陸方提前拆封 13 萬考生一併延。

4.4 長遠挑戰

4.4.1 台商學校學生來源

（一）學生流動性

台商學校面對的另一個問題是學生流動性較大，為學校的長遠發展帶來不確定因素。學校的學生來源受多項因素影響，首先由於學生的父母於當地的台商工廠工作，因此整體經濟和工廠的營運環境對學校的學生來源有間接的影響。例如在 2007 至 2010 年間，在內地的台商先後面對內地勞工權益及企業稅法例修訂、美國次按危機及金融海嘯帶來的衝擊，以及 2010 年內地沿海城市缺工潮等因素影響，令台商考慮其他更有利的生存環境。[136] 若他們遷移工廠或改變投資規模，台灣員工數目將會減少，為台商學校的學生來源帶來威脅。

除此之外，台商學校更需要和內地其他外籍人員子女學校、民辦學校以至公辦學校的競爭。部分台商家長也可能為了讓孩子適應內地生活而選擇入讀當地民辦學校，令台商學校面臨學生來源壓力。師生流動性較高令師生之間需要不斷互相適應，對學校管理、教師任教意願和學生情緒帶來影響。[137]

（二）應對方案

由於學生來源會受台商在當地的營商環境等因素影響，台商學校學生來

136 吳建華、陳鏗任。2011。經濟全球化下台灣海外學校的挑戰與因應：以東莞台商子弟學校為個案。教育研究與發展期刊。第七卷第三期。第 197 頁。

137 吳建華、陳鏗任。2011。經濟全球化下台灣海外學校的挑戰與因應：以東莞台商子弟學校為個案。教育研究與發展期刊。第七卷第三期。第 198-200 頁。

源較不穩定，因此學校為了長遠發展，及早制定了應對方案——透過拓展課程內容、開辦國際課程和加強招收推廣等方法拓展學生來源。

以東莞台商學校為例，該校利用校內原本師生提供探索教育課程的生命力學習營地設施，於長假期為其他學校和當地企業提供教育訓練服務，透過舉辦以台商家庭為對象的親子活動作為學校的招生宣傳平台，營地更作為文化交流平台，推動校際交流及推銷台灣文化。學校為增強採用台灣課程的優勢，向台灣當局爭取成立「台灣書院」和充實台灣圖書資源、設立全民英檢考場以及成立國際推廣教育中心，拓寬學生海外升學渠道。學校亦於 2009 年初，在九個珠三角城市進行訪問，了解當地台商子女數量和教育需求，並向他們宣傳東莞台商學校的特色。最終，2010 年度的轉校生主要來自珠三角各城市。[138]

上述一系列措施均反映東莞台商學校考慮到學校長遠發展，需要作出多元化規劃，提供更豐富的課程和升學選擇，拓寬收生範圍以吸引更多學生報讀，同時他們亦有利用學校本身的優勢，為各界人士提供培訓服務，向潛在學生來源進行推廣，也作為推廣台灣文化的平台。

近年就讀三間台商學校的學生人數大致穩定上升，由 2009 年的 3,035 人上升至 2019 年的 5,566 人，其中東莞台商學校的就讀學生人數最多，由 2009 年的 1,769 人上升至 2019 年的 2,449 人。[139]

4.5 小結

自內地改革開放以來，在各地設廠的台商數目愈來愈多，他們的子女入

138 吳建華、陳鏗任。2011。經濟全球化下台灣海外學校的挑戰與因應：以東莞台商子弟學校為個案。教育研究與發展期刊。第七卷第三期。第 201-203 頁。

139 教育部。2020。近年輔導大陸地區台商學校成果。

學成為各界的關注焦點，內地方面希望以此作為吸引台商的措施，台灣方面希望台商及其子女的需要，尤其他們日後回台灣升學和生活的適應問題。在 1980 至 1990 年代，內地政府已經以「就近入學」的政策，取錄台商的子女入讀當地公辦學校，但部分台商因為課程和適應問題，安排子女入讀外籍人員子女學校。其後於 1995 年，內地對台灣學生入讀這些學校的措施收緊，促使台商自行籌建台商子弟學校。內地的台商學校的發展經驗時間相對較長，借此了解到在內地開辦學校可能遇到的困難，兩岸當局以及學校本身提出了不同措施回應這些困難，也值得參考。主要觀察如下。

（一）財政來源

台灣當局未有直接就學校的建築設備提供財政資助，因此台商學校需要自行籌集建校開支的資金。學校獲當地設廠的台商支持發展，其中東莞台商學校的創校資金有一部分便是從當地台商協會籌集而來，三間台商學校成立後台商的代表也會出任董事會成員，在台商學校的發展過程中有重要角色。

由當地台商籌集資金建校後，台商學校也要面臨收支平衡的難題，在內地辦學的教材及薪酬成本較高，學校只能提高學費水平，但又會令學生卻步。台灣地區教育主管部門為了照顧台商學生的需要，讓他們銜接台灣課程，因此為學校和學生提供恆常財政資助。每名學生每年可以獲得 35,000 元新台幣的學費補助，當局也會為學校的特定專題項目提供資助，並因應學校位處內地的特殊情況，安排台商學校的教師和學生回台灣培訓和補課，以及借調公立學校的教師並資助相關費用。

（二）台灣當局的資助基礎

台商學校必須要向台灣地區教育主管部門備案才能成立並獲得上述資助，現時有三間台商學校完成備案，其學生若要回到台灣升學可以直接以台商學校的學籍申請（升讀大學也可以直接在原校報考入學試），相對而言，其他一般內地學校就讀的台商學校學生需要向有關單位申請學歷認證；因此即使一般內地的學校取錄台灣學生或提供課程，其學生的學歷也不會直接獲得台灣當局承認。

台商學校需要採用台灣的課程及教科書，校長及董事會成員必須由台灣地區居民出任，其中董事會成員應包含當地台商代表及具有台灣教育經驗的人士，各佔最少三分之一。學校行政方面，學校需把招生辦法、師生和畢業生名冊（包括升學狀況）提交予台灣地區教育主管部門。學校的財政狀況也受監管，除了須設立內部監控制度外，也需要每年提交經會計師審核並經董事會通過的財務報告。台灣地區教育主管部門以相關條文為基礎，為學校提供財政資助，不符合要求會被暫停財政資助資格。

相關法規亦會隨着實行情況作出調整，例如因應台灣社會關注台商學校的自我財務管控的關注，台灣地區教育主管部門於 2016 年修訂條文，要求學校就人事、財務等建立內部控制制度。

（三）兩岸當局的規管措施矛盾

台商學校同時受內地和台灣當局的規管。兩岸當局就校長的居民身份、課程及教材等要求互有衝突，令台商學校難以處理，早期的台商學校開辦計劃更因此而告吹。現時兩岸當局制定相關條文，為台商學校提供了法律基礎，也明確了兩岸部門對學校規管要求的「底線」，令學校得以開辦。台灣地區教育主管部門的規例要求學校的校長必須由台灣地區居民出任，內地當局也同意此安排，但當地教育廳會安排一名人員作為學校的「合法校長」。內地當局要求對台商學校使用的教科書進行審核，台灣地區教育主管部門的規例要求學校在遭到內地部門刪改教科書時向台灣當局備案，並安排學生回台補課作為補救措施。兩岸當局在上海台商學校開辦時曾就學校的名稱有爭議，最終內地方面讓步，學校才得以開辦。可見現時在規例下，台商學校可以知道如何同時遵守兩岸當局的要求，順利營運學校。

（四）內地當局的規管措施

內地對台商學校的架構、行政以及教材使用等方面都有嚴格的限制和規定。內地部門會委派副校長以「合法校長」身份駐校，處理與政府部門的溝通事務。教材方面，所有具敏感課程或字眼的教科書不獲准使用，教材審批對學校帶來額外的負擔。由於審批程序需時，更可能導致開學前未能取得教科書，影響學生的學習進度，學校每年會在台灣地區教育主管部門資助下安排學生在暑假回台灣補課。

另外，自 2007 年位於上海的台商學校創辦後，曾轉達內地有關部門指該校會是最後一間獲批的台商學校，而國台辦回應辦學申請取決於該地區的台商是否有需求。至今除了現有學校新建校區外，未有新的台商學校成立。

（五）學生來源和師生適應問題

台商學校的教師和學生均來自不同背景，他們在內地的台商學校適應方面遇到以下問題：

a) 教師團隊包括來自台灣、內地和海外，當中又有年輕教師和退休教師，各自對工作有不同期望，出現三個不同組群，需時磨合。由於部分教師借調自台灣的學校，又有部分教師因為工作壓力或個人規劃等原因而辭職，令教師團隊流失率偏高。台灣地區教育主管部門也修訂規例，令退休教師受聘於台商學校無需停發退休金，協助穩定教師團隊。

b) 轉校生原本就讀於內地或台灣的學校，學習進度有一定差異，令教學存在困難。學校需要加以個別輔導，但同時亦增加辦學負擔。

c) 部分學生由於家庭背景（家長依賴保母照顧令學生缺乏責任感）、未能適應校園生活等種種原因，在學校出現行為問題甚至影響其他同學，學生需要加強輔導。

d) 學生與來自台灣和內地的教師相處有差異，他們較適應台灣教師的授課，認為台灣教師較能理解他們的需要。相對而言內地教師則較為嚴格和呆板，令他們較難適應。

e) 台商學校就平衡學生對內地和台灣的認識也有一定困難。台商學校提供台灣課程，但由於學校位處內地，難以認識台灣社會或掌握台灣時事，學生學習社會科存在一定困難。台商學校的學生因為校園封閉的環境，缺乏認識內地社區的機會，他們難以融入當地文化，不利學生將來在內地的生活。

（六）學校長遠發展

台商學校的學生來源主要是當地設廠的台商或其職員的子女，他們可能隨着父母的調職原因而需要轉校，台灣廠商會受經濟情況和內地規管等影響，改變在當地發展的規模，令學生需求減少，部分台灣學生也可能會選擇入讀其他學校，從而令台商的學生來源變得不穩定。

台商學校為擴大學生來源，一方面開辦國際課程，擴闊學生的升學渠道，另一方面亦於鄰近城市進行探訪，了解當地台商子女的學習需要，學校更利用本身教學的經驗和設施為當地的學校和企業開辦探索訓練課程，進行招生同時又推廣台灣文化。

表 8.9 台商子女在內地入學及台商學校發展過程

年份	事件
1987 年	• 廈門市制定台商子女就近入學政策，他們可以在廈門市教育局安排下以借讀生身份入讀當地公立學校
1994 年	• 有台商於深圳籌備台商學校，但因為未能在課程、校長任命等事宜同時取得內地和台灣當局的同意，因此未能建校
1995 年	• 廈門市准許設立台商學校：「廈門集友（私立）台灣子弟學校」獲准招生，但首年只有 8 名台商子女入學 • 內地突然嚴格執行領事人員學校政策，禁止香港和台灣學生入讀專門招收領事人員子女的學校
1998 年	• 廈門市教育局取消「廈門集友（私立）台灣子弟學校」執照，學校停辦
2000 年	• 東莞台商子弟學校獲內地准許聘用台灣校長後正式成立；但廣東省教育廳派駐官員出任名義上的「合法校長」
2001 年	• 華東台商子女學校於江蘇省昆山市成立
2003 年	• 台灣地區教育主管部門公佈《台商學校輔導辦法》，規範內地台商學校的開辦、運作及台灣地區教育主管部門的支援措施事宜
2005 年	• 台灣地區教育主管部門公佈《教育部補助大陸地區台商學校實施要點》，規定對內地台商學校的財政資助
2007 年	• 上海台商子女學校在上海台辦同意以「台商」而非「台胞」為名後獲台灣地區教育主管部門批准成立，為至今（2021 年）最後一間新成立的台商學校（華東台商學校曾於 2017 年建立其他校區）
2008 年	• 內地公佈《關於進一步做好台灣同胞子女在大陸中小學和幼兒園就讀工作的若干意見》，規定台灣學生在內地享受當地居民同等學費待遇
2012 年	• 首次在內地設立台灣「大學學科能力測驗」試場，並在兩岸協商下就試卷運送的海關檢查作出特別安排

4.6 比較港人子女學校和台商子弟學校

表 8.10 台商子弟學校和港人子女學校比較

主題	台商子弟學校	香港 — 港人子女學校（以深圳培僑為例）
法規來源	內地法規： 《台灣同胞投資保護法實施細則》	內地法規：未有專屬條文 「參照」《外籍人員子女學校》的原則審批 （註：深圳培僑以民辦學校性質開辦）
	台灣法規： 《大陸地區台商學校設立及輔導辦法》（源於《私立學校法》）	香港法規：無相關條文
創校資金來源	當地台商協會協助募捐	合作伙伴提供
恒常開支資助	學生學費補助（每年每人 $35,000 新台幣） 學生團體保險 資助教師回台灣培訓相關費用 借調台灣公立學校教師 特色發展計劃資助 資助學生暑假回台灣補課	無
學校管理架構規定	內地要求：省教育廳會派出人員出任副校長（即學校「合法校長」）	內地要求：需要委任黨委書記
	台灣要求：校長要由台灣地區居民出任、董事會成員要包括當地台商代表及具台灣教育經驗的台灣地區居民（各佔最少三分一）	香港要求：無

（續上表）

主題	台商子弟學校	香港 — 港人子女學校（以深圳培僑為例）
政府監管角色	部門：台灣地區教育主管部門 創校時要先申請備案 每年提交招生章程、師生及畢業生名冊、經會計師查核的財務報告 違反規定可被停止財政補助	無
課程	台灣地區教育主管部門規定採用台灣課程及教材	香港教育局無規定，自行跟隨香港課程
教材	需經內地審批 教材內容受顯著影響，歷史地理課程不能教授、台灣相關字眼要刪改	需經內地審批 自行稍為調整課程後無被要求刪改
教師	台灣教師（主科，自台灣借調或聘用退休教師） 內地教師（體育、藝術科）	香港教師（香港課程、深圳市教育局豁免部分教師取得內地教師資格） 內地教師（體育、文化科）
公開考試	2012 年起設立內地試場，試卷可豁免海關檢查	無內地試場
學生來源	當地台商或員工的子女（台灣居民）	香港居民（香港課程） 內地居民（內地課程）
學費	13,850 至 20,150 元人民幣 / 學期（每學期台灣教育補貼 4,375 元人民幣）[140]	48,000 至 55,000 元人民幣 / 學期

140 https://p20.city12580.com/ask/2020/9/7/20200907023613567.jpg。

第五章
總結

5.1 研究總結

5.1.1 對港人學校存在一定需求

根據香港統計處的估算，現時約有183,000名年齡介乎6至18歲的香港居民長期居於廣東省，他們可以有多項入學的選擇。不過，當中能提供香港課程的學校，包括跨境回到香港上課、提供香港小學課程的深圳「港籍學生班」，以及提供12年制香港課程的港人子女學校，目前提供的學位只能應付約30,000多名學生的需求，其餘約150,000多名香港學生須就讀於內地的其他學校，包括外籍人員子女學校、民辦學校以及公辦學校。外籍人員子女學校的學費一般較為高昂，至於民辦及公辦學校則以內地課程為基礎，能供免費入讀的學位亦相對有限。

若能在內地開辦香港課程的學校，可以吸引部分學生轉讀，將為他們提供更多優質學習機會的選擇。近年各界一直建議推動香港辦學團體在內地興建學校，服務香港學生。《大灣區規劃綱要》中，也提出要廣東省建設港澳子弟學校。在內地發展港人子女學校不但有一定需求，亦可以配合大灣區政策的發展，但由於兩地在制度、課程、習慣等各方面均存在顯著差異，而且政策屬於嶄新嘗試，港府也缺乏相關經驗和資訊，因此若要全面推動港人子女學校相關政策，需要探討相關配套措施，協助學校在當地發展，同時令學生和教師更容易適應內地生活。

5.1.2 內地的政策規管措施

現時在內地開辦的學校主要分為兩個類別，分別為外籍人員子女學校和民辦學校，而兩者的主要分別在於收生來源以及課程內容限制。外籍人員子女學校可以自行決定課程，但不能取錄中國公民。儘管民辦學校可以在國家課程標準上申請加入校本元素，但仍需要跟隨內地對課程的限制。由於港人子女學校需要採用香港課程，因此一般而言，辦學團體都會申辦成為外籍人員子女學校。

截至 2021 年 12 月，在廣東省有十多間外籍人員子女學校，包括 2021 年開辦的廣州暨大港澳子弟學校也是以這方式申請辦學。辦學團體開辦外籍人員子女學校除了採用香港課程外，也可以採用國際課程，吸引在內地的香港和其他地區的學生。

另一方面，民辦學校一般而言不能採用境外課程。不過，在 2021 年開辦的深圳培僑獲准以民辦學校的性質開辦學校，並且可以使用香港課程及聘用尚未取得內地教師資格的香港教師，在規管上明顯與一般民辦學校有差異。由於其特殊性，深圳培僑獲得的安排未必適用於深圳以外的城市，所以若辦學團體有意開辦提供香港課程的學校，大多都會以申請外籍人員子女學校為主。

5.1.3 開辦主要困難

我們透過訪問深圳培僑的吳育智總校長、廣州暨大港澳子弟學校的鄭景亮總校長，以及全國政協委員戴希立校長，加上以台商學校在內地發展的經驗作為個案研究，整理出在內地發展港人子女學校會遇到的困難。一般學校的發展可以分為創校階段、營運階段及長遠發展等三個階段，而在內地辦學便要處理上述三個階段分別遇到的困難，當中創校階段的困難是在內地發展港人子女學校的最大障礙，亦非辦學團體能自行解決，必須透過特區政府的政策協助。若創辦階段的挑戰能得到妥善處理，將有助吸引香港辦學團體在內地開辦學校，但由於兩地制度存在一定差異，他們在營運期間也會遇上各種適應上的挑戰。長遠而言，也需要考慮學校在內地的持續發展。有關主要困難整理如下：

創辦階段：（一）辦學團體缺乏創校資金

其中一個主要困難是辦學團體缺乏資金來源。創辦學校需要的資金十分高昂，單單建築費用便可以達數億至十多億元。學校在內地發展更可能需要自行購入土地，相關費用並非一般辦學團體所能負擔。由於現時在內地的港人子女學校無法獲得特區政府的資助或免息貸款，而具慈善團體背景的辦學團體在香港境外使用捐款時亦會面對一定限制，因此要在內地開辦學校，籌集資金並不容易。除此之外，學校也要考慮營運是否能達到收支平衡，尤其學校若要負擔創校借貸，更需要考慮能否償還款項。

台商學校也曾面對類似困難，但由於台商學校背後的創辦人有台商的參與，他們透過向當地的台商募集捐款或物資，籌集創校款項。當地的台商代表也會加入校董會，因此對學校的發展有關鍵作用。

創辦階段：（二）香港教育局對港人子女學校的支援和參與不足

現時特區政府對在境外發展的學校未有提供財政及其他方面的支援，對學校在內地的發展造成一定障礙。過往社會也曾建議特區政府以公帑資助跨境學生在內地就讀，港府當時未有接納建議，主要原因包括運作、規管及學生來源等因素。在缺乏穩定的財政支援下，辦學團體並無足夠理由到內地辦學。

相對而言，為了照顧在內地發展的台商，台灣地區教育主管部門推出多項措施支援在當地的台商學校發展，包括直接資助學生學費（每年新台幣 35,000 元），亦會借調公立學校教師到當地，以及為學校發展教學項目提供資助，讓台商子女能夠有良好的教育環境，將來回台灣升學亦能有效銜接。另外，台灣當局考慮學校在內地的特殊需要，資助學生和教師回台灣培訓和補課的費用。上述措施有助學校解決營運上的困難，例如穩定教師團隊及協助因為教材需要被內地部門刪改而受影響的學生。台灣地區教育主管部門的資助及支援措施對台商學校的穩定發展有重要角色。

除了欠缺財政資助和支援外，現時香港教育局對香港學生在內地入學的情況，以及港人子女學校學位供應等資訊都缺乏全面掌握，統計資料只包括跨境學生及「港籍學生班計劃」下的就讀人數，對於其餘約 150,000 名學生的入學情況認知較少。在缺乏相關統計資料下，除了影響當局對相關政策的判斷外，即使辦學團體有興趣在內地發展，香港教育局也未能提供例如潛在學生人數、其他學校的情況等資料協助辦學團體考慮。

創辦階段：（三）內地的政策轉變難以掌握

另一個重要因素是內地的政策轉變。參考深圳培僑獲該市教育局特別批准在民辦學校使用香港課程，以及他們在當地政府支持下獲批使用土地建校的例子可見，獲得內地政府的政策支持對於成功在內地辦學十分重要。在大灣區規劃綱要提出要在廣東省建設港澳子弟學校，各大灣區城市（尤其深圳）也推出措施，在當地引入港澳子弟學校，有利學校在內地的發展。然而，值得留意的是不同城市之間對引入學校以及課程未必相同，部分城市如深圳希望由香港辦學團體開辦的學校提供香港課程，而部分城市如廣州則選擇在當地現有學校撥出學位專門取錄港澳學生但採用內地課程。

雖然內地一直支持民辦學校的發展，例如深圳市政府表示會加強建設民辦學校園區，但近年中央政府亦加強對民辦學校的規管。其中部分城市提出降低民辦學校的比例，深圳也有部分民辦學校停辦或取消開辦計劃，導致這些學生需要尋找新的學校。有意在內地辦學的團體需要留意政策的轉變，特別是短期內對辦學申請可能帶來的影響。長遠而言，當內地再推出支持民辦學校的政策，將有利香港辦學團體的辦學申請，但可能會有更多民辦學校加入競爭。在內地開辦學校有政策轉變的風險，若辦學團體未能對情況有充分和及時的掌握，對於他們在內地辦學帶來不少挑戰。

營運階段：（一）內地對學校的規管

即使如深圳培僑獲深圳市教育局批准，在民辦學校採用香港課程，採用的教材也需要交由當地教育部門審核。深圳培僑自行對教材內容稍作調整後，未有被內地當局要求刪改教材。台商學校的教材則嚴格受審查影響，部分教科書因為內容被指偏頗而不准使用，出現敏感字眼也要經修正後才能使用，導致學校每年要花更多資源準備教材，也要在暑假安排學生回台灣參加補課。香港教材可能不會如台灣教材出現太多「敏感」題材，但辦學團體也需要留意其他城市的審批程序未必完全和深圳一致，校方需要考慮會否對教學帶來影響。

營運階段：（二）師生適應的問題

在處理上述資金和政策上的問題後，辦學團體將較容易在內地開辦學校，但由於兩地制度存在差異，在學校運作上仍會面對各種挑戰，包括來自不同背景的教師和學生在學校的適應情況，以及如何吸引香港教師到當地任教的挑戰。就吸引香港教師流動而言，學校一方面需要在薪酬福利條件給予誘因，例如跟隨香港的薪酬及年資制度、為教師投保退休及醫療保險及住宿和生活配套等，另一方面需要向準備受聘的教師解說內地的各項制度，令他們提早有心理準備。從深圳培僑的經驗可以得知，由於香港和內地的教師在薪酬福利制度、教學習慣和對學生的要求均有不同，他們在開學初期難免會感到難以理解，或出現互相比較，學校需要多加和教師溝通，向他們解釋情況，協助他們適應教學和生活環境。台商學校也面對類似情況，需要花時間處理教師磨合的問題，而且由於工作壓力和生活環境差異等因素，台商學校的教師流失率較高，甚至面對空缺長期無法填補的困境。為此，台灣地區教育主管部門協助借調公立學校現職教師及容許退休教師赴內地任教，在一定程度上有利於教師團隊的穩定性。港人子女學校運作的時間則較短，未有類似經驗。

另一方面，由於港人子女學校的學生可能來自不同學校，他們曾就讀於不同課程及適應了不同的教學方法，學習進度有一定差異，學校需要為學生調整教學方法。加上，學生需要在學校寄宿，他們或會感到較難適應。部分台商學校的學生甚至出現行為問題，影響其他同學，令台商學校的教師需要花更多時間輔導學生。由此可見，基於學生的不同背景，學校需要調整教學方法，教師也需要多加關心學生的需要。

營運階段：（三）學生對香港和內地社區的認識

早期「港籍學生班」對家長缺乏吸引力的原因之一，是學生缺乏接觸香港社會的機會。雖然學校採用香港課程，但由於校舍在內地，學生無法透過親身接觸，了解認識香港的情況，不利他們日後回港發展。台商學校也曾面對類似困難，由於學生難以接觸台灣時事，影響對他們日後在升學考試的表現，因此台商學校會在暑期安排學生回台灣補課，增加他們接觸台灣社會的機會。

另一方面，也有研究指出，台商學校對於有意長期在當地生活的學生不利，原因是學校環境抽離當地社會，學生無法融入當地文化，因此學校需要提供兼具在地化和國際化的學習環境。若港人子女學校獲准同時取錄香港和內地學生，雖然他們各自修讀香港和內地課程，但有機會透過日常學校活動互相接觸，校內香港學生認識和融入內地文化的機會也比較多。

總括而言，港人子女學校需要考慮如何保持學生對內地和香港社會的接觸，使他們未來在香港或內地生活也能順利適應，但現時疫情下難以安排學生回港參與活動，要維持學生對香港的認識更為困難。

長遠發展：學生來源不穩定

雖然大灣區發展帶來一定學位需求，但由於社會、經濟等因素，長遠的學生來源可能會變得不穩定，影響學校在內地的持續發展。隨着「雙非零政策」實施加上本地出生率下降，適齡學童的人口將會減少，這變化除了影響本地學額需求外，也可能減少在內地的香港學生來源。另外，當疫情放緩及來往香港和內地不再受限制時，在內地居住的香港學生可以選擇以跨境形式回港就讀，在內地的港人學校將會面臨香港學校的競爭。上述因素均會影響學校的長遠發展，需要及早規劃作出應變。台商學校也曾面對類似情況，由於台商在當地的業務發展規模會受經濟因素影響，入讀的學生人數也因此受到影響，位於東莞的台商學校為了穩定學生來源，於是善用校舍的學習營地設施為當地企業提供培訓，借機向當地台商家庭推廣招生，亦可以作為文化交流平台。除此之外，辦學團體也主動了解內地其他地區的台商子女需求，為學校的長遠發展作準備，其後就讀台商學校學生的人數大致維持穩定上升。由此可見，學校及早規劃對長遠發展十分重要。

5.2 研究建議

上文整理了現時港人子女學校在內地發展時會面對的挑戰和困難，當中缺乏資金和清晰政策支援為主要障礙，若未能妥善解決，辦學團體將難以在內地開辦學校。這些挑戰並非辦學團體自己能應付，需要香港和內地當局的政策協助，至於學生和教師適應問題，則需要學校、兩地政府以至民間機構合作解決。

民建聯從短、中、長期合共提出七項政策建議。短期而言需要先掌握在內地的港人學生的入學情況，作為日後政策的基礎。其後可以以試行方式為港人子女學校提供一定程度的支援，包括協調公開考試安排等。長遠目標是為港人子女學校建立全面和有系統的支援、資助和監管政策。

5.2.1 短期建議

（一）全面掌握內地港人學生的情況

現時香港教育局對內地港籍學生的情況掌握甚少，對日後發展配套政策帶來很大限制。香港教育局有必要了解內地港人的居住城市分佈及他們的入學意願，並了解現時已開辦的港人子女學校情況，以建立相關政策和支援的基礎。

根據香港政府統計處的資料，現時有 180,000 多名適齡的小學和中學生定居於廣東省，但從現有資料只能顯示當中跨境學生、深圳「港籍學生班」計劃及港人子女學校的學生數目。對於其餘約 150,000 名就讀於內地其他學校的學生，現時香港教育局對他們情況，包括他們居住的城市、實際入學情況和升學意願等資訊掌握甚少。在缺乏相關資訊下，難以判斷在內地發展港人子女學校的可行性，也難以有足夠資訊基礎，讓港府考慮是否及如何為當地港人提供教育支援，例如應該優先在哪些內地城市開辦學校。因此，全面掌握內地的香港學童的情況是首要考慮的工作。

特區政府可以考慮透過在內地的辦事處及廣東省各城市教育局等部門，合作收集在各城市居住的香港學生入學的情況，並了解他們的升學計劃，包括從小學及中學以至日後升讀大專院校的意願。收集的資料可以有助香港教育局了解潛在香港學生來源，以及他們對入讀提供香港課程學校的興趣及期望（例如學費水平），這有助香港教育局評估需要及制定相關政策。

5.2.2 中期建議

（二）香港教育局須制定港人子女學校目標

香港融入大灣區發展是不能迴避的趨勢，亦是香港發展的機遇所在。因此，香港教育局需要逐步釐清港人子女在內地接受教育的政策目標。一方面，此舉有助鼓勵港人家庭到大灣區發展。另一方面，設定政策目標亦有助社會支持特區政府為在內地港人子女提供教育上的支援。

台灣地區教育主管部門為設於內地及東南亞的境外台商學校提供支援，也曾引起台灣民眾的關注，因此台灣當局明確説明資助政策的目的，包括照顧當地的台商子女、為學生銜接台灣教育的教育機會以及傳承中華文化等任務。

我們認為，港人子女學校的首要目標，應該是照顧內地約十多萬名香港學童的學習需要，為他們提供優質而又可負擔的學習機會，以及協助他們將來銜接香港教育，並保持他們對香港的認識和連繫。長遠而言，學校也應作為香港和內地兒童及青少年交流的平台。

（三）為符合標準的港人子女學校提供認證

在制定港人子女學校的政策目標後，香港教育局可以考慮為在內地提供香港課程的學校認證，增加家長對這些學校的認識和選擇。

現時在大灣區內地城市出現了各種「港人子女班」或提供「香港課程」的學校；除了「港籍學生班」、深圳培僑和廣州暨大港澳子弟學校等港人子女學校外，內地亦有一些以內地課程為主，但提供香港中學文憑試課程的學校或培訓機構，例如廣州市教育局在該市民辦或公辦學校下開辦的「港澳學生班」便是一例。由此可見，在內地為香港學童提供課程的學校種類繁多，但實際課程種類及辦學團體背景有很大差異，家長未必知道哪些學校最適合他們的子女入讀。

2009年推出的「港籍學生班」計劃其中一個目的，是為跨境學生在內地提供香港課程選擇。然而，根據香港青年協會於2014年進行的調查，跨境家長和學生對轉讀「港籍學生班」興趣不大，其中一個原因是缺乏香港教育局的監管，教學質素難以得到保障；可見香港教育局的承認和監管對家長來說十分重要。

考慮到制定長遠政策需時，但現時已有港人子女學校在內地開辦，需要及早讓家長了解學校的教學質素。因此，特區政府可以考慮制定一套標準和要求，邀請港人子女學校自願參與，符合標準的學校將獲得教育局的認證。根據我們向深圳培僑進行的專訪，該校現時在課程、教師薪酬及行政等方面，均跟隨香港教育局對本地學校的要求，因此學校要符合教育局的標準沒有太大困難。

現時香港教育局也有宣傳單張提供深圳「港籍學生班」的資料，但只列出學校名稱及地址等資料，資訊相對有限。香港教育局可以參考香港的「學校概覽」的方式，將內地的港人學校列入名冊，並提供辦學團體、課程、教師人數等資訊，供家長在安排子女入學時考慮。除了兩間提供香港課程的學校外，現時在內地尚有其他取錄香港學生的學校，例如提供「港籍學生班」的學校，當局也可以考慮將這些學校列入名冊，以供有不同計劃的家長和學生考慮。香港教育局亦可以考慮設立一站式資訊平台，讓在香港或在內地的家長和學生都能夠全面掌握相關資訊。

（四）在內地設中學文憑試試場

隨着內地鼓勵開辦港人子女學校，加上深圳培僑和廣州暨大港澳子弟學校等學校的發展，將會出現愈來愈多在內地就讀的中學文憑試考生。現時，內地並沒有香港中學文憑試試場，在港人子女學校未能成為與考學校的情況下，考生需要回港以自修生身份報考中學文憑試。民建聯認為特區政府應推動在內地設立試場，讓這些學生能夠在內地應考。

雖然香港和大灣區內地城市的交通距離較短，但中學文憑試的舉行日期較為分散，不同科目的考試期可能長達一個月，他們在考試期間或需要多次往返香港和內地，對身心造成一定負擔。對於在深圳就讀的考生，他們或者仍能夠應付往返兩地的挑戰，但對於在廣州或其他較遠的城市就讀和居住的考生，未有在內地的中學文憑試試場的影響便更大。加上疫情下的通關限制，學生未必能經常來回兩地。當然，他們可以暫住在香港備試，但部分家庭可能長期定居於內地，他們的子女在香港找到暫住的地方並不容易。學生留在香港應試期間也無法親身接觸師長以解決考試疑難，除了對他們的身心造成負擔，亦可能影響考試表現，情況並不理想。因此，較理想的方法是安排他們在內地應試。

由於過往中學文憑試未曾於境外試場進行，缺乏跨境試卷運送、試場運作、人手安排等經驗。現時深圳培僑和廣州暨大港澳子弟學校的第一批中四學生已經開始上課，離 2024 年的中學文憑試開考只有約兩年時間，因此香港教育局和考試及評核局需要盡快和內地有關部門協調，探討在內地開辦試場的可行性以及協調有關安排。事實上，兩間學校都曾經向教育局和考試及評核局反映，希望能夠盡快設立內地試場。廣州暨大港澳子弟學校更提出可以借出學校場地作為考試試場，不過特區政府方面卻未有正面回覆。

特區政府可以參考台商學校內地試場的經驗：早期在內地的台商子弟學校的學生也要回到台灣應考大學入學考試，但經兩岸當局的協商下，於 2012 年起在內地設置試場，讓台商學校的考生參加考試，並透過協調海關檢查手續，包括在試場開考前才由內地海關人員目視檢查，無須在出入境時拆封，減低試題外泄風險。2021 年即使受新冠疫情及兩岸的檢疫限制影響，在相關機構協調下，內地試場的考試仍然順利進行。

（五）協助教師和學生適應內地校園生活，並保持他們與香港的連繫

由於兩地在制度、教學以至生活習慣上都顯著不同，教師和學生適應當地學習生活都會面對一些困難。學校需要和各方合作，協助師生適應當地學習生活。香港教育局應主動接觸學校，了解他們的需要。學校方面也需要接觸香港以及內地不同的團體，協助教師和學生適應內地的校園生活，同時保持他們與香港的連繫。

就教師而言，相較在香港的學校，在內地的港人子女學校管理層可能要花更多時間了解教師的需要。現時香港教師北上發展的主要困難包括薪酬福利以及稅制差異，學校需要為教師提供額外的福利，並向當地政府爭取將教師列入可獲稅務優惠的人才名單。由於教師需要長期在內地工作，參加香港教育局和其他機構提供的培訓機會較本地教師少。學校需要和香港教育局或香港教育大學等提供課程的機構商討，如何讓香港教師可以參加課程，讓他們可以在內地繼續專業發展，也有助提升教學質素。

除此之外，來自香港的教師需要和內地及外籍教師磨合課程和教學方

法，加上大部分學生均於學校寄宿，他們要花更多時間輔導學生。台商學校也曾有類似經驗，而且來自台灣的教師由於工作壓力、遠離家人等不同原因，大多數只會在台商學校工作較短時間，流失率較高，學校難以建立穩定的教師團隊。學校或需要安排更多團隊建立活動，協助兩地教師互相交流和了解，增加教師的歸屬感，減低教師流失率。

學生也需要適應新的學習環境，初期學生可能難以適應校園生活，學校需要聘用更多輔導人員，了解學生的需要。另一方面，學校需要留意學生未來發展的需要，對於有意在將來回港發展的學生來説，由於校舍位於內地，縱使教師和同學均來自香港，對香港社會的認識和接觸始終較香港本地的學生少，不利他們日後回港發展；相對而言，學生若有意留在內地發展，校園相對封閉的環境令他們未能融入當地環境，又未必能配合他們將來在內地發展的需要。因此，學校需要考慮如何協助學生發展。除此之外，學校也可以和香港和內地的其他學校或民間機構合作，在疫情緩和後舉辦交流活動，一方面讓學生更認識校舍所在的內地社區及周邊文化，同時也要保持他們與香港的連繫，令他們可以掌握香港的最新情況，為學生未來發展做準備。

現時港人子女學校的學生來源較為充裕，但長遠而言，由於各項社會和經濟因素，學生來源可能會變得不穩定，學校需要及早了解周邊城市的學生來源，並計劃拓寬收生來源的措施。具體而言，可以參考東莞台商學校的經驗，該校在 2009 年至 2010 年，為了擴大其招生基礎，利用其校舍的設施，為周邊廠商提供培訓課程，同時配合招生宣傳。學校也到訪九個珠三角城市的台商協會，了解當地台商的情況及宣傳學校，最終學校的收生人數在當時不利台商的營商環境下，繼續穩定上升。

5.2.3 長遠建議

（六）制定具體港人子女學校政策

長遠而言，香港教育局應該制定全面的港子女學校政策，協助香港辦學團體在內地開辦港人子女學校，並作出適當規管，讓在內地的港籍學生有接受優質教育的機會。現時香港教育局無法監察境外學校的教學質素和管理水平，對在當地就讀的港籍學生缺乏保障，亦導致沒有足夠基礎將公帑投放在大灣區內地城市的港籍學生教育上。

因此，在全面掌握在內地港籍學生的資料和需要，並制定具體政策目標和措施後，特區政府可以考慮逐步推出資助政策，支援港人子女學校的發展。香港教育局應公開申請及審批基本準則，有意在內地辦學的團體需要向當局申請才能獲得當局承認及資助。

由於學校位於內地，香港教育局未有權限到訪學校審視它們的文件或財務報表等數據，因此特區政府可仿效台灣地區教育主管部門的做法，要求學校成立內部監察制度，並定期向香港教育局提供經審核的財政帳目、師生名冊等文件，確保學校的管理符合標準。當局也可以考慮與有關辦學團體簽訂服務合約，就規管內容作出要求；未能符合要求的學校將被暫停支援或資助。

（七）香港教育局應為學校提供適當的財政支援

特區政府可以考慮為內地的港人子女學校提供適當的財政資助，其中可以參考現時香港教育局就本地學校的不同資助或貸款方式，以及台灣地區教育主管部門為內地台商學校提供資助的經驗。

在內地開辦學校面對最大的困難是缺乏資金，尤其創校初期的建築成本。即使辦學團體可向在內地的港人商會或機構合作籌集經費，但學校建築費用可達數億至十多億元，[141] 只靠社會力量未必能提供足夠資源應付相關開支，加上學校未必能獲得恆常捐款，長遠財政難以達到收支平衡，但進一步提高學費水平或會違反為香港學生提供可負擔課程的目標。因此，長遠而言要促進港人子女學校在內地的發展，需要考慮為它們提供適當的財政支援，其中一個方法是由港府提供部分的資助，例如為學校提供貸款應付建築費用開支，亦可以探討為學校或學生提供恆常資助的方法。

舉例來說，特區政府現時會向直接資助計劃學校（直資學校）和私立學校（包括國際學校和獨立私校）就建設校舍上提供土地和財政上的支援。當中，財政支援主要分為資助和貸款兩種：資助及直資學校可以獲得資助，而私立學校 [142] 則可以按情況提出申請，並由立法會財務委員會審批後獲得免息貸款。[143] 資助和貸款上限均不會超出當局制定的標準校舍費用，超過上限的部分由辦學團體自行承擔。[144] 特區政府可以參考類似做法，透過向有興趣到大灣區內地城市辦學的團體提供有上限的貸款。

不過，即使辦學團體解決了建校費用的問題，學校仍然需要面對保持收支平衡的壓力，並在平衡學費水平下改善教學質素。因此，當大灣區港人子女學校發展成熟後，特區政府也可以探討為它們提供恆常財政資助的可能性，例如像現時香港教育局向直資學校提供津貼的安排，獲資助學校可

---

141 深圳培僑的建築費用更達十五億元人民幣。

142 近年獲得政府貸款的對象主要為國際學校。

143 根據教育局發言人於 2021 年 7 月 15 日的說法：「擬辦學校及其辦學團體必須是根據《稅務條例》（第 112 章）第 88 條獲豁免繳稅的機構。擬辦學校須以自負盈虧的模式運作。成功申請的團體須自費就使用有關的全新土地進行所有必須的技術評估及措施，以及承擔任何所需的改裝及基建工程。成功申請的團體一般可以以象徵式地價獲批撥土地。當局亦可應學校辦學團體的申請，考慮提供免息貸款，以供在全新土地興建校舍，惟貸款須獲立法會財務委員會審批。」

144 設有 30 間課室，預計容納 810 名學生的小學建築費用為 2 億 7,820 萬，而設有 30 間課室，預計容納 1,080 名學生的中學造價為 3 億 2,600 萬。教育局。2020。立法會教育事務委員會 四所非牟利國際學校提供免息貸款 補充資料文件；教育局。2020。財務委員會討論文件 FCR （2020-21） 27；教育局。2018。財務委員會工務小組委員會討論文件。

以按學生人數獲得津貼。[145] 值得注意的是，由於學校在內地城市運作，香港教育局無法直接監管，因此特區政府一直對於為港人子女學校提供津貼有保留。

若特區政府認為向學校提供恆常撥款會引起監察問題，可以考慮直接為學生提供學費補貼，透過直接資助學生來確保撥款令他們受惠。另外，香港教育局也可以為學校提供教學或交流活動等以個別項目形式提供的資助，在專項撥款下較容易監察撥款的使用情況。事實上，台灣地區教育主管部門也未有為台商學校提供直接財務資助，但為了吸引在內地的台灣學生轉讀台商學校，當局為台商學校的學生提供每年 35,000 元新台幣的學費津貼。台灣地區教育主管部門也會借調公立學校教師至台商學校，並為台商學校師生回台灣培訓和交流提供津貼。特區政府長遠可以向台商學校的經驗借鑒，即使未能向大灣區港人子女學校提供津貼，也能透過對港籍學生的財政支援，確保他們享有接受優質教育的機會。

145 2021/22 學年的津貼額介乎 $66,900 至 $82,525，教育局。2021。一般資料。

附錄
參考建校費用

學校	年份	設備	費用
香港教育局公營學校標準造價			
公營小學校舍	2018 年 8 月	30 間課室，容納 810 名學生	2 億 7,820 萬港元
公營中學校舍	2018 年 8 月	30 間課室，容納 1,080 名學生	3 億 2,600 萬港元
獲資助建校費用實際撥款			
港島中學（英基學校協會屬下學校，原址拆卸及重建工程[146]）	2018 年	42 間課室，提供 1,270 個學額（包括食堂、室內游泳池、額外的實驗室、特別室等非標準設施）	5 億 3,630 萬港元（政府資助標準設施及拆卸工程費用） 6 億 8,140 萬港元（英基協會自行承擔非標準設施費用） 共 12 億 1,770 萬港元
大埔第 9 區的全新小學（根據 2019 年校舍分配工作中分配予五旬節聖潔會香港總監督）	2021 年	36 間課室	4 億 2,730 萬港元[147]
觀塘安達臣道發展區中學校舍（重置瑪利諾中學（資助學校））	2019 年	30 間課室	4 億 3,480 萬港元[148]
華英中學（資助學校）拆卸及重建工程	2021 年	30 間課室（重建前為 24 間課室）	4 億 7,330 萬港元[149]

146 教育局。2018。財務委員會工務小組委員會討論文件。
147 教育局。2021。財務委員會工務小組委員會討論文件。
148 教育局。2019。財務委員會工務小組委員會討論文件。
149 教育局。2021。財務委員會工務小組委員會討論文件。

（續上表）

學校	年份	設備	費用
民生書院（資助學校）興建禮堂大樓工程	2018 年	禮堂大樓包括： 禮堂及學生活動中心（標準設施） 上述禮堂及學生活動中心額外樓面面積及體育館（非標準設施）	8,140 萬港元（政府資助 - 標準設施費用） 1 億 4,490 萬港元（辦學團體承擔非標準設施費用） 合共 2 億 2,630 萬港元[150]
免息貸款資助計劃			
宣道國際學校	2020 年	小學部： 容納 860 名學生	2 億 9,537 萬港元（獲得的最高貸款額上限）
		中學部：容納 740 名學生	2 億 2,337 萬港元（獲得的最高貸款額上限）
法國國際學校	2020 年	小學部：容納 750 名學生	2 億 5,759 萬港元（獲得的最高貸款額上限）
		中學部：容納 200 名學生	6,037 萬港元（獲得的最高貸款額上限）
內地港人子女學校建校計劃			
深圳香港培僑書院龍華信義學校	2021 年	小學、初中和高中部 標準足球場、游泳池、教師公寓和學生宿舍	15 億元人民幣（由合作機構全額支付）[151]
廣州暨大港澳子弟學校	2021 年	不適用	不適用—收購前「廣州南方外籍人員子女學校」校舍，無須重新興建學校[152]

150 教育局。2018。財務委員會工務小組委員會討論文件。PWSC（2018-19）31。

151 頭條日報。2021。培僑書院深圳辦港人子弟學校 9 月營運提供逾 3000 學位。

152 廣州市教育局。2021。廣州市教育局關於同意廣州南方外籍人員子女學校變更名稱的複函。

民建聯在 2021 年 6 月 18 日舉行了「大灣區教育產業發展機遇與挑戰」圓桌會議，主持為立法會議員張國鈞，4 位嘉賓分別為：

1. 教育局局長楊潤雄
2. 香港公開大學榮休校長黃玉山
3. 香港教育大學校長特別顧問戴希立
4. 香港培僑書院副校長黃騰達及廣州暨大港澳子弟學校總校長鄭景亮

會議上，各位嘉賓分別就在大灣區開辦港人子弟學校的需求及挑戰、香港教育工作者如何把握大灣區發展機遇，以及香港與大灣區其他城市在中小學教育交流合作的方向與重點等範疇，提出了真知灼見。

張國鈞議員在會議後會見傳媒時表示，會議上一眾嘉賓提出了不少大灣區教育產業發展會遇到的挑戰，特別是基礎教育方面，例如各地政府教育政策融合協作、學校課程認證、師資認證、學歷認證、升學銜接等。他表示民建聯會繼續跟進上述各項挑戰，提出合適及具前瞻性的政策倡議，積極推動大灣區的教育發展，讓學生、家長、教師及辦學機構，一同把握好大灣區的發展機遇。

第二部分

相關的民建聯
全國兩會建議和提案

香港

澳門

廣州

深圳

珠海

佛山

惠州

東莞

中山

江門

肇慶

一 2017 年全國兩會建議和提案

（一）關注港澳流動漁民群體持續發展

港澳流動漁民是指自建國前已於香港及國家南海一帶水域捕魚作業至今的特殊群體。由於港澳流動漁民為廣東解放海島戰役出船、出人和出力；為抗美援朝戰爭輸送戰略物資；加上國家改革開放初期，港澳流動漁民致力作出各種配合，故早於解放初期以來已受到國家高度重視，時任總理周恩來先生為爭取港澳流動漁民內向，特別成立港澳流動漁民協會，專門處理港澳流動漁民這個特殊群體的工作。2015 年，香港捕撈漁業價值達 23 億港元，當中，港澳流動漁民作為除了對維持香港及廣東部分沿岸的新鮮海魚供應有很大貢獻，亦在保障香港食物安全、保持食品供應，以及對抗輸入性通脹、平抑物價等重要核心價值及功能上發揮重要作用，為香港繁榮穩定及維護「一國兩制」營造有利氛圍。特區政府亦指出，漁業只要繼續朝高技術、多元和可持續方向發展，應該大有可為，更推出了5億元的漁業持續發展基金。然而近年，國家及香港的漁業政策更迭頻繁，故仍對一直以來穿梭中港兩地的港澳流動漁民的生計帶來極大衝擊，情況如下：

1. 特區政府於 2012 年 12 月禁止在香港水域拖網捕魚，同時多達數千公頃的海事工程正準備或已經開展。鑑於過去特區政府漁業政策以規管而非發展行業為主要方向，即使近年推出「漁業持續發展基金」，有關情況亦在短期內未有改變，導致港澳流動漁民難以轉產轉業，不少港澳流動漁民均選擇更新改造漁船到南海作業；

2. 國家於 2015 年改革燃油補貼（下稱：油補）政策，將部分油補金額撥予中央及地區政府用於漁業相關政策，卻基於港澳流動漁民未能享有內地漁民的同等待遇，而不能參與相關政策；

3. 近年國家建議延長南海伏季休漁時間，讓計劃到內地水域作業的漁民大失預算，當中不少漁民已向特區政府的「漁業發展貸款基金」借貸達數百萬港元至近千萬港元；

4. 國家不時改革有關漁業或漁船的政策，包括「漁船安全監管檢驗檢查制度」、「廣東省行業協會商會與行政機關脱勾實施方案」，以及上述政策等。這些政策均嚴重衝擊業界發展。雖然部分政策經漁民團體反映後，國家相關部門均從善如流作出微調，唯鑑於每次政策改革時，港澳流動漁民將同時面對內地及香港政策的擠壓及衝擊，嚴重衝擊港澳流動漁民群體的健康發展。

5. 鑑於上述情況，加上國家「減船轉產」的大方向，並不利於港澳流動漁船發展，港澳流動漁船已由十年前的 3,200 多艘，大幅下降至現時 2,300 多艘，呈現不健康的下降趨勢。

為解決行業近年所面對的困難，故提出建議如下：

建議：

1. 鑑於港澳流動漁民穿梭內地及香港水域捕撈作業，同時受到兩地的法律法規所規管，情況與內地漁民有別，狀況特殊。故建議國家將港澳流動漁民進行單列管理。當國家有漁業及漁船相關政策推出時，應充分審視港澳流動漁民所面對的實際情況，對港澳流動漁民推出合理且具針對性的政策及支援，以免這個特殊群體在備受兩地政策擠壓的情況下，致使其生存空間逐步被收窄。

2. 儘管港澳流動漁民與內地漁民，於內地需要受同一法律法規及政策所規管，然而港澳流動漁民所受到支援卻與內地漁民有異。當中包括：（1）現時港澳流動漁民只能領取半額油補，在油補調整以後，所得金額更少；（2）港澳流動漁民並不能參與內地的海洋漁船更新改造補助政策；（3）港澳流動漁民並無休漁相關補貼。故建議國家重新審視現行政策，讓港澳流動漁民領取全額油補，合理地參與國家部分惠漁政策，讓港澳流動漁民群體得以健康發展。

3. 鑑於現時香港有關漁農業的支援及空間不足，導致受國家漁業政策影響的港澳流動漁民在香港升級轉型的空間較少。故期望國家推出更多有利港澳流動漁民升級轉型的政策措施，包括容許港澳流動漁民轉型於內地從事養殖漁業及休閒漁業等，讓港澳流動漁民群體健康發展。

4. 鑑於港澳流動漁民群體的生產作業與中央政府、省政府及特區政府的政策密不可分，故建議完善三者在漁業政策及港澳流動漁民事宜上的溝通，讓港澳流動漁民群體能為香港發展作出貢獻，解決受兩地法律法規擠壓的問題。建議國家重啟港澳流動漁民工作協調小組，並強化恒常溝通機制。除了解決上述問題，同時有利港澳流動漁民把握國家發展機遇。

（二）嚴厲打擊使用電、炸、毒方式捕魚及三無漁船等問題，保障我國漁業及海洋資源可持續發展

隨着國家經濟社會的快速發展，陸源污染、海事工程及海上污染事故等導致海洋資源不斷惡化，海洋生物資源減少、海洋生物和養殖產品死亡，造成漁業經濟損失；漁業捕撈和養殖產品品質下降，更威脅食用安全。就此，近年來國家致力促使水生生物資源及其水域生態環境的保護，並採取伏季休漁、資源增殖、漁船漁具管理、減船轉產等措施，加大對海洋漁業資源養護，促進海洋漁業發展與資源保護相協調。

然而，不少漁民均指出目前捕撈力量仍居高不下，海洋資源耗竭的主要原因，又由於不法漁船使用不科學的電、炸、毒等違禁捕魚方式；「三無漁船」、「影子漁船」及「套牌漁船」出沒頻繁（業界估計指每 2 艘漁船，可能便會多出 1 艘三無漁船）；以及不法漁船在休漁期內無視法規偷捕的問題。為遏制和打擊違法行為，保障我國漁業及海洋資源可持續發展，建議如下：

建議：

1. 農業部今年在《農業部關於進一步加強國內漁船管控　實施海洋漁業資源總量管理的通知》中，提出加強漁船漁具規範化管理，以及完善漁業資源保護制度等的總體要求。在此期待政府各相關部門認真貫徹執行上述通知的精神，強化罰則，嚴厲打擊「三無漁船」，一經發現，將之沒收、拆解及銷毀；面對「船證不符」漁船，應提高清理及執法力度，有法必依，決不手軟，以及查處違反幼魚比例捕撈和

電毒炸魚等違法行為；

2. 部分漁民認為，國家有關漁船及海洋漁業資源管理的措施，已導致他們的經營受到極大限制，為遵守國家法規而犧牲小我，加重了經營成本，然而，由於執法有漏洞，上述違法行為依然猖獗，使不少業界人士深感沮喪，並認為長此下去，眾多的規管措施對保育海洋無發揮積極的效用之餘，更在無形中加重了漁民生計的壓力，實情是兩敗俱傷。故期望國家除了加強打擊海上不法行為外，在制定有關漁船及海洋漁業資源管理政策時，必須綜合考慮港澳流動漁船需受兩地法律、法規的制約、業界經營的特殊條件及壓力頗大等多種因素，以保障港澳流動漁船業者的生存空間；

3. 港澳流動漁船需往返內地及港澳之間作業，受當地法律、法規的規管，卻無法受益於國家部分惠漁政策，又因港澳流動漁民生計作業環境的特殊性，難於完全理解適應兩地繁複的政策，容易衍生各類型的問題。就此，港澳流動漁民亟期望能及時、準確地接受及理解執行國家及廣東省漁業部門的政策及法規。故本人提議：設立港澳流動漁民代表，以及制定國家政策相關部門間的定期會議機制；設立聯絡員制度，隨時互通訊息，以使各方盡快掌握第一手資料；在制定漁農業政策時，兼顧港澳流動漁船作業的特殊性，共同優化及促進港澳流動漁船群體的可持續發展。

(三)盡快解決廣深港高速鐵路一地兩檢問題

廣深港高速鐵路直接連接香港、深圳和廣州，全長140公里，其中香港段長26公里。高鐵香港段通車後，會連接總長現已超過20,000公里的國家高鐵網絡，使來往香港與內地各大城市的時間大大縮短，既有助加強香港與內地各方面的連繫和民眾交流往來，並促進經貿、旅遊及專業服務的發展，帶來龐大的經濟與社會效益。

然而，要充分發揮這些經濟與社會效益，就必須有最便捷利民的通關安排作配套，即在香港的西九龍總站實施「一地兩檢」。在這個通關安排下，由香港乘坐高鐵前往內地的乘客，可於西九龍總站登車前，先後完成香港與內地的出入境等手續，便可直接前往全國高鐵網絡沿線的所有城市，不用再檢；另一方面，在內地高鐵網絡任何一個城市登上前往香港的高鐵列車的乘客，可在直達香港後才於西九龍總站辦理兩地出入境等手續。

目前高鐵香港段已完成整體超過八成半的工程，目標是於2018年第三季通車，但香港與內地有關部門仍然未正式制定「一地兩檢」的實施方案。我們認為時間緊迫，香港與內地有關部門需要加緊努力，以盡快解決「一地兩檢」所涉及的各種問題。

建議：

我們期望內地有關部門與香港特區政府緊密合作，盡快制定一套符合《基本法》規定並切實可行的方案，在廣深港高速鐵路西九龍總站實施「一地兩檢」。在制定有關方案時，我們希望內地不同部門之間加強協調，為配合在香港境內實施「一地兩檢」的實際需要，簡化內地方面的邊檢、檢驗檢疫、海關等方面的執法管理工作，並在有需要的時候盡早制定相應法規。

（四）繼續合力處理海上垃圾

受全球氣候變化影響，去年珠江三角洲曾出現汛潮，導致大量垃圾因暴雨而隨水流從內地漂流至香港。根據香港環保署提供的數字，去年夏季香港部分沿岸地區收集的海上垃圾，數量是以往夏季一般收集到的六至十倍。而收集所得的垃圾中，有大量木板、樹幹、家居餐具以及其他一般不會在海上出現的垃圾，情況相當嚴重，正影響着香港及內地的環境及衞生情況，有必要給予重視。

海上垃圾的問題，除了受暴雨影響外，亦涉及非法違規作業。根據香港食物及衞生局提供的資料，過去香港海事處曾接獲漁民報告，指有大型貨船為節省運輸及作業成本，在香港水域範圍以外直接在海上非法傾倒垃圾，污染內地及香港的水域。

另外，近年在香港沿岸地區所收集的海上垃圾涉及醫療廢物，例如經使用的針筒、試管、藥瓶及鹽水袋等。有鑑於醫療廢物可以傳染疾病，亦會導致清潔工人、廢物處理者和市民在處理廢物時被割傷和被針頭刺傷，造成危害。因此，盡快採取措施防止醫療廢物污染香港及內地的工作就顯得十分重要。

為保護香港與內地水域及沿岸地區的環境及衞生，民建聯主張要從源頭入手解決問題，故過往一直提議內地相關部門加強處理海上垃圾，有關意見獲內地當局高度重視及即時採取跟進行動，我們對此表示感謝。在未來日子，我們期望透過香港與內地的共同合作，繼續有效地處理海上垃圾問題。

建議：

1. 嚴格按照《城市生活垃圾管理辦法》的精神和規定加強執法，並進一步完善廣東省的城市垃圾管理機制，增加垃圾收集及運輸的覆蓋範圍，避免垃圾在未經處理的情況下露天堆放，造成環境污染。

2. 增加內地相關部門的人手及船隻等裝備，加強海上巡邏工作，打擊海上非法傾倒垃圾的行為。

3. 嚴格執行《醫療廢物管理條例》的要求，加強對醫療廢物的規管，包括規定醫療廢物產生者必須妥善管理醫療廢物，並須把廢物送往適當的處置設施，避免醫療廢物被當作一般廢物處理，或被胡亂棄置。

（五）監察東江水水質

香港的食水供應共有兩大來源，分別是廣東省供水及以天然集水方式所收集到的雨水。而自九十年代後期起，東江每年對港供水量佔全港用水總需求量差不多七至八成，成為香港的主要食水來源。

為保障香港的食水安全，香港特區政府與廣東省當局簽訂了供水協議，規定輸往香港的東江水必須符合國家《地表水環境質量標準 GB3838-2002》第 II 類（適用於集中式生活飲用水地表水源地一級保護區）的規定，以確保東江水經本港的濾水廠處理後絕對適宜飲用。

水資源是每一個地方的根本命脈，確保食水水質安全的工作至為重要。但近日香港媒體報道，位於東江中上游沿岸的部分市鎮政府，興建了污染水源的設施例如垃圾場，危害市民的健康。我們認為，內地當局有必要徹查事件，以保障東江水水質。

建議：

1. 由內地政府成立跨部門專案小組，全力調查媒體的相關報道是否屬實。

2. 報道若屬實，內地相關部門應即時採取補救措施，保障東江水水質安全，包括檢視現行法規是否存有漏洞，並對涉事單位或人員追究責任。

3. 報道如屬謠言，內地相關部門應盡快作出澄清，以維持兩地民眾對東江水水質的信心。

4. 全面調查現時東江水流域是否存在高污染性的工廠或建築物，並加強監察水質，確保內地和香港市民飲得安心。

2017

二 2018 年全國兩會建議和提案

（一）優化港珠澳大橋的交通安排

作為世界級工程的港珠澳大橋通車在即，預計可大大促進粵港澳大灣區的互聯互通。為了讓大橋能發揮最大效益，大橋的通車，本地的車輛通關安排、口岸規劃、周邊交通配套等多個政策領域都有需要作出相應配合，從而讓相關區域可以更有效推動「橋頭經濟」和把握大灣區的發展機遇，為社會及經濟發展注入新活力。

然而，在本地的車輛通關安排方面，按目前安排，港珠澳大橋的車輛通行仍然限制重重，對跨境私家車牌照的申請條件亦有嚴格規定。大部分普通民眾只能依靠跨境巴士、穿梭巴士、跨境出租車等交通工具。由於搭乘跨境公共交通要在大橋兩端的口岸上落車共四次以進行過境檢查，整個行程耗時耗力，未能完全體現出港珠澳大橋便利區內交通的原意。

建議：

1. 放寬粵港跨境私家車配額制度，大幅度降低香港私家車申請跨境車牌的門檻，允許在珠海市持有物業、租用物業一年以上，或在該地區就業的香港居民申請該類車牌，不再附加其他關於物業價值、工作收入等限制。同時，可增設只適用於港珠澳大橋口岸的新配額至

20,000 個，進一步方便香港市民通過港珠澳大橋前往大灣區城市。長遠而言，內地和香港可探討香港私家車無限額進入廣東的可行性，以促進兩地在經濟發展和社會文化上的交流。

2. 在珠海口岸實施便利的「過境私家車一次性特別配額」政策，採取「一次辦理、多次使用」模式。申請者在辦理手續時，由口岸查驗部門進行手續審批後，可獲「一次性配額資格」，為期三年。在此期間，當車主及該登記車輛需要出入口岸，僅需要在出發到口岸的 24 小時前，通過網絡查看出行當天的可預約配額，然後提交簡單的電子信息登記，即可在預約的日子裏駕駛車輛過境。

3. 發展手機應用程式及網頁，實行港珠澳三地實時車位協調，可以方便市民和旅客了解當日泊位情況，實時追蹤 BCF 停車場車位數量的變化，並可進行預約泊位服務及付費，更有效分配車位資源。

（二）推動內地電視頻道落地

內地電視節目頻道百花齊放，內容豐富，當中既有涉及國際及國家的政治經濟大事，也有娛樂文化社會的有趣資料。可惜的是，香港目前只有央視第一台綜合頻道有落地免費轉播，其他部分內地電視台頻道都只能在收費電視台轉播。因此，不少香港市民都不能透過免費電視節目直接了解內地的最新情況。當中既有本地頻道不足的問題，也有香港與內地的協調問題。這樣既不利於香港人了解國情，也無助於提升香港人的國民身份認同，情況頗不理想。

建議：

讓中央電視台及廣東省內主要電視頻道能全面於香港落地免費轉播，以加深香港人對國家和廣東省的認識和促進文化交流。

（三）改善跨境薪俸稅計算方法

現時在內地工作，或需跨境往內地工作的香港人有一定的數量，他們面對的最大問題之一就是個人所得稅的繳交。根據《內地和香港特別行政區關於對所得避免雙重徵稅和防止偷漏稅的安排》，現時港人在內地工作和停留超過 183 日，便要向內地繳交個人所得稅。由於香港的個人稅最高稅率只是 17%，遠低於內地 45% 的個人所得稅最高稅率，以致部分香港人因為稅務問題減少到內地工作，窒礙了兩地人民的跨境就業和商務往來。此外，183 日的規定是指港人在內地的總日數，連週末、週日及工作假期等非工作日亦包括在內。此項安排雖然在行政上較為便利，但也影響了港人在內地消費的意欲。

對於跨境薪俸稅的問題，現時外國有不同處理方法可以參考。例如法國與比利時達成協定，在兩國邊境城市通勤的人士，只需向其居住國繳納稅款，不需向工作國繳納稅款，而邊境城市的定義是距離邊境不超逾 20 公里的城市。部分國家亦會特別規定，居住國按通勤人士收入的固定百分比向工作國作出財政補償。事實上，根據中國國務院的優惠政策，在深圳前海或珠海橫琴工作的香港居民，在符合訂明條件的情況下，自 2013 年 1 月 1 日起已可享受內地個人所得稅差額補貼優惠，而實際的稅負，與其在香港工作的稅負大致持平。可見，目前國家已有類似的優惠安排。

建議：

1. 靈活放寬現有的安排，豁免計算即日來回的時間，並將週末、週日和節日假期等非工作日數撇除計算於該 183 日之內等。此做法的好處，除了便利了內地工作的港人，也可以區分北上就業工作和北上消費的不同。

2. 進一步優化及推廣前海和珠海橫琴的安排，明確規定在內地工作的港人按香港稅率向內地政府繳稅，以吸引更多香港人跨境到內地工作及創業。

（四）在內地設立港人社區

隨着城市不斷發展，香港近年地少人多的問題愈趨嚴重，令許多市民難以安居樂業。雖然特區政府已推出多項措施以增加房屋土地供應，並設立更多優質的社區設施，但由於種種原因，社區用地不足的問題仍然困擾着許多香港市民。

鄰近香港的澳門同樣面對社區用地不足的問題，但澳門和珠海早在幾年前已經將飛地的概念引入公共服務領域。澳門大學從 2013 年起，向珠海租借橫琴島內 1.0926 平方公里土地作為新校區，新校區的面積比原校區大二十倍，成為一塊飛地。這個橫琴模式是制度上的一項創新，十分值得參考。

若能在廣東省內建立香港人為主的社區，一方面可解決香港地少人多和居住環境擠逼的問題，另一方面可加快讓香港人融入內地，推動當地城市的發展。與此同時，先行先試的做法提供了以制度創新和思維創新解決老大難社會問題的實例，並成為粵港澳大灣區的其中一個合作示範項目，為將來珠三角乃至於全國各地的區域發展策略提供極為寶貴的參考。

建議：

1. 在鄰近香港的廣東省城市，如珠海、中山及惠州等，提供大量社區用地以設立多個「香港村」，在內興建大量房屋給予香港人居住。

2. 「香港村」主要作為居住用途，應配備相關配套包括社區及休閒娛樂設施，例如商場、街市、戲院、圖書館、醫院、公園及公共泳池等。

3. 加強協調，在粵港澳大灣區的框架內，建設相關的接駁交通網絡及行車安排，以便利居民往來「香港村」和其他地區。

（五）協助香港發展創新科技

作為亞洲四小龍之一，香港屬於先進經濟體系，長期領先於區內其他城市。但隨着經濟不斷發展，鄰近城市不斷急速發展，已從之前的附屬地位，變成直接或間接的競爭對手。若香港無適當的應對方法，這種城市之間的競爭會愈趨劇烈，香港要保持甚至擴大優勢將面對很大的挑戰。

事實上，目前香港的經濟競爭力已有不斷減弱的跡象。例如在中國社科院最新公佈的 2016 年中國城市綜合經濟競爭力排行榜上，香港亦只能屈居第二，落後於第一位的上海。世界銀行集團的《2016 年營商環境報告》亦顯示，香港的便利營商排名由第三跌至第五位。情況令人憂慮。

與其作為競爭者，不如變成合作者，將自己城市的綜合實力，透過區域合作和互惠互利而不斷提升，最終達至減少競爭，互惠互利，共同提高國際影響力的目標。我們認為香港可以借助粵港澳大灣區規劃的東風發展創新科技，在產品、技術和市場等方面提高創新能力，加強開拓內地及海外的龐大市場，以鞏固及提高本港金融、航運、商貿中心的地位，並推動投融資、商貿、物流及專業服務等方面向高端高增值方向發展。

建議：

1. 在大灣區內協調官、產、學、研的合作，透過發展大數據、加強科技基建，及訂立資歷認證機制等政策，將整個大灣區發展成智慧城市群。

2. 在大灣區內成立國家級的科技創新中心，以提供最佳的科創資源和平台，盡快推出具有世界級影響力的原創成果，以推動國家及灣區內的創新科技產業發展。

3. 免除來自香港的原材料、設備和中間產品等的入口關稅，以降低研發等成本，為大灣區的創科產業提供更佳條件。

（六）為中國香港市民提供內地身份證明

目前香港屬於境外地區，在內地工作和生活時，需依靠一張港澳通行證以證實自己的身份。由於內地現今科技發達，許多時候在生活和工作方面都需要使用電子平台系統，不論日常工作、求職還是租用共享單車及購買火車票等，都在這個平台上操作。但目前內地身份證由 18 位數字組成，與港澳通行證的編碼數字不同，故此港澳通行證與這些電子平台系統難以相容，如果系統沒有針對性地作出調整，香港人便無法以通行證在系統上運作，因而在生活上經常造成許多不便。久而久之，亦降低了部分香港人對中國人國民身份的認同感。

去年國家開始推出二代台胞證，號碼與內地居民身份證一樣達 18 位數。持有者可以像內地居民一樣無障礙使用各種電子平台，大大便利了工作生活。二代台胞證為解決港澳通行證的問題提供了極好的先例。

建議：

1. 放寬有關規定，向不在內地定居的港人發放內地身份證明，或參考二代台胞證的做法，考慮將港澳居民來往內地通行證經調整後即可作為內地身份證明文件，與內地身份證有同等效用，以便利在內地的教育、工作和生活。

2. 作為過渡性措施，中央政府可呼籲及要求各公營機構及各行業所有主要的服務營運商，在提供電子服務平台時，必須確保能兼容港澳通行證。

（七）把握「一帶一路」及「大灣區」機遇 促進香港漁農業發展

近年香港漁農業面對內地及特區政府的城市發展及漁農業規管政策措施，發展空間大幅壓縮。漁業方面，特區政府近年來已推出及擬議的海事工程，影響超過 2,000 公頃漁場。若連同未來或會成立的海岸公園，將有機會進一步影響近 5,000 公頃漁場。另外，自 2012 年起，香港特區進一步推出「禁拖」措施，導致不少漁民需要轉移集中在內地水域作業，然而適逢內地推出「雙控」政策、調整「油補」及延長休漁期政策，讓漁民的生產遭遇不少考驗；農業方面，特區政府近年發展多個「新發展區」，除了影響大量農地，更重要的是估計影響近一成的禽畜農場。

鑑於在現行香港法例之下這些禽畜農場幾近無地可搬，對禽畜業界的影響最為直接。過去不少香港農民選擇北上繼續經營種植及禽畜農業，然而現時內地不少城市均推出較嚴厲的法律、法規限制經營農場；更甚者，香港的養殖及休閒漁農業的相關法律、法規落後，導致漁民、農民也無從轉型。就此，適逢國家推出「一帶一路」建設及「大灣區」規劃，不少香港漁民及農民均期望國家可以推出合適措施，協助香港漁農業把握機遇，尋找新的出路，促進行業持續發展。

建議：

1. 善用「粵港澳大灣區」 建設契機促進業界發展

我國鄰近香港的水域，有不少優良的養殖環境、漁場及島嶼並未被開發。不少熱心的漁農民均樂意前往這些地方生產作業。故建議國家應考慮把握「大灣區」契機，並參考「橫琴模式」及河套區的深港合作等模式等，研究劃出部分鄰近香港的內地水域及島嶼，讓內地相關部門與特區政府共管，讓香港漁農民生產作業，包括：捕撈、養殖漁業，以及種植、禽畜農業，或試驗創新的漁農業生產模式等。有關建議既可讓漁農民有足夠空間生產作業；亦可藉此促進香港與各省市，就着漁農業科研及技術的交流，強化香港漁農業的內涵。

2. 建立「香港垂釣基地」

香港有長達 360 公里的優良海岸線，非常適合發展垂釣活動。現時，香港漁農界正建議特區政府，研究建立由熟悉相關事宜的漁農業界牽頭興辦的「香港垂釣基地」。在「基地」內除了建立垂釣活動相關配套，同時配合餐飲、銷售設施，以及設立垂釣活動、休閒漁業活動的教育相關設施，讓香港具備場地舉辦世界各地合辦現時風靡全球的垂釣盛事，吸引遊客；另外，「基地」應設立碼頭及兼具辦理暫時出境到內地水域的功能，容許接載遊客前往香港或內地水域，進行多元化的垂釣活動之餘；「基地」也可配合上述有關「大灣區」的建議，如國家可劃出部分鄰近香港的內地島嶼供香港漁農民從事漁農業活動，建議可同時將部分島嶼撥予建立「垂釣基地」分站，讓「垂釣基地」的內涵更加豐富，並作為「優質生活圈」的重要項目。

3. 鼓勵港澳流動漁民從事遠洋漁業

面對內地及香港水域漁業相關法律、法規的收緊，以及我國漁業資源與捕撈力量此消彼長的情況，導致捕撈空間愈來愈少，不少港澳流動漁民均對前往我國南海較遠水域捕撈作業深感興趣，而且適逢國家「一帶一路」建設提及積極推進海水養殖等領域合作，並且支持港澳人士參與其中。故不少流動漁民期盼可以開赴「一帶一路」沿線國家從事遠洋生產。與沿線各國的企業及市民互惠互利，各取所需。就此，期望國家可研究推出可同時容許港澳流動漁民參與的遠洋漁業政策，讓願意從事遠洋漁業的流動漁民提供法律上、政策上的支援，並讓流動漁民與內地漁民可一同享有遠洋生產的相關補助及免稅支援，促進遠洋漁業發展，協助流動漁民轉型。

4. 讓到內地投資的漁農民享受更合理的國民待遇

不少港澳流動漁民及到內地投資的香港農民反映，縱使他們與內地漁農民均為國民，卻未能享有合理的同等待遇。例如：現時港資農場在內地經營業務，不能享受與內地同業同等的優惠和待遇，以致經營時經常遇到困難；不少流動漁民也反映，他們現時只可聘請廣東省內的漁工，由於近年廣東省勞工短缺，導致勞動力時有不足；而且流動漁民現時只可獲半額油補，削弱他們的競爭力。因此，建議國家研究給予內地港資農場經營者合理國民待遇，爭取讓優質農產品享有免檢待遇及簡化相關手續及程序。並建議政府讓流動漁民領取全額油補，合理地參與國家部分惠漁政策，讓港澳流動漁民群體得以健康發展。

5. 紓緩勞工短缺問題

現時香港流動漁民只可聘請廣東省內的漁工。據了解，普遍每艘港澳流動漁船也有一至兩名勞工短缺，預計整個行業的勞工短缺數目達 1,000 至 2,000 人。建議積極考慮與內地漁民的政策看齊，讓其他省份的勞工經培訓合格後，也能加入成為港澳流動漁船的重要勞動力，藉以舒緩勞工短缺問題。

（八）促進大灣區旅遊業發展

香港與廣東地理位置鄰近，一直在旅遊推廣方面都進行密切的策略協作。廣東省在 2000 年開始實施「144 小時便利簽證」的政策，以簡化外國旅客在 10 個廣東省口岸（廣州、深圳、珠海、佛山、東莞、中山、江門、肇慶、惠州及汕頭）的進出程序，大大促進了區內旅遊業的發展。

該簽證的申請程序如下：

1. 持普通護照的外國（與中國有建交的國家）旅客，於到達香港後並參加由香港合法註冊旅行社所組織的廣東省旅行團 （2 人成團），可申請 144 小時便利簽證。

2. 香港旅行社將旅行團團隊名單交予內地合法註冊旅行社，以申請 144 小時便利簽證。

3. 內地旅行社將申請文件交予有關進出口岸邊防檢查站，以申請 144 小時便利簽證。申請的處理時間約為一個工作天（截止申請時間為每日下午 4 時）。

4. 成功申請的旅行團團隊可在廣州、深圳、珠海、佛山、東莞、中山、江 門、肇慶、惠州及汕頭（前往汕頭旅遊的旅行團團隊，必須直接從汕頭入出境，活動範圍不得超出汕頭行政區域）逗留最多 144 小時共六天。

隨着粵港澳大灣區戰略的開展，兩地應進一步加強合作，利用好香港出入境和對外交通網絡的便利，以及作為國際旅遊城市的優勢，積極將大灣區發展成為中國主要旅遊區域之一，及令粵港澳成為亞太地區重要的國際旅遊目的地和遊客集散地。

鑒於「144 小時便利簽證」政策的涵蓋範圍正好覆蓋整個粵港澳大灣區

（加上潮洲汕頭），未來為吸引更多國際旅客能夠經香港和澳門到廣東省，開展大灣區內「一程多站」式旅遊，並推動廣東省的入境遊發展，建議中央及廣東省政府進一步優化相關計劃。

建議：

1. 對符合相關條件的國際旅客進一步放寬現時 144 小時的規定，例如可考慮倍增至 288 小時，以吸引更多國際旅客訪港，體驗「一程多站」的旅程；

2. 進一步優化交通、安全和通關環境，推動三地旅遊服務便利化對接；

3. 善用和規劃好大灣區擁有的獨特及多元化旅遊資源，切實加強在海外進行聯合推廣，協力提升珠三角地區的整體旅遊吸引力。

2018

三 2019年全國兩會建議和提案

（一）推動大灣區智慧醫療發展

全國衛生與健康大會於2016年8月在北京召開，會議上中共中央總書記、國家主席、中央軍委主席習近平發表重要講話，強調「沒有全民健康，就沒有全面小康。要把人民健康放在優先發展的戰略地位，以普及健康生活，優化健康服務，完善健康保障，建設健康環境，發展健康產業為重點，加快推進健康中國建設，努力全方位，全周期保障人民健康，為實現『兩個一百年』奮鬥目標，實現中華民族偉大復興的中國夢打下堅實健康基礎」，為我國健康政策奠下了發展方向。

然而，由於工業化、城鎮化、人口老齡化，及疾病譜、生態環境、生活方式不斷變化，我國正面臨多重疾病威脅、多種健康影響因素交織的複雜局面。此外，醫療成本高、管道少、覆蓋面低等各項問題，亦形成了「看病難、看病貴」的問題，困擾着我國人民的健康生活。上述各種情況及問題，均妨礙着我國邁向「健康中國」的進程。

當中，為突破健康政策發展的關口，為有效推進「健康中國」的建設，我國「智慧醫療」的推動和發展，將擔當着關鍵的角色。具體而言，「智慧醫療」作為互聯網＋、大數據、物聯網技術、雲計算技術、智慧醫院系統、區域衛生系統及家庭健康系統的綜合載體，能夠為求醫群眾、醫療機構、醫務人員、監管機構、投資者帶來多項優勢，包括為求醫群眾帶來便捷，為醫療機構帶來更高效、低成本的運營模式，為醫務人員帶來專業提升，為監管機構帶來更科學、可靠的決策支持，以及為投資者帶來更穩健的投資回報等。此外，「智慧醫療」將能緩解我國的一連串健康政策問題，包括醫療資源分配不均、醫療系統間資訊共用性差、醫療費用高昂、醫患衝突頻發及醫保制度不夠完善等。故此，《粵港澳大灣區發展規劃綱要》亦提出，要推動數字創意在醫療衛生領域的應用。

從各個方面而言，「智慧醫療」將是支撐我國健康政策安全過渡發展與改革深水區的重要動力。為實現習近平總書記的講話內容，推進「健康中國」的全方位建設，我國有必要加強推動「智慧醫療」的發展，並在粵港澳大灣區先行先試。

建議：

1. 訂立「智慧醫療」建設統一標準

現時我國對「智慧醫療」沒有規範的建設標準，各個醫療單位無所適從，亦難以互相配合，狀況不利於發展「智慧醫療」。為此，我國政府應盡快制定全面及完善的「智慧醫療」政策發展藍圖及統一的規範標準，讓「智慧醫療」在規範的基礎下平穩高速發展。

2. 強化醫療信息採集，實現醫療數據共建共享

礙於我國醫療服務分散、行政壁壘重重，各個醫療單位之間的醫療數據並未實現共建共享，無法形成大數據網絡，狀況不利於發展「智慧醫療」。為此，政府有必要優化相關法規，突破行政壁壘，推動跨單位及政府部門的合作，讓醫療數據在各個醫療單位之間互聯互通、共建共享。

3. 增撥資源以推動發展

「智慧醫療」的發展若要取得成功，各層級醫療單位必須牢牢掌握成熟的數據技術，包括需要具備裝備精良的硬件基礎建設及技術過硬的人才隊伍，過程中涉及較龐大的額外資源。政府應研究提供更多財政資源，包括成立行業基金，以及稅務優惠等，以協助推動發展「智慧醫療」。

（二）大灣區合辦更多醫療機構

隨着我國經濟發展，機遇處處，近年每年約有 20 萬名香港居民前往內地工作，尋找發展機遇。此外，因應內地生活水平上升，居住環境大大改善，退休後選擇定居內地的港人長者，每年人數亦有近 2 萬人。

隨着愈來愈多港人在內地生活，他們對醫療服務的需求亦愈來愈大。然而，部分港人仍對香港醫療水準較具信心，因此催生了在內地興建港式醫院的需求。去年我們在兩會上提交了提案，建議內地省市參考香港大學深圳醫院的模式，讓香港比較優質的醫院在內地主要城市建設合營醫院，採用港式管理，以進一步提升香港居民到內地工作生活的意欲。有關方面回覆，目前內地政策已允許香港醫療服務提供者在廣東省等主要省市設立獨資醫院，並在 2013 年，將香港獨資、合資和合作醫院的審批權限下放到省級。此外，亦出台了多項措施，為香港居民就醫提供便利，並正制定政策解決部分香港居民的參保問題。對此，我們非常歡迎，並期待有關方面能進一步落實及推動政策。

《粵港澳大灣區發展規劃綱要》亦提出，「支持港澳醫療衛生服務提供主體在珠三角九市按規定以獨資、合資或合作等方式設置醫療機構，發展區域醫療聯合體和區域性醫療中心」。可見，中央亦非常鼓勵有關做法。

建議：

1. 協助成立合辦醫院

建議中央鼓勵內地省市參考香港大學深圳醫院的模式，採取更積極措施，着力推動香港以及其他國家地區優質的醫院與更多內地主要城市合作建設合營醫院，採用港式或其他優質模式管理，由內地與香港及其他國家地區的醫療專家組成團隊，共同提供優質醫療服務。短期而言，可先在最多香港居民聚居的大灣區城市如中山、珠海、廣州等地興建港式醫院。待條件成熟後，再進一步推廣至其他主要城市。

2. 成立合辦診所

有鑒於港大深圳醫院的成功，我們建議參考有關合辦模式，推動香港及其他國家地區優質的醫院與內地城市共同成立採用優質管理的合辦診所，把合辦服務範疇從住院服務擴展至普通門診、專科門診及日間醫療程序服務等（例如即日出院的手術服務），以滿足病人不同的需要。初時可在大灣區先行先試。

3. 成立合辦醫學院

為促進香港與內地醫護人員的交流，建議內地省市優質醫院和香港兩間大學成立聯合醫學院，以共同培養優質的醫護人才。此外，合辦的醫學院亦可作為交流平台，促進內地及香港的醫護人才在各個層面的交流，提升彼此醫療教學及醫護培訓水平。初時可在大灣區先行先試。

（三）擴大長者醫療券在大灣區的應用範圍

現時本港已踏入人口老齡化，2017 年長者人口高達 122 萬，預期到 2036 年增加至 237 萬，長者佔香港總人口會由同期 17% 激增至 31%；與此同時，到內地退休長者亦為數不少，據統計處 2011 年資料顯示，有超過 11 萬名 60 歲以上長者長居內地，而當中有 71.7% 屬於退休人士，上述數字反映了長者到內地退休已成趨勢，隨着長者人口增加，此趨勢相信將有增無減。

內地退休長者被迫回港的原因之一，就是因為就醫費用的問題而被迫回流香港。香港政府在 2009 年推出長者醫療券計劃，現時所有年滿 65 歲的香港長者，每年可獲發 2,000 元的醫療券，以善用基層醫療服務。此項計劃備受歡迎，但長者一旦回到內地養老，便不能受惠，令不少長者對長期在內地生活卻步。

目前醫療券在深圳港大醫院進行試點運作，整體運作比較順暢，使用人數由 2015 年 12 月的 1,090 人次提升至 2018 年 1 月的 3,508 人次，且有逐年上升趨勢，顯示長者醫療券在內地的需求非常大，有必要進一步優化。

建議：

1. 香港與內地聯合研究，將香港醫療券的適用範圍擴展至內地主要醫院及診所，讓更多長者受惠。初期可在廣東省先行先試，在省內優質醫院內使用香港長者醫療券。

2. 兩地聯合研究，將長者醫療券的應用範圍擴大至內地主要省市的住院服務及日間手術程序等。初期也可在大灣區內先行先試。

（四）建立「大灣區綜合農業村」打造農業新概念

香港特區基於擁有與國際接軌的食安相關制度及法例，加上漁、農專才的生產素質高，讓市民及旅客在香港這美食天堂一直吃得安心。現時，要促進香港農業的持續發展，香港有人才、制度、健全食安法例、信譽、食安文化及捧場客，卻獨欠土地及更大的市場；加上香港土地相對匱乏，對土地需求甚為殷切，導致適合用作發展農業的土地逐漸減少。

適逢國家近年大力推動「粵港澳大灣區」建設，廣東省擁有廣闊的農業科技試驗平台和土地資源。相信結合全世界均對食物品質愈加追求的「天時」，更兼香港管理及法制優制上的「人和」及廣東省土地資源上的「地利」，將可在「大灣區」建設下，把香港及廣東的農業昇華至更高層次，共同打造「大灣區」的優質農業品牌及概念。因此，我們有下述建議：

建議：

1. 於廣東省內設立專區，建立以香港農業專才領導的管理模式為主體的「大灣區綜合農業村」，「大灣區綜合農業村」會將禽畜養殖、種植農業、旅遊業及三者的相關行業加以結合，集生產、休閒、教育、飲食、銷售及農業科技於一身。將香港的食安機制及內地的勞動力、土地資源及科技平台加以有機結合，讓農業上升至高科技、高產值及高品質的層次；並把生產的農產品銷售香港、「大灣區」、全國，甚至全世界，打造「大灣區」的優質品牌，讓大灣區內合作的各市及香港均可各取所需、相得益彰。

2. 近年香港土地發展規劃頻繁，加上現時香港特區政府的「新農業政策」及其中的「農業園」均欠禽畜養殖的相關規劃，讓不少香港農業專才均對前往大灣區發展有所渴求和憧憬。我們建議優先於「大灣區綜合農業村」內發展禽畜農業，以及香港禽畜業界需求較大的種豬及種雞場，並讓受香港發展規劃的禽畜農戶優先參與。既可協助業界分散投資，也可讓他們熟習「大灣區」的情況，以尋求更廣闊的農業發展空間；而且，我們也認為受香港發展規劃所影響的禽畜農戶將更有誠意及動力參與此項計劃，作出更大貢獻；同時，「農業村」的建立也有利於內地與香港的禽畜業設施作出良好分工，若香港的種豬及種雞全由內地供應，則香港的禽畜農場可以專注於飼養，並更有利於防範動物疫病，提升兩地的生物保安措施。

3. 近年，香港城市大學成立獸醫相關學系，我們建議容許有關學系進駐「大灣區綜合農業村」，進行農業相關的科研工作，與「大灣區」農業作有機結合。我們堅信，有關做法將可進一步善用發揮香港面向世界的特質，充分善用內地與香港的協同效應，提升「農業村」的效益。

（五）建議修訂《漁業法》 加強打擊非法捕撈問題

誠如2017年國家農業部對十二屆人大五次會議第3952號建議的答覆，近年來國家致力推動海洋生態文明建設，嚴厲打擊「三無」漁船、電毒炸等違法違規行為，決心確實有目共睹。不過有不少港澳流動漁民及香港漁民均認為，非法捕魚的問題仍然甚為猖獗，可謂於海洋舉目皆是，主要問題有三：（一）違規漁船或船隻經常越界於香港特區管轄水域非法捕撈作業；（二）違規漁船或船隻在休漁期期間非法捕撈作業；（三）不可在南海捕撈的漁船或船隻於南海非法捕撈作業（包括外國船隻）。上述問題，更尤其在廣東省的陽江、台山及汕尾等水域為之嚴重。鑒於根據《關於政協十三屆全國委員會第一次會議第2947號（政治法律類288號）提案的答覆摘要》，國家已得悉「現行《漁業法》已不適應新形勢的要求」，並將作出修訂，以「增強法律的針對性、可操作性和威懾力」並對修訂一事高度重視。因此，不少漁民對國家的工作有很大期待，我們建議：

建議：

1. 根據國家《漁業法》，現時進行電毒炸等違法違規行為、違反休漁期的規定進行捕撈、使用禁用的漁具，以及違反捕撈許可證關於作業類型、場所、時限和漁具數量，如若初犯，大多只會沒收漁獲和違法所得，及處五萬元以下的罰款，甚或可能輕則只有數千元的罰款。如此罰則明顯欠阻嚇力，與因非法捕魚所獲的巨大利潤（於休漁期間偷捕平均可獲上百萬元的純利）比較，形成讓不少不法之徒鋌而走險的強大誘因；加上我國水域之大，讓問題屢禁不絕，讓不少不法份子存僥倖心態；而且有關反差也讓不少守法漁民作出攀比，影響漁民社群的團結，當中對港澳流動漁民帶來的衝擊，更對「一國兩制」有效實施有所影響。因此我們支持國家修訂《漁業法》的工作，期望可修改《漁業法》第五章當中的有關法律責任、罰則，以及其他相關條文章節，包括建議引入更高的量刑起點及最高罰則；向初犯者處以更高及更具阻嚇性的罰款，讓違法人士知難而退；並嚴厲處罰重犯的不法之徒，除了處以更高的罰款，更應立即沒收重犯者的漁具、漁船、吊銷捕撈許可證；並按犯罪情況，向構成犯罪的人士，依法追究刑事責任，甚或處以監禁刑罰（詳見附件）；而有鑒於現時漁業並非必定由漁船船東親自操作船隻，故建議於判刑時一併考慮責任應在於漁船船東、漁船操作者抑或他人，以免產生錯判情況。

2. 盡快優化現存的執法資料，建立全國性的非法捕魚執法資料庫，並定期與香港特別行政區政府就有關問題作出溝通及交流，以充分掌握休漁期非法捕魚、跨界、跨境非法捕魚等的執法情況、犯案數字、重犯情況及相關罰則。有關資料庫，將有助相關部門作出更具針對性、操作性和威懾力的修訂。我們同時期望，政府相關部門可適度公開有關執法情況，以展示相關部門的決心，威懾違法人士；

3. 據了解，香港的執法部門遭遇跨境的非法捕魚之時，若有關非法捕撈漁船成功由香港特區管轄水域逃往內地境內，香港的執法部門將由於「一國兩制」而難以執法。儘管香港的執法部門近年來已多次與內地的執法部門採取聯合行動打擊非法捕魚問題，但有關情況仍未能改善。鑒於有關行為猖獗，部分非法漁船甚或深入香港水域，時而與其他船隻產生碰撞，影響人身安全，故我們期望相關部門可以進一步研究加強打擊跨境非法捕魚問題，並進一步與香港相關部門交流探討，改善執法情況。

4. 不少漁民對打擊非法捕魚的執法工作有所不滿。包括：不少漁民反映現時就非法捕魚而設的舉報電話成效不彰。首先當漁民舉報之時，或會經過多重轉介甚或要求漁民自行尋找當區有關單位舉報，予違法者逃脫之機；其次舉報電話的接線生要求漁民提供的資料不一，甚或出現索取舉報漁民的資料比非法捕魚資料更多的情況，讓舉報費時失事；而且，部分舉報電話也非 24 小時舉報熱線，讓部分時段成為非法捕魚的溫床；另外，也有漁民反映曾經在舉報之後一直身處有關水域，也未見有相關單位到有關水域巡邏，然而有關單位卻於後來回覆稱已經巡邏的情況。上述情況均導致未能有效打擊非法捕魚。故就着上述情況，建議政府宜盡快檢討舉報機制，為漁民提供清晰及有效的舉報管道，設立 24 小時且全國統一處理的非法捕魚舉報的熱線，讓執法更為到位，堵塞漏洞。同時建議政府審視及檢討現時的執法工作，並多向漁民解釋情況，以重振有關部門的威信，建立更佳的官民關係。

附件：建議修改法例的詳情

中華人民共和國漁業法

第五章　法律責任

條例	原文	建議修改為
第三十八條	使用炸魚、毒魚、電魚等破壞漁業資源方法進行捕撈的，違反關於禁漁區、禁漁期的規定進行捕撈的，或者使用禁用的漁具、捕撈方法和小於最小網目尺寸的網具進行捕撈或者漁獲物中幼魚超過規定比例的，沒收漁獲物和違法所得，處五萬元以下的罰款；情節嚴重的，沒收漁具，吊銷捕撈許可證；情節特別嚴重的，可以沒收漁船；構成犯罪的，依法追究刑事責任。	使用炸魚、毒魚、電魚等破壞漁業資源方法進行捕撈的，違反關於禁漁區、禁漁期的規定進行捕撈的，或者使用禁用的漁具、捕撈方法和小於最小網目尺寸的網具進行捕撈或者漁獲物中幼魚超過規定比例的，沒收漁獲物和違法所得，情節較輕的初犯者處五十萬元以下的罰款；重犯者及情節嚴重的初犯者處二百萬元以下的罰款，沒收漁具，吊銷捕撈許可證，沒收漁船；構成犯罪的，依法追究刑事責任。

（續上表）

條例	原文	建議修改為
	在禁漁區或者禁漁期內銷售非法捕撈的漁獲物的，縣級以上地方人民政府漁業行政主管部門應當及時進行調查處理。 製造、銷售禁用的漁具的，沒收非法製造、銷售的漁具和違法所得，並處一萬元以下的罰款。	在禁漁區或者禁漁期內銷售非法捕撈的漁獲物的，縣級以上地方人民政府漁業行政主管部門應當及時進行調查處理。 製造、銷售禁用的漁具的，沒收非法製造、銷售的漁具和違法所得，初犯者處十萬元以下的罰款；重犯者及情節嚴重的初犯者處二百萬元以下的罰款。
第三十九條	偷捕、搶奪他人養殖的水產品的，或者破壞他人養殖水體、養殖設施的，責令改正，可以處二萬元以下的罰款；造成他人損失的，依法承擔賠償責任；構成犯罪的，依法追究刑事責任。	偷捕、搶奪他人養殖的水產品的，或者破壞他人養殖水體、養殖設施的，責令改正，情節較輕的初犯者處二十萬元以下的罰款；重犯者及情節嚴重的初犯者處二百萬元以下的罰款，沒收漁具，吊銷捕撈許可證，沒收漁船；造成他人損失的，依法承擔賠償責任；構成犯罪的，依法追究刑事責任。
第四十一條	未依法取得捕撈許可證擅自進行捕撈的，沒收漁獲物和違法所得，並處十萬元以下的罰款；情節嚴重的，並可以沒收漁具和漁船。	未依法取得捕撈許可證擅自進行捕撈的，或對一牌多用的船，沒收漁獲物和違法所得，並處情節較輕的初犯者一百萬元以下的罰款；重犯者及情節嚴重的初犯者處二百萬元以下的罰款，沒收漁具，沒收漁船。
第四十二條	違反捕撈許可證關於作業類型、場所、時限和漁具數量的規定進行捕撈的，沒收漁獲物和違法所得，可以並處五萬元以下的罰款；情節嚴重的，並可以沒收漁具，吊銷捕撈許可證。	違反捕撈許可證關於作業類型、場所、時限和漁具數量的規定進行捕撈的，沒收漁獲物和違法所得，情節較輕的初犯者可處五十萬元以下的罰款；重犯者及情節嚴重的初犯者處二百萬元以下的罰款，沒收漁具，吊銷捕撈許可證，沒收漁船。
第四十三條	塗改、買賣、出租或者以其他形式轉讓捕撈許可證的，沒收違法所得，吊銷捕撈許可證，可以並處一萬元以下的罰款;偽造、變造、買賣捕撈許可證，構成犯罪的，依法追究刑事責任。	塗改、買賣、出租或者以其他形式轉讓捕撈許可證的，沒收違法所得，吊銷捕撈許可證，可以並處十萬元以下的罰款；重犯者處二百萬元以下的罰款；偽造、變造、買賣捕撈許可證，構成犯罪的，依法追究刑事責任。

（續上表）

條例	原文	建議修改為
第四十五條	未經批准在水產種質資源保護區內從事捕撈活動的，責令立即停止捕撈，沒收漁獲物和漁具，可以並處一萬元以下的罰款。	未經批准在水產種質資源保護區內從事捕撈活動的，責令立即停止捕撈，沒收漁獲物和漁具，情節較輕的初犯者可處十萬元以下的罰款；重犯者及情節嚴重的初犯者處二百萬元以下的罰款，沒收漁具，吊銷捕撈許可證，沒收漁船。
第四十六條	外國人、外國漁船違反本法規定，擅自進入中華人民共和國管轄水域從事漁業生產和漁業資源調查活動的，責令其離開或者將其驅逐，可以沒收漁獲物、漁具，並處五十萬元以下的罰款；情節嚴重的，可以沒收漁船；構成犯罪的，依法追究刑事責任。	外國人、外國漁船違反本法規定，擅自進入中華人民共和國管轄水域從事漁業生產和漁業資源調查活動的，責令其離開或者將其驅逐，可以沒收漁獲物、漁具，並處五百萬元以下的罰款；情節嚴重的，可以沒收漁船；構成犯罪的，依法追究刑事責任。

5. 中華人民共和國漁業法實施細則自初次實施後便沒有跟隨中華人民共和國漁業法一併修正，建議同時就上述建議一併作出審視，以免出現法律上的謬誤。

（六）在大灣區內建設港人社區

隨着城市不斷發展，香港近年地少人多的問題愈趨嚴重，令許多市民難以安居樂業。雖然特區政府已推出多項措施以增加房屋土地供應，並設立更多優質的社區設施，但由於種種原因，社區用地不足的問題仍然困擾着許多香港市民。

廣東省內不少城市如深圳和廣州等，由於城市發展良好，配套較完善，因而吸引不少港人前往置業。但內地目前實施樓宇限購政策，非戶籍居民根本難以在當地買樓。而在部分城市，港人只需提供相關學習、工作或居住證明，明確在當地無住房，就可購買一個自住單位。但是，由於需接受審核程序，而且並非所有廣東省城市都接受類似安排，故香港市民在當地買樓仍然困難重重。

尤其是粵港澳大灣區的政策出台以來，吸引不少香港居民往廣東省工作及居住，如果沒有相應的住房政策配套，可能會影響政策的有效落實。大灣區是習近平主席親自謀劃、親自部署、親自推進的國家戰略，非常重要。習近平主席在去年到香港考察時，曾指大灣區要「大膽闖、大膽試，開出一條新路來」，不要默守成規。而國務院副總理、粵港澳大灣區建設領導小組組長韓正去年亦表示，發展大灣區要遵循六大原則，其中第五點是「共享發展，改善民生」，而住房問題正是香港人面對的一個重大民生問題。

若能在廣東省內建立香港人為主的社區，一方面可解決香港地少人多和居住環境擠逼的問題，另一方面可加快讓香港人融入內地，推動當地城市的發展。與此同時，先行先試的做法提供了以制度創新和思維創新解決老大難社會問題的實例，並成為粵港澳大灣區的其中一個合作示範項目，為將來珠三角乃至於全國各地的區域發展策略提供極為寶貴的參考。

建議：

1. 專地專用，在鄰近香港的廣東省城市，如珠海、中山及惠州等，提供部分社區用地以興建大量房屋，並注明這些房屋只給予香港人居住，不受限購政策及個人所得稅政策影響。

2. 在專地上，配備相關配套包括社區及休閒娛樂設施，例如商場、街市、戲院、學校、安老院舍、圖書館、醫院、公園及公共泳池等。

3. 中央檢視目前相關的政策，若有限制性規例，可考慮予以適度調整。更可視乎情況，對相關安排提供財政補助。

（七）為中國香港市民提供內地身份證明

去年本人曾提交提案，建議中央研究向香港市民提供內地身份證明，以便利在內地的生活、工作和就業等等。國務院經過詳細研究，廣泛聽取了各方面的意見，於去年年中公佈《港澳台居民居住證申領發放辦法》，正式推出居住證制度，讓合資格的港澳台居民 9 月 1 日起可以申領內地居住證。成功申請居住證的港澳台居民，可與內地居民同享「三項權利」、「六項基本公共服務」及「九項便利」。

上述政策措施能讓長期在內地生活的香港居民獲享較完整的國民待遇，消除了他們在內地創業、工作、學習及生活方面的多項限制，令日後在內地工作和生活更加便利，故政策無疑是個非常重要的好消息。

然而，不少香港市民對部分實施細節仍存有疑問，例如半年的居住要求是否必須為連續居住？取得居住證後是否有持續居留的要求？而合法穩定就業及連續就讀的申請條件是否有具體定義？例如少於半年的短期兼職工作或課程是否符合要求？中途被解僱又是否符合要求？另外，申請居住證後，香港居民在內地的稅務責任有無改變？各省市的申請手續是否一致及簡易？會否設立一站式查詢熱線，以便利香港市民申請及查詢等等？

此外，符合申領資格的港人只有約五十多萬，換句話說，仍有超過六百幾萬的香港居民無法獲享政策帶來的便利措施。他們在內地工作和生活時，仍需依靠一張港澳通行證以證實自己的身份，比較不便。前年國家開始推出二代台胞證，號碼與內地居民身份證一樣達 18 位數。持有者可以像內地居民一樣無障礙使用各種電子平台，大大便利了工作生活。二代台胞證為解決港澳通行證的問題提供了極好的先例。

此外，內地許多時候在生活和工作方面都需要使用電子平台系統，但港澳通行證與這些電子平台系統難以相容，如果系統沒有針對性地作出調整，香港人便無法使用有關系統。這個問題，去年有關方面已經回覆，國家移民管理局已推出多項措施，推動通行證的社會化應用，並正積極研究建設互聯網身份認證平台。我們認為，措施可以便利香港居民在內地工作和生活，對此我們非常歡迎和感謝。

建議：

1. 盡快公佈更多居住證制度的實施細節，以消除港人的誤會或疑問。

2. 放寬有關規定，向不在內地定居的港人發放內地身份證明，或參考居住證制度及二代台胞證的做法，考慮將港澳居民來往內地通行證經調整後即可作為內地身份證明文件，與內地身份證有同等效用，以便利在內地的教育、工作和生活。

作為過渡性措施，有關部門可加快推進互聯網身份認證平台的建設及相關措施，並呼籲及要求各公營機構及各行業所有主要的服務營運商，在提供電子服務平台時，必須確保能兼容港澳通行證。

（八）容許香港銀行處理港人大灣區業務

國家近年的發展一日千里，在經濟、文化、社會等方面都取得豐碩的成果，未來更有廣闊的發展空間，吸引了不少香港人北上工作和生活。現時部分港人在內地置業申請按揭時，雖然並無國家明文規定限制，但實際操作時往往遇到不少困難。與內地居民相比，要不就是太多限制，要不就是按揭成數較低，以致增加了港人在內地置業的難度。另外，在內地申請開立銀行帳戶或處理銀行其他業務時，也常常遇到困難，令需要在內地生活和工作的港人非常不便。

去年我們曾在兩會提交建議，要求放寬置業按揭限制，明確規定港人在內地辦理房貸時能與內地居民一樣享受國民待遇；並統一法規，放寬在辦理商務及公共服務時，需要讓港人提供內地住址證明的限制，並可參照特區政府認可的法定信函、文件、單據，以證明在港的確實住址即可。

去年下半年國務院出台了居住證制度，對港人在內地辦理住房按揭及其他銀行業務提供了一定的便利。我們非常感謝中央政府以及相關部委的重視。不過，目前大部分港人都未符合申領居住證的資格，但又存在在內地工作和生活的需求。這些群體在申請內地購房貸款，以及處理銀行開戶等業務時仍存有不少困難，期望相關部門能出台更多便利政策。

建議：

1. 容許香港居民在內地購買房屋自住時，可以向香港銀行辦理按揭貸款及完成所需的抵押手續，而無須局限於向內地銀行申請。措施初期可在大灣區內先行先試。

2. 容許於本港及內地均有機構的銀行集團，通過其於本港的機構以見證開戶的方法完成內地所需的開戶手續，以及辦理相關業務。措施初期可在大灣區內先行先試。

（九）建立粵港澳大灣區統一資訊平台

粵港澳大灣區是國家主席習近平親自謀劃、親自部署、親自推動的國家戰略。自從 2017 年《深化粵港澳合作 推進大灣區建設框架協議》簽署以來，粵港澳大灣區的發展進一步加快，各方面的措施亦不斷推進，並取得一些成果。國家主席習近平在去年 11 月於北京接見港澳各界慶祝國家改革開放 40 周年訪問團並發表講話，他要求香港更加積極主動融入國家發展大局。並認為這是「一國兩制」的應有之義，是改革開放的時代要求，也是香港探索發展新路向、開拓發展新空間、增添發展新動力的客觀要求。實施粵港澳大灣區建設，是國家立足全局和長遠作出的重大謀劃，也是保持香港長期繁榮穩定的重大決策。

由於看到新機遇和新希望，故愈來愈多香港市民也願意到內地工作和生活。但是，目前雖然有許多措施不斷推出，但相關資訊比較分散，並無一個統一的資訊平台。不少香港市民反映，他們想知道有關大灣區的政策法規，只能分別向各個相關部門或機構查詢，而且往往不得要領。而且，許多時候大灣區內三個行政區會各自宣佈措施，之間較缺乏協調，令部分措施有不同的解讀。

去年我們在兩會會議上，提出建立一站式營商資訊平台，以整合內地各個工商部門的資訊，包括公司註冊資訊、稅務資訊、工商法律法規等，盡可能做到公開、透明，方便港人到內地進行商務活動。有關方面回覆，目前已成立相關平台，並正進一步優化平台，及深化放管服改革，未來將繼續推進信息平台建設，以便利營商。

這對有意到內地營商的香港人來說，是個很好的消息。然而，大灣區政策不只是營商，也包括生活、就業、學業和安老等各方面。如果能效法營商平台，建立一個統一的一站式大灣區資訊平台，定能為香港人及其他持份者提供更多便利，促進整個大灣區的發展。

《粵港澳大灣區發展規劃綱要》亦提出，「創新互聯網＋政務服務模式，加快清理整合分散、獨立的政務信息系統，打破信息孤島，提高行政服務效率」。可見，中央亦非常鼓勵相關做法。

建議：

1. 粵港澳三地政府進行協商，共同設立一站式的大灣區資訊平台，以整合生活、工作、就業、學業等各方面的相關資訊，盡量做到公開和詳細。

2. 平台中應包含相關具體的流程指引，以協助香港企業或者個人到內地生活、工作等方面。

3. 各部門研究簡化香港企業或者個人到內地生活、就業、讀書或創業等的手續，激發更多香港人參與大灣區建設的積極性。

（十）建立大灣區創業配對平台

隨着內地的經濟飛速發展，以及各種有利於創業及營商的政策出台，許多香港創業者對在內地創業的興趣愈來愈大。中國國務院在 2015 年提出「大眾創業、萬眾創新」的口號，並推出多項鼓勵措施，令許多有志創業者能夠受惠。但由於對內地各項政策不了解，不少香港人往往無從下手，甚至連最簡單的工商註冊都未必知道應該如何操作，加上內地政府部門各項資訊較為分散，因此很多香港市民因為繁複的手續以及資訊不足而放棄了北上創業的機會。

去年我們在兩會會議上，提出建立一站式營商資訊平台，以整合內地各個工商部門的資訊，包括公司註冊資訊、稅務資訊、工商法律法規等，盡可能做到公開、透明，方便港人到內地進行商務及創業活動。有關方面回覆，目前已成立相關平台，並正進一步優化平台，及深化放管服改革。此外，亦建設了小微企業名錄系統，集中公開各類扶持政策及企業享受扶持政策等信息。未來亦將繼續推進信息平台建設，以便利營商及創業。

我們非常歡迎有關方面對此問題的重視及政策實施，然而，目前的政策仍然不夠簡化，而且大灣區三地政府主要是自行其事，之間缺乏統籌和溝通。此外，資訊平台以及融資平台互相隔離，令創業者和投資者之間沒有一個比較統一及全面的配對平台。

建議：

1. 三地政府加強協調，設立一站式的大灣區創業資訊平台，以整合各地及各類工商部門的資訊，包括公司註冊資訊、稅務資訊、工商法律法規等，盡可能做到公開、透明，並加強向外界宣傳有關平台。

2. 平台中應包含相關具體的操作流程指引，以協助香港企業或者個人到內地投資創業。各部門也應研究進一步簡化香港企業或者個人到內地創業和投資的手續，激發更多香港青年到內地創業的積極性。

3. 在平台上建立一站式及全面的創業融資配對系統，讓創業者和投資者可以進行高效、安全、有針對性及一站式的創業配對，減少有錢無項目，或有項目但無錢的情況。

（十一）設立大灣區顧問制度

粵港澳大灣區是國家主席習近平親自謀劃、親自部署、親自推動的國家戰略，這不但是國家的重點政策，也是和香港密切相關的重要舉措。去年國家成立了粵港澳大灣區建設領導小組，香港特首林鄭月娥破例以成員身份參與，是首次有香港特首納入中央層級的領導小組。可見，國家愈來愈重視香港同胞在大灣區建設上的參與度。

國家主席習近平在 2018 年 11 月於北京接見港澳各界慶祝國家改革開放 40 周年訪問團時亦表示，期望香港同胞更加積極主動參與國家治理實踐，並要求香港同胞要關心國家發展全域，積極參與國家經濟、政治、文化、社會、生態文明建設。因此，香港同胞加強參與大灣區建設，是未來的大趨勢。

然而，目前主要是官方在推動及制定大灣區政策，而民間的聲音則未被正式納入相關架構之中。但是大灣區涉及經濟、交通基建、社會、文化、生活、醫療、食物安全及環保等多個方面，而每個範疇也涉及不少痛點和難點，如果沒有充分聽取來自民間的聲音，難以保證政策能夠貼地和有針對性。

事實上，許多香港人都期望能加強參與國家事務，尤其希望參與與自己利益悠關的粵港澳大灣區，而且也有很多不錯的建議及觀點，可惜目前並無正式的渠道向有關方面反映，以致政府在推進大灣區建設時，可能未必能廣泛吸收各界意見，政策未必能完全做到精準、到位及全方位。

《粵港澳大灣區發展規劃綱要》亦提出，「邀請粵港澳專業人士為大灣區發展提供意見建議」。可見，中央亦非常鼓勵有關做法。

建議：

1. 設立大灣區顧問制度，邀請不同界別有才能有熱情的香港同胞擔任顧問，具體可包括工商、專業、社會服務、醫療及文化等界別。顧問可發揮諮詢角色，凡有重大的相關政策推出前，政府都提前向這批顧問收集意見，令政策更加完善。

2. 顧問制度可設定名額及時限，讓更多不同屆別及階層的香港同胞都可以參與其中，更大程度地發揮集思廣益的效果。

3. 可考慮將顧問制度隸屬於粵港澳大灣區建設領導小組，並下設秘書處，負責具體的行政及支援工作，令區事顧問發揮更佳功能。

（十二）優化大灣區空域安排

經過多年發展，粵港澳地區各自發展出具有規模的空中交通網絡。但由於之間缺乏足夠的協調，故出現了重複建設及功能重疊的問題。目前除了香港和澳門各有一個機場外，整個廣東省在廣州、深圳、珠海、惠州、湛江、佛山和韶關等城市亦分別設有多個機場。而且，廣東省將在十三五期間，新建珠三角新幹線機場，並擴建廣州白雲機場、寶安機場及平潭機場等機場，預料將會加劇區內空域緊張的情況。

由於目前各個機場的管制空域基本上按行政區劃設，在機場密集的情況下，各機場管轄空域狹小又要保留一定的安全保護區域，所以導致了空域不能充分利用，再加上眾多航空交通流彙集於珠三角上空，空域重疊、航班量大、起降頻繁，使得飛行空域異常緊張，航班延誤的情況嚴重。

根據《2018 年 7 月全球航空公司到港準點率報告》的資料，大灣區內多家航空公司的準點率都普遍低於主要競爭對手。例如日本航空、大韓航空及新加坡航空等，準點率都達到 90% 以上。而南方航空則只有 78%，香港國泰航空也只有 81.3%。區內的航班若經常延誤，可能會令更多旅客轉飛至區內毗鄰更準時、更可靠的航運樞紐。一旦發生這個情況，香港以及灣區內航空業及相關經濟利益將蒙受無可彌補的損失。這些延誤嚴重削弱了香港以及大灣區作為進出中國門戶、亞洲主要航空樞紐，以至國際重要旅遊及商務中心的地位。

2007 年國家民航局、香港民航處及澳門民航局共同制定了《珠江三角洲地區空中交通管理規劃與實施方案（2.0 版本）》，根據統一規劃、統一標準、統一程序的原則，制定多項短、中、長期改善空管、優化空域安排的措施。多年來取得了一定的成績，包括新增新空管移交點及相關航道，以及調整了珠海空域結構及新增了外圍航道等。不過，相對於大灣區龐大的空中服務需求，目前的改善成果仍然不足夠。

《粵港澳大灣區發展規劃綱要》指出，要「加強空域協調和空管協作，優化調整空域結構，提高空域資源使用效率」。故此，有關方面有必要進一步優化目前的空域安排。

建議：

1. 考慮為大灣區前往各地城市的航班開設備用航道，以供當現有航道及領空受到廣泛管制時使用。當局亦應將香港航空交通流量同時納入內地空中流量管理系統一併考慮，使香港的航班運作更有秩序、更穩定。

2. 研究論證空域管理體制的改革方案，開展空域分類管理研究，並推動相關立法工作，制定空域管理的相關條例，以科學配置空域資源、更規範地管理航空行為，以促進大灣區的航空業發展。

3. 協助及鼓勵粵港澳三地研究成立聯合空中管理中心，以創新模式處理大灣區的空域管理問題。這方面可以參考歐洲的經驗。歐洲各界在歷史上也曾面臨空域管理的問題，以致航班延誤嚴重。為解決這一問題，歐洲致力於建立歐洲單一天空（Single European Sky），透過統一協調去處理空域不同的問題，其中之一就是成立 The Maastricht Upper Area Control Centre（MUAC），以管理比利時、德國北部、盧森堡和荷蘭的空域，並確保這些區域的航班高效及安全。透過多國共同管理的模式，MUAC 令區域內的航班準時率長期高於 90%，2013 年更高達 99.5%。MUAC 的做法值得有關部門參考。

（十三）優化大灣區邊境出入制度

隨着國家一日千里的發展，近年香港與內地交往愈趨頻繁，令多個邊境口岸的壓力大增，部分口岸更已接近飽和。例如深圳灣口岸在 2015 年的日均客流量，已達 10.3 萬人次，已遠超當初設計 6 萬人次的負荷。

而且，目前大灣區內的口岸通關仍採用較傳統模式，旅客出入皆需要出示證件，而且多個環節都要靠人工操作。不少港人亦反映，口岸通關效率雖然不斷提高，但通關過程仍然比較繁複，需時較長。例如在皇崗口岸，跨境人士需要在兩個口岸分別上下車一次，而且必須攜帶身上所有行李，非常不便。而且部分口岸仍需雙邊查驗，雙重輪候，亦使通關效率受到較大影響。

此外，最近不少市民反映，申請回鄉卡時的指紋採集流程有變。2005 年時，內地在港深關口實施指紋通關，並為方便市民，除在各口岸加設指紋和面部圖象收集點外，亦委託香港中旅社設立兩個收集點代辦相關工作，令廣大香港市民不用舟車勞頓到深圳辦理手續。但近日港中旅已停止代辦服務，市民需要到口岸進行指紋採集，造成很大的不便。

《粵港澳大灣區發展規劃綱要》指出，要「提升粵港澳口岸通關能力和通關便利化水平」，可見，出入境制度有一定的優化空間和需要。

建議：

1. 人工智能技術不斷發展，令到部分試用口岸的通關效率大大提高。例如目前北京首都機場及杭州蕭山機場等地，已開始試驗人臉識別技術，自動對旅客進行身份識別和身份信息綁定，以提高通關效率。據說中科院也在開發「無紙通關」技術，未來旅客可以不用登機牌。

若這些技術試驗成功，建議應在大灣區各個口岸都予以運用，務求大幅提高通關效率，促進人流物流的往還。與此同時，應考慮全面提升各口岸的資訊科技系統，以免因系統過分老舊而影響通關效率。

2. 為了配合大灣區的發展，打通人流和物流，應研究簡化過關手續，包括在更多口岸如皇崗口岸等實施一地兩檢，甚至研究實行合作查驗，一次放行的兩地一檢模式，以便利愈趨頻繁的跨境活動。

3. 重新委託香港中旅社代辦指紋採集的工作，令香港人在申請回鄉卡時，不用舟車勞頓到邊境口岸辦理手續。

（十四）放寬大灣區跨境車牌申請

現時香港和內地有多個通路口岸，每天有大量各類型汽車穿梭過境，令香港與內地不斷融合。最新開通的港珠澳大橋更是粵港澳三地首次合作共建的超大型跨海交通工程。港珠澳大橋把往來珠海與香港國際機場的行車時間由 4 小時減至 45 分鐘，而到香港貨櫃碼頭由 3 個半小時減至 75 分鐘。

故此，港珠澳大橋和其他陸路口岸一樣，連接了粵港澳三地的民生和民心，促進了三地經濟貿易和社會的發展，為大灣區的發展奠定堅實的基礎。

但陸路口岸要發揮應有的功效，除了高效率的通關之外，還應有便利的跨境交通安排。目前香港私家車可以透過常規配額的兩地跨境車牌制度，以及「過境私家車一次性特別配額」制度，取得進入內地的資格。但常規配額制度的申請條件較多，很多港人都不符合資格。而「過境私家車一次性特別配額」目前只在深圳灣口岸試驗性實行，而且只能「一次辦理，一次使用」，最快只能在配額生效日期的六個星期後預留另一個配額，令不少香港私家車主感到不便。

建議：

1. 優化「過境私家車一次性特別配額」制度，採取「一次辦理、多次使用」模式。申請者在辦理手續時，由口岸查驗部門進行手續審批後，可獲「一次性配額資格」，為期三年。在此期間，當車主及該登記車輛需要出入口岸，僅需要在出發到口岸的 24 小時前，通過網絡查看出行當天的可預約配額，然後提交簡單的電子信息登記，即可在預約的日子裏駕駛車輛過境。一切的手續辦理及費用繳交，均可在網上處理。

2. 將特別配額制度推廣至其他多個口岸，包括文錦渡和即將開通的蓮塘等口岸。

3. 中期而言，考慮放寬車輛配額制度，令車輛進入特定配額的口岸後，可以在任何一個其他口岸離境，以增加靈活性，減低時間成本。

4. 建議在蓮塘口岸開通後，允許通行各口岸的兩地車牌車輛都可以使用。長遠亦可研究在個別口岸如港珠澳大橋取消所有配額制度，令更多香港車輛可以無障礙自由進出內地。這樣就可以充分發揮各個跨境口岸的潛力，大大便利香港私家車進出內地進行商務或生活旅遊活動。

2019

四 2020 年全國兩會建議和提案

（一）在大灣區兩個選址建造香港城

香港的住房問題一直困擾着許多市民。過去本人曾多次建議在廣東省內有條件的城市建造香港城，提供大量的住宅單位。若能在廣東省內建立香港人為主的社區，一方面可解決香港地少人多和居住環境擠逼的問題，另一方面可加快讓香港人融入內地，推動當地城市的發展。與此同時，先行先試的做法提供了以制度創新和思維創新解決老大難社會問題的實例，並成為粵港澳大灣區的其中一個合作示範項目，為將來珠三角乃至於全國各地的區域發展策略提供極為寶貴的參考。

這方面可以參考澳門的「橫琴經驗」。橫琴將向澳門出讓 19 萬平方米的土地，用於澳門建設集住房、教育、醫療、養老於一體的綜合性民生保障項目。據悉專案由澳方統一規劃、設計、開發、將興建澳門居民專享的 3,800 套住房，參考周邊房價水準打折出售。專案並參照澳門標準提供教育、醫療和養老等公共服務，若成功落實，可大大紓緩澳門住房供應不足的問題，其經驗十分值得香港參考。期望內地有關當局可因應香港目前的艱難情況，認真考慮以下建議。

經過初步研究，我們認為兩個選址可作為興建香港境外建屋飛地的研究。第一個選址是港珠澳大橋珠海段南側的水域有大片的水域。這段水域介乎江海直達船航道與九洲港航道之間，水深只有約 4 至 5 米深，淤泥厚約 10 米，基岩深 25 至 55 米，且避開中華白海豚的海洋環境保護區，以及珠江口的多條主要航道，有潛質可以進行大型的填海造地工程。

選址位處港珠澳三地的中心位置，離香港國際機場約半小時車程，離珠澳口岸更只是 5 分鐘車程左右，若乘船至香港的中環及尖沙嘴等核心商業區僅為 1 小時左右，而兩處亦已有完善的碼頭設施。若中央與特區政府達成協議，預計由技術評估至填海，可於 5 年左右時間內完成。

另一個選址是珠海市桂山島。該島與牛頭島和中心洲相連，面積為 10 平方公里。此島在香港大嶼山以南約 3 海里處，地點也比較接近香港中環及尖沙嘴等核心商業區，估高速船的航程約為 30 至 45 分鐘左右即可到達香港核心商業區。桂山島未發展的以西海域，屬淺水區，適合用作填海。根據初步估算，淺水區可提供額外至少 1,000 公頃土地，足以進行具規模的規劃及發展。由於桂山島以北為已建成的港珠澳大橋，填海區只須興建相關交通接駁，將可建構接連北大嶼山及香港國際機場的陸路通道，基建成本相對便宜，具備發展的基礎條件。

若在以上兩個選定的區域進行填海，每處均可至少提供 10 平方公里或 1,000 公頃的未發展用地，若將兩成土地用於住宅用途，將可提供 16 至 20 萬個單位，可望大大紓緩本港的房屋問題。

建議：

1. 在桂山島及港珠澳大橋珠海段南側指定水域填海建造香港城，並參考澳門橫琴的經驗，將相關土地亦一併租予香港，租期可考慮較長的時段例如 50 年，並加入續期機制。

2. 將現時的港珠澳大橋香港口岸由機場東面的人工島遷往新的人工島，變相將人工島內的新開發區設於香港口岸之後，如此既可以解決出入境的問題，亦可釋放原口岸人工島約 130 公頃的土地。

3. 兩個選址皆具有一定規模，加上有利的地理位置，足以打造成一個集商業、專上教育、科研及現代物流和工業的新型經濟中心。政府應為區內的居民創造不同類別的就業機會，亦應研究為新區域配備相關配套包括社區及休閒娛樂設施，例如商場、街市、戲院、學校、安老院舍、圖書館、醫院、公園及公共泳池等。

4. 中央檢視目前相關的政策，若有限制性規例，可考慮予以適度調整。更可視乎情況，對相關安排提供財政補助。

（二）支持香港學生到大灣區內地城市讀書

近年中國內地的高等院校及中小學教育質素不斷提高，吸引了愈來愈多香港學生到內地就讀。為了便利香港學生，國家不斷推出優惠措施，包括自 2012 年開始實行《內地部分高校免試招收香港學生計劃》，容許部分內地高等院校依據香港中學文憑考試成績擇優錄取香港學生，豁免他們參加內地聯招考試或由個別內地院校舉行的任何其他額外考試。而部分省市如深圳市教育局則放寬入學限制，容許市內各區的港澳籍學生於 2017-18 年以計分制報讀深圳市的公立學校。

然而，現時港生到內地讀書，仍存在不少限制。例如部分優質的高等院校仍未被納入《內地部分高校免試招收香港學生計劃》內。而不少省市亦未接納香港籍學生入讀當地的公立學校。另外，現時教育部的海外學歷認證並不包括香港的兼讀制研究課程，這亦阻擋了很多致力於投身內地學術研究的學者的步伐。建議內地有關部門在大灣區內地城市推動較靈活的教育政策，以便利香港學生在當地接受教育。

建議：

1. 內地主要城市參考深圳及相關城市的做法，讓港澳籍的學生可以申請參加積分入學，接受當地中小學義務教育。

2. 進一步優化相關的手續，包括辦理入學及各項證明等，讓香港學童可以更便利地接受內地義務教育。

3. 鼓勵及便利香港優質的中小學校包括國際學校、直資學校等在內地主要城市開辦分校，並採用多元化的課程模式例如香港 DSE 和 IB（國際文憑）課程等，讓當地的香港學生就讀，並確保可與內地及香港的教育體系銜接。

4. 目前內地不少公立高中設有國際班，其課程設計和內地面向高考的教育體系不同，能與境外的 IB、DSE 體系銜接，讓部分學生可以選擇海外升學。建議支持及鼓勵相關城市具有國際班的學校與香港合作，讓港人子女可以在國際班就讀，以方便他們與香港及其他海外地區學校銜接，進一步促進大灣區的發展。

5. 推動及支持香港高校在內地主要城市開展合作辦學，共同打造一批高質素的辦學機構和專案。

6. 將香港高校兼讀制課程納入教育部海外學歷認證體系，進一步優化海外學歷認證體系的內容。

7. 可以採取循序漸進的做法，先從認證高層次學歷如兼讀制博士或碩士課程做起，然後再推廣至兼讀制學士等學歷。

8. 在推動政策時，可優先將一部分無爭議性及有公信力的兼讀制課程納入認證清單，再逐步推廣至其他學科。

9. 進一步放寬《內地部分高校免試招收香港學生計劃》，納入更多優質高等學院，包括北京航空航太大學、中國民族大學，以及北京電影學院等等，讓香港學生可以免試就讀內地更多優質的高等院校，為香港學生提供更多選擇。

10. 鑒於香港目前經濟低迷，可為內地畢業的香港學生，以及香港本地的青少年提供更多實習、培圳及工作的機會，讓他們可以學以致用，發揮所長。

（三）進一步推動大灣區遊艇自由行

近年大灣區的高端旅遊需求愈來愈大，遊艇旅遊模式逐漸受到歡迎，並創造出可觀的經濟收益。據廣東省遊艇行業協會預測，大灣區遊艇行業的商業效益達739億元，能造就21萬個就業崗位。去年國務院出台的《粵港澳大灣區發展規劃綱要》指出要令粵港澳遊艇自由行有效實施，加快完善軟硬體設施，共同開發高端旅遊專案，探索在合適區域建設國際遊艇旅遊自由港，為實現遊艇在灣區內真正暢行無阻的「自由行」。目前相關措施已取得一定成績，但礙於對外公共遊艇碼頭配套設施不足以及手續繁複、收費高昂等問題，令發展裹足不前。

據了解，港澳遊艇進入內地需要交通運輸部、公安部、海關總署、質檢總局等部門審批，各地收取的手續費均不相同，部分金額差異較大；外籍遊艇到內地還要繳納約為船價四成的巨額保證金或者銀行保函。這些問題都窒礙了行業發展。為推動大灣區旅遊產品更加多元化，以及進一步豐富旅客體驗，期望內地盡快推出適切措施。

建議：

1. 簡化遊艇出入境手續，優化相關的遊艇保證金、保函擔保要求，並降低入境遊艇保證金的金額，最終達致取消港澳遊艇在灣區內的保證金制度，以降低遊艇的入境擔保成本；

2. 放寬目前遊艇的「點對點」航線限制，並開放更多水域及停泊點，允許港澳遊艇在灣區內「多站停留」，打造「一程多站」式旅遊行程，開發大灣區跨境遊艇旅遊產品；及

3. 中長遠落實三地遊艇駕照互認，鼓勵港澳遊艇業人才在灣區內執業。

（四）推動大灣區保險業發展

保險是金融業的重要一環，能起到風險管理和社會保障的功能。大灣區內三地的保險業各有優勢，當中以香港保險業具備較高的國際化程度，以及資金流動程度，保險公司的營運也較為健全，在推動大灣區保險業發展中有重要的角色。《粵港澳大灣區發展規劃綱要》亦有多處提出要發展保險業，例如「有序推動大灣區內基金、保險等金融產品跨境交易」，「支援符合條件的港澳銀行、保險機構在深圳前海、廣州南沙、珠海橫琴設立經營機構」，以及「支援粵港澳保險機構合作開發創新型跨境機動車保險和跨境醫療保險產品，為跨境保險客戶提供便利化承保、查勘、理賠等服務」。

目前大灣區保險業的互融互通程度仍較落後，許多內地居民必須親身來港購買保險，而進行理賠等售後服務時亦需要到港處理，非常不便。此外，在一些涉及三地的險種例如跨境汽車保險，問題也不少。例如港珠澳大橋雖然短短 50 多公里的路程，亦需購買三地的保險，費用動輒 3,000 至 4,000 多元，對偶爾往返澳門的車主而言，費用未免過高。

我們建議中央在先易後難、風險可控及合法合規的原則，循序漸進地發展大灣區保險。

建議：

1. 盡快推動在廣東省內成立香港保險售後服務中心，以便進行理賠及續保等售後服務。並允許居住在廣東省的香港人直接在當地購買香港保險產品。

2. 盡快完善及推出大灣區非儲蓄類保險產品，如醫療保險及車保等，以提供更多元化及優質的保險服務。

3. 盡快推出針對使用港珠澳大橋的汽車保險，以吸引更多車輛使用，及便利三地的車主。

（五）推動香港成為國際仲裁中心

現時商業社會的跨國交易愈來愈頻繁，很多時候因這些交易而引起的爭議會以仲裁方式解決，這使仲裁、調解等非訴訟的爭議方式在全球國家的範圍內廣泛流行，成為解決國際商業糾紛的重要程序。

香港一直致力發展仲裁服務，早於 1985 年便成立了香港國際仲裁中心，憑藉三十多年的經驗，成為了亞洲領先的爭議解決中心。事實上，香港擁有商業、金融等專業知識的世界級人才。現時很多商業糾紛都涉及專業知識，法院在審訊商業糾紛時，都需要尋求專家的專業意見。例如香港國際仲裁中心的仲裁員中，不少除了是具有法律背景的律師及大律師，亦有不少仲裁員是來自其他專業，例如是建築、工程等行業。

根據香港國際仲裁中心的統計，2018 年機構共受理了 521 起相關案件，當中有 71.7% 為國際案件，涉及 40 個國家和地區，包括美國、澳洲、英國、加拿大、日本、馬來西亞、韓國、印尼、德國等，引用了19個不同的准據法，[1] 爭議金額總和達到 522 億港元。顯示香港仲裁服務受到國際的認可。

國家近年加大了改革開放的力度，並提出了「一帶一路」倡議和粵港澳大灣區規劃等重要舉措，致力推動企業走向世界，以及吸引國際企業進入中國。可以預計到，國際商貿交流將會日益頻繁，而隨之而來的爭端亦會有所增加。如何透過合理、權威及可行的爭議解決安排去處理爭端，成為國家發展的一個重要關注。《粵港澳大灣區發展規劃綱要》亦提出，「支援粵港澳仲裁及調解機構交流合作，為粵港澳經濟貿易提供仲裁及調解服務」。可見，香港權威及專業的仲裁服務已受到國家的關注。

1 指處理爭議所依據的特定司法管轄區的法律。

建議：

1. 鼓勵及推動香港成為國際仲裁中心，包括向國際社會，尤其是「一帶一路」沿線國家宣傳香港仲裁服務的中立性、專業性和權威性。

2. 鼓勵更多企業利用仲裁和調解安排去處理爭端，並更多地利用香港的仲裁服務。

3. 進一步完善香港與內地的司法協助機制，並更好地執行對方的仲裁結果。

（六）建立大灣區統一房地產資訊平台

隨着城市不斷發展，香港近年地少人多的問題愈趨嚴重，令許多市民難以安居樂業。雖然特區政府已推出多項措施以增加房屋土地供應，並設立更多優質的社區設施，但由於種種原因，社區用地不足的問題仍然困擾着許多香港市民。

廣東省內不少城市如深圳和廣州等，由於城市發展良好，配套較完善，因而吸引不少港人前往置業。去年 11 月，粵港澳大灣區建設領導小組公佈，香港居民在大灣區內地城市購房，獲豁免所需的在本地居住、學習或工作年限證明，以及繳納個人所得稅及社保條件，使香港居民享有與當地居民同等的待遇。這項措施大大便利了有意在廣東省生活、工作和養老的香港市民。但是，由於政策具體落實時需要各城市依照自身的情況而定，而且信息發佈並不統一，當中亦涉及不同的程序，對大部分香港人來説都頗為不便，甚至有時令港人因接收到不正確的資訊而被誤導。

事實上，大灣區是習近平主席親自謀劃、親自部署、親自推進的國家戰略，非常重要。習近平主席在香港考察時，曾指大灣區要「大膽闖、大膽試，開出一條新路來」，不要默守成規。而國務院副總理、粵港澳大灣區建設領導小組組長韓正亦曾表示，發展大灣區要遵循六大原則，其中第五點是「共用發展，改善民生」，而住房問題正是香港人面對的一個重大民生問題。期望中央及內地有關部門，可以針對性地推出措施，處理大灣區房地產資訊不足的問題。

建議：

1. 粵港澳三地政府進行協商，共同設立權威的大灣區統一房地產資訊平台，以涉及區內各方面的相關資訊，盡量做到公開和詳細。平台中應包含所有大灣區城市相關具體的買房法規、流程和指引，以及可做房貸的銀行等等，以便利更多香港人到大灣區內地城市買房生活和工作。

2. 建議訂立一個統一的認可開發商，以及可供港人購買的單位名錄。香港人直接在名單中可以看到哪些建築商可以信賴，哪些住房單位可供購買，無須自己逐一查證。

3. 平台可以分階段建設，第一階段可先包含最受港人歡迎的大灣區內地城市房產資訊。及後再逐步推廣開去，完善整個平台。

4. 加強監管房屋開發商，抓緊對建屋品質及銷售等環節的監督工作，並對違規行為例如誤導消費者等予以嚴懲。

（七）進一步加強對房地產中介行為監管

2018年，中央提出粵港澳大灣區規劃綱要，冀透過推進粵港澳大灣區建設把國家的發展需要與港澳地區的優勢有機結合，促進粵港澳三地優勢互補，實現共同發展。香港居民看好粵港澳大灣區房地產市場的發展前景，紛紛透過內地房地產中介在大灣區各城市購入房產作置業投資或自住養老。惟今年民建聯收到為數不少香港小業主在大灣區買樓受騙的求助個案，他們投訴在大灣區一些內地城市樓盤銷售過程有些發展商和中介機構人員出現違法違規行為，反映房地產中介經營行為非常不規範，造成不少香港小業主合法權益受損，影響大灣區內地各城市的形象和聲譽，極待加強監管。

問題所在：

我們接到不少在大灣區內地城市買樓的香港居民求助，反映房地產中介人員在推銷樓盤時，利用購房者對內地樓盤掌握的信息不對稱，透過虛假宣傳、隱瞞真相等辦法，比如舊樓翻新當一手樓賣、發佈虛假房源、誘騙購房者將房款首期直接存入非指定監管銀行帳戶、要求簽訂陰陽合同偷稅漏稅等，許多香港居民因為不熟悉內地房產的銷售流程，聽從房產中介人員的指示在支付完樓款後方發現存在一系列貨不對版的情況，再找中介人員查詢核實，他們在收取中介費之後往往推卸責任，令不少香港購房者求助無門。

提出建議：

針對上述房地產中介經營亂象，我們希望內地政府重視和加強對房地產銷售中介行為的監管。為此，我們建議：

1. 健全房地產中介行業管理的法規和規章制度，加重違法的罰則，細化和規範中介機構和人員的行為準則，嚴懲違法行為。

2. 加強對房地產中介機構備案和人員准入制度的監管，提高行業的透明度和人員的准入門檻，對符合條件的中介機構進行備案登記和公示，讓公眾能夠隨時查詢到中介機構的資質和從業人員的情況。對房地產中介人員採取實名登記，要求必須考取房地產中介人員職業資格考試後方可上崗執業，定期接受行業培訓，不斷提升從業人員的能力和服務水準。

3. 加強宣傳和規範房地產中介機構的辦事流程和規章制度。積極與各媒體溝通，通過互聯網進行新聞發佈、報紙宣傳、典型曝光等形式，營造氛圍，大力推動房地產中介機構和人員行為的監管。在政府網站和主要媒體發佈辦理房產交易與不動產登記的程序，讓公眾知悉相關流程，避免房地產中介機構和人員巧立名目亂加價和亂收費。

4. 建立房地產中介信用管理平台。建立和完善房地產中介行業管理服務平台，建立中介機構和人員執業信用檔案，記錄和追蹤投訴案件及處理結果，讓公眾隨時查詢到房地產中介機構和人員相關資訊，以加強房地產中介行業的社會監督作用。對違法違規的房地產中介機構和人員，在依法依規對失信行為作出處理和評價基礎上，通過資訊共用，對失信行為人採取聯合懲戒的措施，將失信主體列為重點監管對象，限制其從事各類房地產中介服務。爭取做到多管齊下，確保房地產中介市場規範化，以保障房產交易買賣雙方的合法權益。

（八）優化《藥品管理法》以配合大灣區的發展

醫藥安全是人民健康的重要保障，今年《藥品管理法》得到進一步的修改，在強化全程管理、明晰藥品監管職責、加大處罰力度以及推行藥品上市許可持有人制度方面有了更清晰的指引，整部法律趨於完善，對於人民的健康以及用藥的安全提供了全面的保障。隨着大灣區的發展，兩地醫療合作日漸頻繁，加之，在去年 2 月分出台的《粵港澳大灣區發展規劃綱要》中，明確了要建立健康灣區的目標，這就會涉及香港、澳門和內地有關醫療以及藥品的管理、標準的統一化問題。

現時，根據《藥品管理法》第三十九條規定，「藥品進口，須經國務院藥品監督管理部門組織審查，經審查符合品質標準、安全有效的、方可批准進口，並發給藥品註冊證書。」 這也就意味着即使在香港通過驗證的藥品進入內地銷售，也需要再重新驗證一次，這樣將會延遲藥品上市的時間。但是，香港的藥品上市已經遵循非常嚴格的制度，比如，香港本地的藥品生產廠商必須在香港政府獲取生產藥品許可牌照，當推出藥品時，需要將臨床試驗等相關資料提交香港衛生署進行審批。並且，香港的審批標準一直參照國家標準，如美國食品及藥品監督管理局（FDA）的標準，所以我們希望《藥品管理法》能允許在大灣區先行先試港藥在各個城市的自由流通。當然，允許港藥自由流通只是第一步，我們更希望，國家能在大灣區試驗如何將內地藥品管理標準與香港、澳門等地進行統一，促進兩地藥業的互融互通。

同時，標準統一的重要性還牽涉到兩地社會的穩定性問題。由於在之前出現的疫苗事件，以及其他有關食品藥品安全問題的事件，令內地人民對內地生產的藥品缺失信心，於是香港則成為了眾多內地市民來採購藥品的地點，特別是採購進口藥品，但是這類藥品在內地過關時有着嚴格的規限。首先，進口藥品不可屬於《中華人民共和國禁止進出境物品表》中所列明的物品；再者，藥品必須是自用，而數量必須在合理的範圍內，以及其價值在5,000元人民幣之下。所以就出現了為了繞過法律而找所謂的「水貨客」幫他們分批帶入內地，這樣的情況不僅費時並且鑽了法律的漏洞，更重要的是會引起一系列兩地人民之間的矛盾，如抬高了藥品的價格等。所以我們希望《藥品管理法》能夠允許在大灣區放開藥品的流通限制並且研究設立統一的藥品管理、認證標準，進一步促進大灣區的發展以及中國藥品市場的標準化進程。

建議：

1. 現時政策已允許香港藥品在大灣區的港資醫院流通，我們希望能進一步放寬到大灣區所有優質醫院，方便港人在內地取藥。

2. 進一步研究大灣區的藥品標準體系，在大灣區試驗如何將內地藥品管理標準與香港、澳門等地進行統一，促進兩地藥業的互融互通。

3. 酌情放寬個人帶藥回內地的限制。現在有許多香港的長者長期居住在內地，但是他們會回香港的公立醫院進行複查，醫生會開藥，有長者反映在他們由香港返回內地的時候，相關藥物被扣查，更要負上法律責任，這對於長者來說將會是極大的困擾。我們希望內地能優化此方面的政策，讓市民不會誤觸法網，使大灣區的便民措施得到進一步落實。

（九）推廣深圳頤年卡安排至廣東省

由於香港和廣東省的地理位置相近，而且廣東省的生活環境愈來愈好，因此有很多香港的長者選擇到內地旅遊及定居養老，而內地亦比較歡迎香港長者在當地落葉歸根，並非常貼心地推出相關鼓勵和便利措施。但目前內地只有部分城市及景點對香港的長者提供優惠，故此有點美中不足。

今年4月份深圳市推出頤年卡，規定凡在深圳市居住年滿60周歲的長者，包括港人在內，都可享有多項福利，包括免費乘坐市內公交及軌道交通、免費進入全市各文化場所，以及免費或優惠使用全市公共體育館等等。這項安排令香港長者能在深圳享受到內地居民同等待遇，是一個非常好的措施，值得向廣東省內其他城市推廣。

建議：

有關部門參照深圳頤年卡的經驗，將相關安排推廣至整個廣東省主要城市，讓香港長者可更安心和快樂地到廣東省退休養老。

（十）繼續提供港澳流動漁民的生產和生活便利

長久以來，港澳流動漁民一直來往內地與香港水域進行生產和生活，情況特殊。為照顧港澳流動漁民在內地及港澳地區生產和生活上的特殊需要，過去國家一直容許港澳流動漁民如內地漁民般，可以自由進出廣東省的17 個指定港口：深圳市的蛇口、鹽田、南澳；珠海市的香洲、灣仔、擔杆、萬山、桂山、洪灣；惠州市的澳頭、港口；汕尾市的汕尾、馬宮；陽江市的閘坡、東平，台山市的沙堤、廣海；另也容許部分港澳流動漁船可經常使用海南省等的其他港口，港澳流動漁民非常感激國家在行政上所提供的多種便利。不過，國家自去年起推出新措施後，令港澳流動漁船的生產便利程度大不如前。

問題包括：

1. 在 2018 年以前，考慮到港澳流動漁船在生產上的特殊性，他們的漁船一直可自由進出內地水域，香港特區政府不需要這類流動漁船辦理出入境手續，體現「一國兩制」下的便利。2018 年之後，新措施規定這些漁船由港澳地區進出內地水域時，或由內地水域返回港澳地區時均須接受當地出入境和邊防部門的檢查，要求也甚為苛刻。例如：一艘內地戶口在深圳南澳的港澳流動漁船，儘管其生產水域不在南澳附近，卻須在進出內地境時，要駛往南澳的港口接受當地相關部門的詳盡檢查，方可前往生產作業區，出境時的手續也大致如此，讓港澳流動漁民的經營及時間成本大增。

2. 國家在 2019 年 4 月決定取消港澳流動漁民的《出海船舶戶口

名簿》及《出海船民證》，並於 2019 年 12 月 31 日正式實施。雖然不少政府部門現在以「特事特辦」的形式處理，例如在珠海市，相關漁業部門向港澳流動漁民發出「備案紙」以證明其身份，但其他城市的審批機關卻沒有相同政策，也不一定接受「備案紙」。在識別港澳流動漁民身份的政策改動下，恐怕將會為港澳流動漁民的生產和生活帶來不便。

建議：

1. 研究容許港澳流動漁民可豁免接受檢查，恢復實施新措施前可自由進出內地水域的規定；同時，善用網上科技容許港澳流動漁船可預先在網上提交所需資料，讓有關執法部門掌握漁民和漁船情況，並只需對港澳流動漁船進行抽檢。

2. 內地及港澳三地政府部門盡快作出研究，在如何驗證港澳流動漁船及漁民身份上能有統一的證件或方式，以免港澳流動漁民的《出海船舶戶口名簿》及《出海船民證》被取消後，為港澳流動漁民的生產和生活帶來不便。

3. 建議負責規管港澳流動漁船的內地政府部門，與港澳流動漁船經常使用各市港口的相關管理部門加強溝通，研究簡化和統一對港澳流動漁民的漁船在進出這些港口時所要求的檢查程序和手續，繼續為這些漁民提供更大的便利。

4. 目前，港澳流動漁船在進入廣東省各港口時，須向廣東省漁政部門進行申報。近年，廣東省漁政部門開發了廣東漁政通軟體，大大便利了港澳流動漁民在辦理進港的時間和手續。建議將有關軟體能進一步擴展到更多港澳流動漁民經常進出的其他省市漁港，以便利港澳流動漁民的生產作業。

（十一）繼續完善非法捕魚舉報機制，提升海洋生態保育

去年，為打擊非法捕魚，保育漁業資源及海洋生態，我們提出支持《漁業法》的修改工作，得到了國家接納。港澳流動漁民及香港漁民對此感到十分高興，感激國家對漁業界的重視，也對《漁業法》的修改工作抱有極大期望。不過，仍有不少港澳流動漁民及香港漁民有補充意見，認為儘管國家最終提高了非法捕魚的罰則，並明確了執法部門的權責，不過漁民仍熱切期盼國家能改善執法上的「灰色地帶」，加大力度和全方位打擊非法捕魚，更好的保育珍貴的國家漁業資源。

建議：

1. 為更好的打擊非法捕魚，廣東省政府提供了舉報電話。不過有漁民反映，指當漁民發現非法捕魚而致電漁政舉報時，如在「禁漁線」外漁政不會處理，要求漁民再致電海警舉報，當幾經轉駁電話之後，已經錯失了打擊非法捕魚的最佳時機，上述例子僅屬冰山一角。建議國家能研究建立包括漁政和海警的聯合舉報機制，設立跨水域的 24 小時舉報熱線，方便漁民可一併舉報在不同水域的非法捕魚狀況，加快打擊違法行為。

2. 有香港漁民反映，指部分內地船隻在香港水域非法捕魚，他們經常在內地與香港水域的邊界進行偷捕，當有關船隻逃回內地水域，香港的執法部門便無計可施。建議內地及香港的執法部門加強合作，聯合執法，包括建立更緊密及恒常的情報交換及溝通機制，以及研究

容許在兩地進行打擊非法捕魚的聯合行動，兩地執法部門可在兩地邊界指定範圍內有更大的執法自由度，以便全方位和更有效地打擊非法捕魚行為。

3. 港澳流動漁民在海上生產時會遇到非法捕魚，然而部分流動漁民在致電舉報時普通話不流利，或者存在文化差異，或基於電話接收不良，在電話中難以清楚描述非法捕魚的情況，導致舉報信息不暢通和產生誤解。農業農村部漁業漁政管理局接受了建議，開通了中國漁政執法舉報受理平台，讓漁民可通過微信以圖片及通過簡單程序舉報在「禁漁線」內及「內水」的非法捕魚情況，漁民十分讚賞。建議將有關平台的舉報範圍擴大至「禁漁線」外的我國水域範圍，進一步加強打擊「電炸毒」、外國漁船及其他形式的非法捕魚問題。同時發動廣大漁業單位向漁民作出宣傳，繼續收集用戶意見，讓舉報平台更臻完善。

（十二）持續提升粵港澳大灣區環保事業的科技創新，推動回收再造經濟

《粵港澳大灣區發展規劃綱要》重申：建設粵港澳大灣區要牢固樹立和踐行綠水青山就是金山銀山的理念，實行最嚴格的生態環境保護制度。《粵港澳大灣區發展規劃綱要》在「推進生態文明建設」一章中明確指出，堅持節約優先、保護優先、自然恢復為主的方針，以建設美麗灣區為引領，着力提升生態環境品質，形成節約資源和保護環境的空間格局、產業結構、生產方式、生活方式，實現綠色低碳循環發展，使大灣區天更藍、山更綠、水更清、環境更優美，國家對大灣區環保的重視程度可見一斑。

自內地推出《禁止洋垃圾入境，推進固體廢物進口管理制度改革實施方案》（「限廢令」），限制塑膠及未妥善分類的廢紙入口，香港特區政府亦致力培育本地環保工業，提升本地回收再造廢紙和廢塑膠能力。事實上，環保回收和再造不應再被視為低端產業，近年和科技結合，已催生了不少高端的環保科技專案。例如香港紡織及成衣研發中心便設計了全球首部服裝循環回收再造系統 G2G（garment to garment），提供了當地本地化解決布料和纖維回收問題方案，同時推動紡織業和社會的持續發展。該系統榮獲 2019 年紅點產品設計大獎，其技術獲得國際肯定。

在大灣區快速發展的背景下，粵港澳三地政府可攜手發展更廣泛的高端環保科技，共同推動回收循環的綠色經濟，藉此減少化學品的採用，加大水資源的保護，支持大灣區國家戰略的實施。

建議：

1. 合建環保園：香港始終欠缺土地發展回收及再造產業，粵港可以加強合作，共同覓地建立「環保園」，並鼓勵創科創新企業在園內設立回收加工廠或再造品生產線，亦可設置研究所，讓三地專才共同研究環保技術，將廢物轉化成新產品或能源。

2. 合作打造廢物回收循環經濟：由粵港兩地政府牽頭，共同推動及鼓勵香港特區的環保企業在大灣區的內地城市設立工廠，並准許香港符合國家標準及需要的回收物料（洋垃圾除外）進口大灣區作統一處理，並以高科技技術生產環保再造產品，進一步推動三地的環保回收及再造經濟實力。

3. 研究讓三地政府共同投放更多資源，鼓勵及扶持大灣區內的企業或機構大力發展環保科技，以推動大灣區的創新科技和回收循環經濟發展。

（十三）持續加大對粵港澳大灣區水資源的保護和再造

東江是粵港澳大灣區三大水系之一，支撐起區內的廣州東部、惠州、東莞、深圳及香港特別行政區等地近 4,000 萬人的生活，亦支援着區域的繁榮穩定和可持續發展。然而隨着區內人口及經濟活動急促增長，東江水資源開發利用率達 38.3%，逼近國際警戒線。由於東江水資源的開發利用強度過大，導致東江各類問題日益惡化，如枯水期流量銳減、鹹潮上溯、生態惡化，嚴重影響流域供水安全和生態安全，專家指出東江自身已不堪重負。

儘管 2012 年 2 月國務院發出《關於實行最嚴格水資源管理制度的意見》，要求各省、自治區、直轄市人民政府、國務院各部委、各直屬機構，必須貫徹落實中央水利會議和《中共中央國務院關於加快水利改革發展的決定》要求，基於「一國兩制」的原則下，中央公佈的水資源管理措施或法規不會在香港實施。不過，《粵港澳大灣區發展規劃綱要》第四節中提出「強化水資源安全保障」，並強調需要「堅持節水優先」及「嚴格珠江水資源統一調度管理」。

廣東省對香港特區簽立的供應東江水供水協議，自 2006 年以「統包總額」的模式收費。在此模式下，不管豐水或枯水期廣東省亦需為香港特區「預留」8.2 億立方米的供水量；同樣，就算香港特區於當年對東江水的需要量有所下降，香港特區政府仍然要按協議的供水量上限，繳付相應的總額水價。雖然「統包總額」制可以保障香港特區的用水穩定，但與《粵港澳大灣區發展規劃綱要》強調的「節水優先」及「嚴格珠江水資源統一調度管理」並不一致，因為「統包總額」制令香港特區失去節約用水的動機，等同變相鼓勵浪費東江水水資源。而據悉接受同一供水系統的深圳及東莞，均採用按需供水及「按量收費」。

建議：

1. 目前不論國家或整個大灣區均面對淡水資源不足的問題，而《粵港澳大灣區發展規劃綱要》亦強調「加強粵港澳水科技、水資源合作交流」。因此我們建議中央政府可促成大灣區的城市形成保護水資源的共識，加強「海水化淡」及「再造水」科技的合作交流，並共同探討在區內成立聯合水資源技術的研發中心，以及發展整個水資源產業的可行性。

2. 雖然現時東江水「統包總額」的收費模式，可保證輸港東江水的穩定性，但由於特區的實際用水量較粵港協議的供水量為低，故特區政府過去每年多付了數以億計的水費，亦變相浪費了寶貴的水資源。為此建議廣東省及香港特區政府在制定新一份東江水供水協議中，改進「統包總額」制度，先將「統包」的「總額」由每年 8.2 億立方米下降至 7 億立方米，而超出上限的用水則以「按量付費」模式繳付，以減少浪費東江水配額的機會。

3. 隨着西江預計在 2025 年向珠三角東部地區引水，並為香港特區提供應急備用水源，以及香港特區的海水化淡廠 2022 年投入服務，東江水供水協定內應考慮逐步撤銷「統包總額」制，並參照東莞及深圳等市計算模式，向全面使用按需供水及「按量收費」過渡。

（十四）加強推動嶺南文化發展

嶺南文化包括廣東、廣西、香港及澳門的文化，是因應五嶺以南和珠江的獨特地理環境和歷史條件形成。嶺南文化以農業文化和海洋文化為源頭，發展的過程中不斷吸收和融匯了中原文化和海外文化，逐漸具有濃厚的包容和開放的特點。生活在這裏的民族從早期的漁獵、稻作到後來的商貿，都離不開江海水運，形成了喜流動、不保守，區別於內陸文明或河谷文明的嶺南文化。至近代，嶺南並得風氣之先，成為中西文化交流的橋樑，孕育出如康有為、孫中山等近代中國的先進人物。其他如文學藝術以至民俗及飲食等各方面，均顯出富有創新精神和地方色彩的特色。

香港位於珠江出口，大多數居民祖籍是廣東省，因此在思想、教育、文學、藝術、建築、工藝、方言、民俗和飲食等方面，無不受到嶺南文化的影響。雖然內地政府做了不少工作推動嶺南文化，但不少香港人對嶺南文化的認識仍然較淺，對香港文化與嶺南文化的關係和互動也所知甚少，不利於香港人提升自身的文化底蘊，以及進一步發展粵港澳大灣區。

建議：

1. 中央增撥更多財政及土地資源，鼓勵及促進粵港澳大灣區內的主要城市推動嶺南文化，以彰顯中華文化、嶺南文化、大灣文化和香港文化等對社會發展和民族融和及生活安康的影響。

2. 鼓勵及促進大灣區內主要城市設立若干個不同側面主題的「中華文化園」，形成「大灣區中華文化群」，讓市民透過參與相關的旅遊、展覽、工作坊等文化藝術活動，增進對中華文化及嶺南文化的認識，從而提升民族及文化自豪感。

3. 鼓勵及推動民間交流合作，借助民間的豐富資源和智慧，共同推廣中華文化及嶺南文化。

（十五）提升港珠澳大橋的效益

2019 年 10 月 23 日，港珠澳大橋正式開通一周年。港珠澳大橋不僅是全球最長的跨海大橋，更是連繫香港、珠海及澳門三地的唯一陸路通道，是粵港澳大灣區的重要樞紐。大橋的開通大幅縮短三地往返的車程，降低彼此間的運輸成本，促進人流、物流及資金流交往，為提升區域經濟的協同效益奠定基礎。

而大橋工程，包括港珠澳大橋香港連接路及香港口岸，2019 年 11 月亦獲頒英國土木工程師學會 2019 年度 People's Choice Award，以表揚其卓越的專案管理及提升區域運輸網絡的貢獻。是香港大型基建工程項目，首次獲得這個國際性的殊榮。另一方面，港珠澳大橋島隧工程團隊亦已成立了由島隧總部牽頭、多家國內外機構參加的聯合研究組，正式開展懸浮隧道工程技術研究。研究團隊目前已進入攻關階段，正在研究中開展物理模型試驗。

問題所在：

截至 2019 年 10 月，港珠澳大橋開通首年的客流超過 1,400 萬人次、車流超過 150 萬車次。客流量基本上達至原先估計的目標，並做到「車暢人旺」，只是在車流上還有進一步提升的空間，以更好發揮大橋的效益。按香港特區政府原先較保守的評估，大橋通車後的首年，車流可達至 300 萬車次以上，日均車次約為 9,000 車次。不過，受制於配套政策及硬體未到位，大橋的車流未能大幅提升。

據媒體估計，撇除穿梭三地口岸的巴士外，大橋只有幾類車輛能夠使用，主要為粵港兩地牌車輛、取得港澳政府各自發出的常規配額汽車，以及申請即日配額的香港私家車等，按統計粵港澳三地只有七萬多輛汽車有資格通行大橋。上述數字實際限制了大橋的車流。另外，香港國際機場雖然毗鄰大橋，有利吸引澳門及粵西的旅客，然而往近澳門至香港機場的旅客，目前仍然只有乘搭噴射船才可以預辦登機，以及寄運行李至香港機場；若旅客選擇經港珠澳大橋至香港機場，便需帶同行李出境、入境並多番轉折才能到達機場，之後還得再辦離境手續方能正式開展旅程，確實十分不便。

此外，澳門、珠海及香港均為區內的重要旅遊城市，理應可以吸引境內外旅客經大橋穿梭三地觀光，特別是自駕遊。不過，以自駕遊為例，現時僅香港的車輛可申請「港珠澳大橋澳門口岸泊車換乘計劃」自駕至澳門口岸，而澳門及珠海的車輛則不能自駕至香港口岸，原因是只有澳門一方設有口岸停車場。

至於貨運方面，大橋雖然直駁香港與珠海，甚至粵西大片腹地，但香港一方的口岸並沒有設立任何的檢疫設施，結果不論是澳門或是粵西整個片區的鮮活貨品基本上也無法經由大橋進入香港，令大量貨車只能望橋興歎。類似的情況亦發生在彼岸的澳門特區，據澳門物流業界所指，港珠澳大橋通車後，珠三角西岸與香港港口的距離可縮短 41%，運輸成本和時間減少 30%，惟目前大橋澳門口岸的物流功能缺位，不但無助業界發展，亦與大橋本身功能部署及應有效益不符。

建議：

1. 促請中央政府支持三地政府放寬車輛使用大橋，包括香港車輛經大橋進入內地的常規配額，以及准許香港「單牌車」經大橋進出內地；

2. 促請中央政府協助三地政府完善口岸的清關及檢疫設施，並配置相關的物流基建及配送設施，以協助物流業界提升效益；

3. 簡化出入境安排，設立「香港機場專線」，讓旅客可以在澳門及珠海口岸預辦登機手續後，乘搭專線進入香港機場禁區候機；

4. 將「港珠澳大橋澳門口岸泊車換乘計劃」推擴至珠海及香港，並調整停車場現行每 12 小時一節的單一收費安排，藉以吸引三地車主使用大橋；

5. 檢視三地口岸設計，在適當位置增加行人輔助設施，如行人輸送帶，以便利長者及其他有需要人士；

6. 由於大橋道段涉及三地網絡，旅客在短時間內須多次轉換網絡供應商，極為不便，故大橋管理局可參考現時高鐵的安排在港珠澳大橋鋪設無線網絡，供旅客免費使用。此既便利旅客，遇事亦可為旅客提供緊急通訊網絡，通知大橋管理當局，保障旅客安全。

（十六）加強統籌港深口岸擴建工作

目前香港和深圳有多個陸路口岸，多年來擔負着加強香港與深圳及內地互聯互通的重任。惟近年兩地交往日趨頻繁，令部分口岸已接近飽和，現有的容量已無法完全滿足跨境的需求。以深圳灣口岸為例，早在 2015 年的日均客流量，已達 10.3 萬人次，已遠超當初設計 6 萬人次的負荷。預料隨着香港和深圳西部繼續發展，深圳灣口岸將要承受更大的壓力。而且，內地與香港多數口岸仍需雙邊查驗，雙重輪候，亦使通關效率受到較大影響。

據報道，深圳當局已開始重新規劃多個港深口岸的設計，並進行擴建。例如將擴建羅湖口岸，計劃把港鐵東鐵線北延過深圳河，以及預留介面位置與香港在內地做「一地兩檢」。同時皇崗口岸又會預留位置連接北環線等。事實上，羅湖口岸啟用 35 年，口岸各設備及配套難以應付日益激增的人流。皇崗口岸也是極度繁忙的陸路口岸之一，預計隨着大灣區的發展，跨境人口更是有增無減，故重新規劃及改善口岸是非常值得支持的計劃。

然而，目前港深口岸的擴建安排，主要由深圳方面進行規劃，在協調方面可能會存在困難，未必能準確滿足各持份者的需求。而且，部分資訊如皇崗口岸的擴建情況，以及蓮塘口岸的具體開通日期，亦存在透明度不足的問題。這些情況都有必要進一步改善，以免影響港深以至大灣區的互聯互通。

建議：

1. 在粵港澳大灣區的框架下對口岸擴建工作進行研究和規劃，由高層次領導統籌協調深圳和香港方面進行工作，令有關規劃更符合各持份者的利益和期望。

2. 適時公開相關的資訊，令整個擴建專案更加公開透明，讓社會更知悉有關的細節和進度。

2020

五 2021 年全國兩會建議和提案

（一）打造大灣區中藥共同市場

中醫藥是中華文化的重要組成部分，是中國獨特的醫療資源，具有巨大的經濟潛力和醫療潛力，在經濟社會以及公共衛生等領域發揮着重要作用。國家近年大力支持中醫藥發展，並在抗擊重疾頑疾，特別是重大公共衛生威脅時充分運用中醫藥的優勢，取得了一定的成績。而大灣區則具有豐富的中醫藥資源以及運用經驗，其發展一直備受重視。

但大灣區的中藥材存在標準不一的問題，令區內中藥材發展受到限制。目前內地採用國標的《中國藥典》標準，而香港則採用中醫藥管理委員會制定的中藥標準，兩者在不少地方都有較大差異。當中包括 1. 標準範圍有差異，2. 具體標準有差異。關於第一項，香港標準會檢測 37 項農業殘留量及 4 項重金屬含量（砷、鎘、鉛、汞）。其中重金屬含量適用於 605 種中藥材。但中國內地的重金屬含量標準只適用於 27 種藥材，範圍大大小於香港標準。這些差異對兩地的中藥材和中成藥流通造成不少的障礙，問題亟待解決。

建議：

1. 現時廣東省在國標的基礎上，還設有廣東省標準。廣東省在 2019 年推出了《廣東省中藥材標準（第三冊）》，記載了 110 個國家藥品標準未收載而廣東省內臨床習用的中藥材品種，並設定了相關標準，是國標的重要補充，也是中藥南藥的重要標準。相關部門可協調三地根據實際情況，以先易後難的方式，在國標、港標和廣標的基礎上聯合制定大灣區中藥材統一標準體系。並為中藥訂立可靠、可行的質量標準及清晰明確的化驗檢測鑒定體系等，以及實行統一的檢測認證服務，以促進三地藥業互融互通。

2. 中國內地是世界最大的中藥材市場，也因而有多個大型的藥材交易平台。但不同平台分散各地，而且主要集中在內地，較少面向世界。近年外國愈來愈接受中藥，《粵港澳大灣區中醫藥高地建設方案（2020-2025）》亦提出要「推動一批嶺南中藥知名品牌進入國際市場」。但出口到海外的中藥材，無論價格還是質量，可能都和內銷中藥不同。因此，中央可協調粵港澳三地利用大灣區的外向優勢，成立中藥材國際交易平台。平台除提供交易渠道和平台，還提供中藥產品出口的信息如註冊、產品定位、海外代理及顧問公司推介、出口渠道以及營銷策略等服務，以推動中藥材進一步國際化。

3. 近年市場對中藥的需求激增，由於供求問題，部分極受歡迎的中藥材價格經常出現大幅波動，令藥材商和消費者失去預算，甚至蒙受損失。內地多年前已探索採用期貨市場的模式降低中藥材價格波動風險，取得一定成績。目前內地已就部分中藥如金銀花和枸杞子等進行了期貨買賣，但整體中藥材的交易種類仍然非常有限，而且市場規模小，制度未夠完善。2019年澳門珠海開始研究建設以中藥材為主要品種的商品期貨交易所，證明這方面大有可為。建議有關方面加快有關研究，盡快在大灣區打造一個具規模的中藥材期貨市場，並做好規範管理，完善制度建設。

（二）打造大灣區中醫藥醫療康養中心

醫養結合已成為安老的一個重要模式，此模式是指將社會資源中的醫療資源與養老資源相結合，為老年人提供全方位的醫療照護及養老服務。機構利用「醫養一體化」的發展模式，集醫療、康復、養生、養老等為一體，為長者提供優質的安老環境。

內地近年非常重視有關問題，並付諸行動。中共十九大報告就明確要求，「積極應對人口老齡化，構建養老、孝老、敬老政策體系和社會環境，推進醫養結合，加快老齡事業和產業發展」。由於中醫藥講究身心結合的整體療養模式，在醫療康養方面具有無可比擬的優勢。鄰近香港的廣東省土地資源較為豐富，人手調配較為靈活，再加上在中醫療養方面走得較前，故在長者醫養結合機制發展方面有較大優勢。2020年廣東省公佈的《關於加快推進森林康養產業發展的意見》就提出，要「大力發展森林康養南藥產業，積極培育具有廣東特色的南藥療養、食品療養、溫泉療養、芳香療養等康養產品」。《粵港澳大灣區發展規劃綱要》亦提出，要「推進醫養結合，建設一批區域性健康養老示範基地」。故三地政府應合作打造大灣區中醫藥醫療康養中心。

建議：

1. 中央協調三地政府合作推動中醫藥與養老融合發展，促進中醫醫療資源進入養老機構和社區。包括鼓勵中醫機構在養老機構提供完善的保健諮詢和調理服務，並以財務、稅務及土地等政策吸引和鼓勵社會資本新建以中醫藥健康養老為主的護理院、療養院或療養中心，並探索設立中醫藥特色醫養結合機構。

2. 加強開發和推廣嶺南中藥保健食物、保健食療以及保健日用品和化妝品等醫養結合的產品，並大力推動研發、加工和銷售等工作。

3. 發展中醫藥健康旅遊服務，融中醫療養、康復、養生、文化傳播、商務會展，以及中醫藥健康旅遊，開發具有地域特色的中醫藥健康旅遊產品和線路，為中醫藥醫療康養中心提供更多元化的內涵。

（三）允許大灣區文創產業先行先試

粵港澳大灣區由於歷史和地理等因素，擁有豐富的文化資源，形成了大陸與海洋、東方與西方，以及傳統與現代交融的文化實體，並逐漸併發出巨大的產業潛能。根據北京大學文化產業研究院最新出版的《中國文化產業年度發展報告（2020）》，文化產業已成為大灣區重要新興支柱產業，對帶動灣區經濟發展和擴大就業的作用非常突出。《粵港澳大灣區發展規劃綱要》就提出，要「增強大灣區文化軟實力」，及「完善大灣區內公共文化服務體系和文化創意產業體系，培育文化人才，打造文化精品，繁榮文化市場，豐富居民文化生活」。

但目前香港文創產業進入內地存在一定限制，例如香港電影需經中央部委審批才能在內地播映，一來一回需花費較長時間以及較多的行政手續，因而窒礙了產業發展。《中華人民共和國文化產業促進法》（草案送審稿）第三十七條要求，「國家培育和發展各類文化產品和要素市場，消除地區分割和行業壁壘……促進文化產品和人才、產權、技術、信息等文化生產要素合理流動」，故建議中央在可控的情況下，允許大灣區文創產業先行先試，從而將大灣區盡快建設成世界一流並具有全球影響力的文化創意產業中心。

建議：

1. 粵語有悠久歷史，是中國主要方言之一。據統計廣東省約有四千萬人口使用粵語，再加上港澳約八百萬人口，則大灣區內約有五千萬人是講粵語。粵語由於流傳歷史久遠，而且使用人口眾多，發展出多元化的文化形式，例如粵劇、粵語流行曲、粵語電影和粵語文學等，並因而具備深厚的文化底蘊，在海內外都甚受歡迎。因此，粵語本身就是一個文化 IP。故建議中央加強鼓勵及推動以粵語為主的創意文化產品，包括特別放寬港澳的粵語電影或粵語流行曲等文化產品及項目的入境審批權等，冀能打造出一個大灣區粵語文化共同市場。

2. 建議中央允許廣東省先行先試，將部分項目的審批權下放，例如可將香港電影或香港與內地合拍片的審批權交由廣東省文化和旅遊廳，並限於只在廣東省內播映，以及便利港澳的劇團進入廣東省進行巡迴表現，包括協調內地表演場地與香港劇團進行更好對接以及提供更多支援等。另外，其他由中央審批的文創項目也可下放由地方部門處理，這樣就可以更有效促進大灣區文化創意項目的流通和壯大。

3. 《中華人民共和國文化產業促進法》（草案送審稿）第二十七條指出，「國家鼓勵公民、法人和非法人組織依法設立文化企業，尊重各類文化企業的市場主體地位和自主經營權，保障其合法權益，營造公平競爭的發展環境」。但根據 CEPA，目前港資要在內地設立互聯網文化企業單位只限於合資，而且須由內地方控股或佔主導權益。建議在廣東省內先行先試，允許成立港方獨資或由港資控股或佔主導權益的互聯網文化企業。

（四）加強採購香港文創產品服務

政府具有巨大的文化產品服務需求，同時握有大量的財政資源，故一直以來都根據情況主動採購民間的文化產品服務，並制定了相關規定。《中華人民共和國文化產業促進法》（草案送審稿）第三十一條就提出，「國家採取向社會力量購買服務等方式，鼓勵和引導文化企業參與公共文化服務體系建設、文化遺產保護傳承利用等活動。國務院和省、自治區、直轄市人民政府負責制定面向社會力量購買公共文化服務的目錄」。而文化和旅遊部每年都會制定《政府購買服務指導性目錄》，向企業購買不同類別的文化產品和服務，顯示國家非常重視文創企業的貢獻。

而《目錄》的三級目錄中更特別設有「對外和對港澳台文化交流活動」項目，針對性地採購有關文創產品。我們認為，這方面香港的優質文創企業可以發揮更大更好的角色，為協助國家推動公共文化服務體系建設作出貢獻。

建議：

1. 中央撥出更多的財政資源，擴大向企業購買文化產品和服務。例如可在《目錄》的三級目錄「對外和對港澳台文化交流活動」的項目中，加強向香港的文化產業機構採購有關產品服務。

2. 鼓勵及支持地方各省市，尤其是特別重視文化體系建設及推動文創產業的省市，加強採購香港優質文創產業機構的產品和服務。

（五）推動大灣區文化旅遊戰略

《中共中央關於制定國民經濟和社會發展第十四個五年規劃和二〇三五年遠景目標的建議》提出，要「推動文化和旅遊融合發展，建設一批富有文化底蘊的世界級旅遊景區和渡假區」。《粵港澳大灣區文化和旅遊發展規劃》亦指出，要「推動粵港澳大灣區文化和旅遊融合發展」。目前大灣區內有多個主題公園，但較為缺乏屬於中國 IP 或創新 IP 的文化主題，有一些較好的嘗試如深圳的中國民俗文化村，以及香港海洋公園，但未能做大做強，與國際同業如迪士尼樂園和環球影城等相比，發展規模和成熟度遠遠落後，還有很大的提升空間。

建議：

1. 加強推動文化 + 旅遊的戰略，以稅務、政策及土地等優惠，引導及協助企業發展富有文化底蘊的旅遊景區和渡假區。

2. 許多國家地區都有不同特色的傳統文化慶典活動，一方面可以保留習俗，同時亦成為吸引大量遊客的文化項目。嶺南地區有獨特的傳統習俗，每逢部分重要節日都有盛大文化慶典活動。但這些活動不論規模、內容豐富度、頻密程度及受海外旅客歡迎程度都不算很理想。中央可協調及支援粵港澳三地政府共同交流經驗，以打造更多元化更成功的本地文化慶典活動，甚至可研究聯合舉辦更大規模的活動，並將之打造成文化旅遊品牌共同向海內外推廣。

（六）建設大灣區國際文創知識產權交易中心

文創產業的發展離不開資本參與，除了依靠資金直接投資，國內外都設有版權交易中心，透過市場化模式為文創項目提供融資。《中華人民共和國文化產業促進法》（草案送審稿）第六十一條亦表示，「國家鼓勵符合條件的各類文化企業利用多層次資本市場直接融資」。目前香港與內地都有不同規模和類別的文創產權交易中心，例如內地有北京國際版權交易中心、廣東省南方文化產權交易所，香港有香港文匯交易所等。但這些中心存在規模較小，交易種類有限，以及偏重於實物文化商品如錢幣、古董等物件，IP 等無形文創項目的交易量偏少等問題。此外，中心之間較缺乏機制互通，以致令規模難以進一步擴大。

建議：

中央可鼓勵及支援粵港澳三地政府透過政策加強推動文創產權交易所的發展，以加強交易的種類和規模，並透過互聯互通等方式，匯集三地的文創 IP 資源，以及完善倉儲、鑒定、物流、託管、結算、孵化和推廣等周邊配套服務，以文創 + 金融模式打造出大灣區國際文創知識產業交易中心，推動文創產業進一步發展。

（七）便利港澳居民為購房目的跨境轉入資金

愈來愈多港人選擇在內地購買房產，作為在當地工作或退休生活的居所。隨着粵港澳大灣區發展規劃的推進，這個趨勢更加明顯。然而，港澳居民在內地購房，面對跨境資金轉入方面的實際困難。

根據國家外匯管理規定，港澳居民在內地購買房產，需要先將資金匯入內地銀行並申請結匯。而為了申請結匯，港澳居民需提供《港澳居民往來內地通行證》、商品房銷售合同或預售合同，以及房地產主管部門出具的商品房預售合同登記備案等相關證明（如購買現房及二手房的，應提供房地產主管部門出具的相關產權登記證明文件）。

然而，據一些港人反映，內地銀行未必願意幫助他們申請結匯。另外，一手房買賣流程由開發商主導，付款時間緊湊，買方完成結匯的時間未必能夠配合。舉例而言，買方需要在簽署「認購協議」時交付定金，並在其後很短時間內分別支付首期房款（比例可能高達總價的三成）及餘額。在一些情況下，買方可能在簽署商品房銷售合同或預售合同及取得房地產主管部門出具的商品房預售合同登記備案等相關證明之前，就需要向開發商支付大筆房款，而此時他還沒有這些文件作為申請結匯的材料。

由於存在這些結匯流程上的困難和時間不確定性，不少港人為購房而選擇通過非正常途徑將大額金錢匯到內地，有人因為內地銀行賬戶的問題而被凍結資金，導致無法完成交易，甚至蒙受損失。

建議：

1. 容許港澳居民在內地銀行設立購房專用賬戶，只供支付房款之用。賬戶持有人可從境外銀行向該賬戶轉入外幣，而無需事先提供相關購房證明。同時容許賬戶持有人從境外銀行向該賬戶直接轉入離岸人民幣作為購房之用，金額不受限制。

2. 允許提前進行結滙，只要賬戶持有人出示一手商品房「認購協議」或二手房買賣合同及正式查冊結果，即可辦理結匯，金額不超過協議所訂的購買總價，購房資金只可轉入開發商或賣方確認的收款賬戶。

3. 為鼓勵銀行辦理有關的結匯業務，應容許銀行適當收費。

4. 上述措施可考慮先在粵港澳大灣區的內地城市推行。

5. 長遠而言，應取消購房結匯須先獲審批的規定，容許購房專用賬戶持有人先行將賬戶內資金兌換為人民幣，或動用賬戶內的離岸人民幣，直接轉入開發商或二手房賣家的賬戶作為購房之用。其後只需在一定時間內提供交易證明即可，例如買賣合同、合同登記備案證明、產權登記證明等。

（八）制定疫情下港澳流動漁民常態化生產措施 兼顧合理生產生活

新冠肺炎疫情下，管理港澳流動漁船的各級部門制定了兼顧防疫和生產生活的措施，包括：2020年7月的「關於港澳流動漁民疫情常態化防控措施解讀」（下稱「解讀」）及2020年8月的「關於進一步加強港澳流動漁民疫情防控工作指引」（下稱「指引」） 等。儘管如此，部分部門卻未有按「解讀」或「指引」中有關要求處理工作，或未做好流動漁民資訊採集工作，導致相關措施無法體現政策初衷；甚或有部分服務出現「開天殺價」的情況。總而言之，部分地區出現難以停靠、上岸、維修及辦證等問題，讓港澳流動漁民無所適從，嚴重影響生產生活，有關問題包括：

問題：

1. 有漁民投訴，指珠海戶籍的流動漁民及船上內地漁工必須每星期於指定時間前往珠海桂山島接受核酸檢測，而當地邊檢人員也會在檢測時收取流動漁民的回鄉證和內地漁工的身份證核查。進行核酸測試及核查證件的做法恰當，然而當地卻扣查流動漁民及內地漁工的證件長達一天，有關做法導致船上人員難以處理緊急狀況，例如若船上人員發生意外或突然患病，也無法取回證件快速處理；此外，也有不少人士在疫情有「發災難財」之嫌，包括接載流動漁民及內地前往檢測的「送人艇」價格大增 （此前收費為每人10至20元，現時若事關檢測則每船次200至300元，若以每次5至6人使用計算，大增二至六倍），讓漁民百上加斤；

2. 南海伏季休漁期為流動漁船維修檢驗的旺季，「解讀」規定只要流動漁民符合相關防疫要求便可上岸，但珠海市有關當局卻要求流動漁民必須在桂山島下船，只許其船上的內地漁工將漁船駛往內河維修檢驗。由於不少流動漁船的船長及輪機長均為流動漁民本身，而且作為個體戶的流動漁民也難以放心由他人代駕漁船。因此導致不少漁船無法維修檢驗，甚或有難以為運作牌照續牌，以及無法為捕撈許可證年審或續牌的風險；尤有甚者，現時的漁船委託檢驗措施已經暫停至今；

3. 儘管流動漁船上的人員持有有效並為陰性的核酸檢測證明，或者其漁船的 AIS（船舶自動識別系統）顯示自境外（港澳地區）最後一個靠泊點駛離時長超過 14 天。不過流動漁民反映如要上下岸、靠泊或交易，某些市或區的有關部門均會以很長的時間處理進入漁港的申請，甚或以2至3天時間處理，變相等同拒絕漁船前往當地；而按「指引」，各入會地市只需指定一個漁港讓流動漁船依靠，此舉嚴重收窄流動漁船的銷售和補給渠道，也為生產生活帶來嚴重不便；

4. 曾有流動漁船上的人員在作業時發生意外需要上岸就醫，當流動漁民向所屬的港澳流動漁民協會查詢過去 14 天的 AIS 航跡時，流漁協會卻表示查無結果，然而流動漁民表示其船上的 AIS 是由官方贈送及負責安裝，也 24 小時開機。有多位流動漁民也表示曾遭遇 AIS 航跡查無結果的情況，故不少漁民也被逼每天向 AIS 屏幕拍照，以備不時之需；

5. 國慶及中秋節為內地漁工回鄉休假探親的旺季，然而當流動漁船將漁工送往漁港時，卻因為酒店無法應付而導致部分內地漁工未能上岸，當中導致有 5 艘漁船約 70 多人滯留在漁港。有關流動漁民及內地漁工在漁船滯留近 2 天也沒有糧水補給，直至第 2 天晚上才有流漁協會或其他人員向他們送上糧水。

建議：

1. 建議聯合各地、各級單位，盡快制定一套疫情下常態化生產的方案，並統一嚴格按此作出管理；同時嚴打任何對執行方案「陽奉陰違」的情況，讓防疫方案可以得到預期效果，兼顧流動漁船合理生產，且避免出現混亂；同時加強規管疫情下濫收費用的情況，打擊「發災難財」的不良行為；

2. 鑑於行業生態，港澳流動漁船均難以在港澳地區檢驗維修，並主要依靠前往內地的船廠進行檢驗維修。故不少漁船將近一年無法處理有關事宜，對海上安全構成一定風險。故建議盡快重新開通漁船委託檢驗業，同時制定一套可落實執行的疫情下檢驗維修方案；

3. 農曆新年、伏季休漁期和國慶節均為港澳流動漁民和內地漁工回港、回鄉的高峰期，然而在過去疫情期間，有關部門卻遲遲未能公佈處理方案。例如直到 2020 年 8 月 19 日才公佈「指引」，然而開漁時間早於 8 月 16 日開始。故期望督促有關部門加快研究及公佈高峰期的處理方案，以免對港澳流動漁民的生產、生活帶來不必要的影響；

4. 現時有不少內地部門已通知流動漁民進行注射疫苗的登記，不少流動漁民均深感國家相關部門的關懷及支持，並深表謝意。在此期望可協調相關部門盡快為已登記的流動漁民接種疫苗，同時研究放寬如全船流動漁民及內地漁工已接種疫苗情況下的防疫措施，讓流動漁船的生產可盡快重回正軌；

5. 鑑於不少 AIS 系統為政府資助安裝，故期望徹查 AIS 航跡查無結果的情況，讓 AIS 發揮應有效果，也可在疫情下順利配合防疫方案發揮作用。

（九）加強打擊非法捕魚　改善海洋生態保育

不少港澳流動漁民及香港漁民均對《漁業法》的修訂工作有極大期望，認為有助打擊非法捕魚，並就國家對漁業界的重視深表謝意。不過非法捕魚的問題仍然嚴重，因此還望政府可繼續對症下藥，保育漁業資源。

建議：

1. 統一不同海域的舉報偷捕平台：現時的非法捕魚問題仍屢打不絕，而港澳流動漁民作為海上持份者，大有充當海上瞭望台的重要作用，然而因不少流動漁民難操流利普通話，難以善用「中國漁政執法舉報受理平台」及「海上統一報警平台」，儘管現時已開通「中國漁政執法舉報受理平台」的微信平台，但「海上統一報警平台」的微信平台卻仍未開通；此外，現時以「禁漁線」為界分開兩個平台處理偷捕相關舉報的做法，也導致政出多門的情況，減低舉報誘因。我們理解有關當局正持續完善舉報平台，故還望也可進一步統一不同海域的24小時舉報偷捕平台，並推出統一的微信24小時舉報平台，完善舉報渠道；

2. 儘管內地與香港相關執法部門已建立了長期的非法捕撈聯合執法機制，不過不論內地及香港水域的非法捕魚問題仍然嚴重，除了基於執法資源未到位，罰則偏低，也基於跨境偷捕的罪案難以搜證，增加檢控難度，故除了必須繼續加大巡邏管控力度、加強兩地交流和執法合作、完善漁業執法協作機制、開展聯合執法行動及增加罰則外，也應研究嶄新的執法策略。例如：有執法部門反映當偷捕船隻由香港逃往內地後，儘管成功尋獲該偷捕船隻，但卻難以作出舉證，故應促成兩地執法部門研究可否使用善用其他手法及科技，例如：使用漆彈或分享 AIS 信息等，以增加舉證成功率；

3. 政府有意以延長及統一伏季休漁時間以養護海洋漁業資源，然而休漁期已在 2017 年曾經作出調整，成效不彰主因在於非法捕魚問題依然嚴重。故現時進一步調整休漁期以養護海洋漁業資源的做法，讓不少漁民深感不公，認為是以漁民生計緩解非法捕魚所帶來的衝擊。故建議政府須率先處理好非法捕魚的執法問題，再以此基礎明正言順地展開調整休漁期的辯論。

2021

六 2022 年全國兩會建議和提案

（一）要求大灣區內地城市在香港設立「香港跨境通辦政務服務專區」

隨着大灣區發展進一步深化，香港居民在內地工作和生活的人數不斷增多，其所需的公共服務也日趨多元化，然而，疫情之下許多香港居民都無法回到內地辦理公共服務，包括一些證件的續期、更換等。這就造成了很多香港市民在內地的相關證件或者銀行戶口由於在疫情下未能及時續期而造成無法使用或者賬戶被凍結的情況出現，對香港市民的生活造成了極大的不便，也不利於香港市民進一步融入大灣區的建設。

現時，利用大數據進行城市管理已經成為一種趨勢，所以利用數據平台提供遠程公共服務也將會成為解決香港市民疫情下或者任何時候無法親身辦理服務方法。2021 年，江門市政府為加強江港兩地深度融合，促進跨境投資和生活便捷而推出的政務服務專區，這個服務專區最先是在澳門推出，現擴大至香港，其最核心的理念是讓港澳居民「零出關，少跑腿」，可以說是進一步加強了大灣區內城市之間的緊密聯繫，成為了大灣區城市之間的「民生相通」的典範。服務專區透過「自助服務＋人工服務＋遠程視頻」的服務模式，令港人可作跨境辦理超過 400 項江門政務服務，包括不動產登記、商事登記、稅務、人社、社保、公積金等。服務專區辦事效率極高，以秒批秒辦、遠程視頻辦、自助辦等模式幫助港人港企，提升大灣區企業和香港市民跨境辦事的便利度。在現時疫情尚未完全受控，開關尚需時日的情況下，這項服務的推出可以說是解決了香港市民，特別是一些在內地有經營生意或者置業者的燃眉之急。

建議：

1. 希望大灣區其他城市也能學習江門政府的模式，在香港設立服務專區，使得「自助服務＋人工服務＋遠程視頻」的服務模式的功效得到更大的發揮。並且在取得成功經驗後，逐漸推廣到其他城市，希望內地更多的大灣區以外的城市在香港設立服務專區，方便香港的生活。

2. 現時「服務專區」的功能只限於公共服務，還未包括銀行、法律、公證、兩地車牌換牌等其他服務，我們希望未來大灣區內地城市政府能將更多服務納入「服務專區」中，進一步方便香港人的大灣區生活。

3. 若能在「服務專區」配合專人在場提供諮詢，協助香港市民處理跨境事務，其效果將會更好，更有效率，所以希望大灣區內地政府能派人到香港服務或者聘請合資格香港人員提供服務。

（二）開設內地與香港跨境救護車服務

近年來，內地香港居民返港求醫的服務需求量一直增加，根據香港政府消防處的資料，早於 2007 至 2009 年，每年已有近六千架次的救護車奉召到過境口岸移送病人到香港的醫院。

及後，《粵港澳大灣區發展規劃綱要》提出，為塑造健康灣區，密切醫療衞生合作，應研究開展非急重病人跨境陸路轉運服務。然而，時至今天，內地與香港仍無官方認可的跨境運送病人服務，救護車服務亦不能預約。如香港居民於內地遇事受傷或因病需要返港就醫，有關居民需要於抵達內地口岸時下車，再於抵達香港口岸時召喚香港方面的救護車，並於抵達醫院後重新排隊。整個傷病者運送過程不但對傷病者造成嚴重不便，更有機會耽誤治療時間。

建議：

開設內地與香港跨境救護車互通機制，即是容許內地與香港救護車可以跨境直接接載傷病者，毋須在邊境口岸接駁。當中，內地與香港應就交通規例及發牌制度等問題進行磋商，包括研究透過非政府機構專營跨境救護車服務，於特定口岸設立跨境救護車專屬通道，加快通關速度，讓有需要的傷病者可以盡早到達醫院接受治療。

（三）設立大灣區社工薪酬標準

中央政府於 2019 年公佈《粵港澳大灣區發展規劃綱要》，當中提及「鼓勵港澳與內地社會福利界加強合作，推進社會工作領域職業資格互認，加強粵港澳社工的專業培訓交流」。香港社福機構對《綱要》反應熱烈，期望透過進一步交流和合作，推動粵港澳大灣區社會服務的發展、創新與融合。然而，鑑於內地社會工作發展仍處於起步階段，社會認知度和認受性不高，以致社工職系薪酬一直偏低，窒礙了內地社工的專業發展。

同時，幾年來，一些優質的香港社會服務機構在內地設立機構後，由於內地社工的工資普遍較低，造成社工流失率高，從而導致很多社會服務機構難以聘請員工，直接影響服務市民的質素，也拖慢內地社會福利發展步伐。

建議：

1. 設立社工職系薪酬標準，其標準則是參照各地教師工資架構，即分為基本工資、工齡工資及績效工資等，以作為薪酬基本架構。我們建議可以在大灣區先行先試，就以深圳為例，公辦學校老師工資包括基本工資、五險一金和津貼（例如績效工資），公辦學校大學畢業兩年的教師年薪達 15 萬元人民幣，5 年經驗可達 21 萬元人民幣，10 年經驗可達 25 萬至 26 萬元。設立大灣區社工職系薪酬標準後，不但可改善社工的工資待遇，也可為有志者提供明確晉升階梯，有助大灣區長遠社福服務發展。

2. 加強在社會中對社工專業重要性的宣傳，吸引更多的優秀人才入行。在很多國家的社工發展中，社工是專業人士，對貫徹實施國家的福利政策、維護社會穩定有着很大的作用，但是我國社工行業起步較晚，在社會中沒有形成對社工地位和作用的準確認識，因此即使是社工系畢業的學生最終從事社工行業的人也非常少，國家相關部門應該要加強對社工專業的宣傳，才能吸引更多人入行，不斷強大內地的社工隊伍。

（四）建立大灣區食品的「灣區標準」

建立大灣區食品農產品的「灣區標準」（一個灣區，一個標準，灣區通行），有利大灣區的規則銜接及機制對接，為推進大灣區建設邁出重要一步，對引領粵港澳大灣區高質量發展具有現實意義。而且，建立食品農產品「灣區標準」後，可令香港品牌的食品業市場擴大和走入大灣區及內地市場；而內地的食品農產品則可透過「灣區標準」提升國內食品安全及形象，助力內地的食品農產品走出去，進軍國際。

現時，內地積極推進粵港澳大灣區食品農產品標準體系建設，以「灣區標準」為主要載體推進三地食品農產品標準對接，例如 2020 年建立灣區標準部省聯動和工作協調機制，建設粵港澳大灣區標準化研究中心、成立食品「灣區標準」工作組、探索建立工作組運行機制、組建「灣區標準」食品專家委員會、組織編製《粵港澳大灣區高品質食品標準體系建設可行性研究報告》、《粵港澳大灣區高品質食品標準管理辦法（徵求意見稿）》、《粵港澳大灣區高品質食品標準專家委員會章程（徵求意見稿）》等，可見推動粵港澳大灣區食品農產品統一標準是未來推動大灣區建設的重點之一。

建議：

1. 推廣與宣傳大灣區食品農產品的「灣區標準」，建立「灣區標準」的評核信用機制，推動符合「灣區標準」的食品在大灣區流通及供應。

2. 推進大灣區農產品質量安全標準的工作，建議粵港澳三地政府和相關業界團體，探索制定大灣區農產品質量安全標準。

3. 健全大灣區農產品質量安全標準交流合作機制，例如：農產品安全資訊的通報、風險交流、合作培訓、應急處置等。

4. 督查大灣區食品「灣區標準」的執行情況，建立大灣區食品安全標準的數據庫。

（五）便利港澳居民為購房目的跨境轉入資金

愈來愈多港人選擇在內地購買房產，作為在當地工作或退休生活的居所。隨着粵港澳大灣區發展規劃的實施，這個趨勢更加明顯。然而，港澳居民在內地購房，面對跨境資金轉入方面的實際困難。

根據國家外匯管理規定，港澳居民在內地購買房產，需要先將資金匯入內地銀行並申請結匯。而為了申請結匯，港澳居民需提供《港澳居民往來內地通行證》、商品房銷售合同或預售合同，以及房地產主管部門出具的商品房預售合同登記備案等相關證明（如購買現房及二手房的，應提供房地產主管部門出具的相關產權登記證明文件）。

然而，據一些港人反映，內地銀行未必願意幫助他們申請結匯。另外，一手房買賣流程由開發商主導，付款時間緊湊，買方完成結匯的時間未必能夠配合。舉例而言，買方需要在簽署「認購協議」時交付定金，並在其後很短時間內分別支付首期房款（比例可能高達總價的三成）及餘額。在一些情況下，買方可能在簽署商品房銷售合同或預售合同及取得房地產主管部門出具的商品房預售合同登記備案等相關證明之前，就需要向開發商支付大筆房款，而此時他還沒有這些文件作為申請結匯的材料。

由於存在這些結匯流程上的困難和時間不確定性，不少港人為購房而選擇通過非正常途徑將大額金錢匯到內地，有人因為內地銀行賬戶的問題而被凍結資金，導致無法完成交易，甚至蒙受損失。

去年，我們就以上問題提出建議，鑒於有關問題仍待解決，故再次提出建議。

建議：

在符合住房和城鄉建設管理部門有關境外個人在境內購房的用途和數量的規定的前提下，

1. 容許港澳居民在內地銀行設立「購房專用賬戶」。賬戶持有人可從境外銀行向該賬戶轉入外幣，亦可轉入離岸人民幣，不受目前每天只可匯款 8 萬元的限制。

2. 「購房專用賬戶」內資金不得支出作其他用途。

3. 只要賬戶持有人出示本人簽署的商品房「認購協議」，以及開發商確認的收款賬戶號碼，即可為賬戶持有人辦理結匯，金額不超過協議所訂的購買總價。購房資金只可轉入開發商確認的收款賬戶，數額不得超過購買總價。

4. 至於二手房買賣方面，可憑藉買賣合同、有關房產的正式查冊結果，以及賣方提供的收款賬戶號碼辦理結匯。購房資金也只可轉入賣方提供的收款賬戶，數額不得超過購買總價。

5. 為鼓勵銀行辦理有關的結匯業務，應容許銀行適當收費。

6. 上述措施可考慮先在粵港澳大灣區的內地城市推行。

7. 長遠而言，應取消購房結匯須先獲審批的規定，容許購房專用賬戶持有人先行將賬戶內資金兌換為人民幣，或動用賬戶內的離岸人民幣，作為購房之用，直接轉入開發商或二手房賣家的賬戶，其後在一定時間內提供交易證明，例如買賣合同、合同登記備案證明、產權登記證明等。

（六）逐步改善關於持有內地專業職稱、資格或學歷的港澳居民在參加工作時所遇到的實際不公平問題

為促進粵港澳大灣區建設，發揮香港法律執業者和澳門執業律師的專業作用，全國人大常委會 2020 年 8 月 11 日會議通過了《關於授權國務院在粵港澳大灣區內地九市開展香港法律執業者和澳門執業律師取得內地執業資質和從事律師職業試點工作的決定》，授權國務院在粵港澳大灣區內地九市開展試點工作，符合條件的香港法律執業者和澳門執業律師通過粵港澳大灣區律師執業考試，取得內地執業資質的，可以從事一定範圍內的內地法律事務。

國務院辦公廳於 2020 年 10 月 5 日亦印發了《香港法律執業者和澳門執業律師在粵港澳大灣區內地九市取得內地執業資質和從事律師職業試點辦法》（下稱：試點辦法）。由於國務院試點辦法只是規定了「粵港澳大灣區律師」的相關內容，到了地方實際落實執行時，很多部門或地方規範性文件和相關政策便會自然而然地向「粵港澳大灣區律師」這個新政策展開了傾斜。在再進一步詳細調研後，我們便能發現會出現某些不公平，但可以簡單解決的問題。

例如，深圳前海合作區人民法院今年 1 月份印發了《公開選任港澳地區特邀調解員的公告》，當中第二條明確列出了六項港澳地區特邀調解員的資格條件。其中第 4 項條件規定了必須是「依據香港特別行政區有關法律，經香港特別行政區高等法院認許，在律師、大律師登記冊上登記，且未被暫時吊銷執業資格的律師、大律師，或者澳門律師公會有效確定註冊的職業律師」；以及第 5 項條件規定了必須是「已參加粵港澳大灣區律師執業考試，且考試分數達到 120 分以上」。換句話說，只是符合了第 4 項條件規定的香

港特區高等法院認許的律師或大律師，但由於已經通過「國家統一法律職業資格考試」，因而沒有參加第 5 項條件所規定的「粵港澳大灣區律師執業考試」的香港居民，他們便不符合深圳前海合作區人民法院公開選任的資格條件中的第 5 項條件了。

「國家統一法律職業資格考試」是在我國中具有權威性的全國統一考試。通過「國家統一法律職業資格考試」門檻並同時擁有香港特區律師或大律師資格的香港居民雖然人數不多，但他們是同時熟悉內地與香港兩地不同法律制度的高級人才；他們都愛國愛港、熱愛祖國、積極推動香港融入國家發展大局。

建議：

1. 司法部、廣東省司法廳和其他相關部門，在特別照顧通過「粵港澳大灣區律師執業考試」中的港澳居民的同時，在出台部門或地方規範性文件或實施細則時，不要忽略已經通過「國家統一法律職業資格考試」中的港澳居民，建議可以在相關規範性文件中列明「粵港澳大灣區律師執業考試」的某些政策同樣適用於通過「國家統一法律職業資格考試」中的港澳居民。

2. 建議其他國家機關先適當地展開調研，審視一下持有內地專業職稱、資格或學歷的港澳居民中，在參加工作時還有哪些基於港澳居民身份而遇到的不公平實際問題。總之，要以公平對待的精神充分調動內地與港澳台各方的積極性，讓大家都能更好地為新時代中國特色社會主義建設付出努力，更好地為實現中華民族偉大復興的中國夢作出貢獻。

（七）加快合拍電影立項程序和時間

香港電影及香港與內地合拍電影要進入內地，需由中央部門審批通過。最近有業界反映，自從 2019 年香港黑暴事件發生後，合拍片劇本送審立項的時間大幅增加。以往劇本送審後，短則兩個月，長則半年，劇本的審批便會完成；但現時劇本審批需一年，甚至超過一年多仍未批出來。

劇本立項審批未完成，電影就不能籌備開拍，導致香港許多電影從業員失業，沒有工開，影響整個香港電影界的發展。

建議：

1. 國家電影局加快合拍電影立項程序和時間。

2. 建議中央將香港電影或香港與內地合拍片等內地和香港合作的文創產業的審批權交由廣東省文化和旅遊廳，加快電影的審批時間之餘，更可以有效促進大灣區文化創意項目的流通和壯大。

（八）完善措施便利兩地牌車主

因疫情的影響，關口關閉了近兩年，目前有大量兩地牌的私家車主遇到換車難題。許多車主因原掛兩地牌的車輛老舊而無法繼續正常使用，因此在香港購買了新車替換。按照規定兩地牌私家車主需向內地有關部門申請辦理更換車輛及兩地牌相關手續。按照目前內地海關部門現行規定，香港車輛更換新車必須將原有掛內地牌的舊車送回到內地海關部門辦理退港等更換車輛手續。即使舊車報廢無法駕駛回內地，也必須找拖車將舊車拖入內地辦理退港手續。現實的問題是，現在關口已有兩年封閉，香港車主無法駕駛或將報廢的舊車拖回內地辦理退港等更換車輛手續。期間，許多香港車主曾多次諮詢辦理舊車退港手續的深圳海關部門，他們的答覆是，必須將舊車送回深圳海關部門辦理退港手續後，才可以更換新車及兩地牌換領手續。現在許多持有兩地車牌的私家車主的苦況是，舊車不能處理掉，否則就無法在通關後辦理換車手續，車主必須為保有舊車照常辦理和繳交舊車輛的所有費用和手續（港方、內地的保險、驗車、續牌、維修等），尤其是還要在寸土寸金的香港承擔昂貴的停車費用，近兩年的封關讓車主蒙受許多不必要的經濟損失和苦惱。

建議：

1. 目前很多政府辦證及其他公共服務已經可以通過互聯網和電子科技處理。我們建議利用電子辦證平台，處理兩地牌的領證、換證、延期各種業務，既可提高政務效率，也能便利車主。

2. 因應疫情影響，適當減免兩地牌車主的保費，並檢討和精簡兩地牌的各類相關手續，包括——

(1) 將原有的內地駐港驗車機構「中國檢驗有限公司」的驗車和香港運輸署的驗車，兩次合併為一次。由海關總署和香港運輸署協商指定有關驗車公司承接，一次完成兩地驗車要求。因為兩地的驗車項目大同小異，只是驗車項目、指標的細微差異，完全可以協調合併處理。

(2) 將必須將舊車送回深圳海關部門辦理退港手續的相關規定，改為內地相關監管部門認可接受換新車的車主，或他所委託的代理人，攜帶在香港處置舊車的文件，如劏車紙，舊車的內地號牌、過關電子識別卡、海關管理手冊等文件回內地辦理退港手續，無需將舊車送回深圳海關辦理退港手續，以便讓車主及時在香港處置舊車，減少不必要的損失和苦惱。另外，也可考慮委託「中國檢驗有限公司」在香港受理退港手續，免卻車主往來港深兩地的麻煩。

（九）優化定向招募港澳選拔內地公務員的政策

「定向港澳選拔職位」是貫徹落實《粵港澳大灣區發展規劃綱要》「研究推進港澳居民中的中國公民依法報考內地公務員工作」要求，支援愛國愛港、愛國愛澳的港澳優秀青年融入國家、參與大灣區建設。是項政策面向具有中華人民共和國國籍的港澳居民中的優秀全日制大學本科以上學歷畢業生招錄。

由 2019 起至 2022 年 1 月，廣東省共三次提出定向招錄港澳人士公務員：第一次是在 2019 年舉辦的《2020 年廣東選調生和急需緊缺專業公務員考試》，共提供 26 個職位，並錄取了 3 名港澳人士。 第二次是在 2020 年 11 月舉辦的 2021 年服務「雙區」建設專項招錄公務員考試中，深圳首次設置定向港澳選拔職位。原本共提供 5 個公職，結果吸引了 446 名港澳人士報考。在 2021 年 5 月，深圳市政府新聞辦公室發佈公告稱，錄用 4 名來自香港的公務員。第三次是 2022 年服務「雙區」建設專項招錄公務員中，深圳再次設置了 5 個定向港澳選拔職位。

在 2020 年 12 月舉辦的《2021 年廣東選調生和急需緊缺專業公務員考試》中，雖然沒有設置定向招錄港澳人士的名額，但港澳人士依然可以報名參與。在 2021 年 7 月，《廣東省事業單位 2021 年集中公開招聘高校應屆畢業生公告》規定的港澳應屆畢業生，可報考廣州、深圳、珠海、佛山、惠州、東莞、中山、江門、肇慶及省直駐上述各地事業單位的 9000 多個職位，每人只可報考一職。從具體專業來看，截至 2021 年 8 月，經濟金融類人才最為「搶手」，要求最低具備研究生學歷的崗位和最低具備本科學歷的崗位分別約有 45% 和 24% 提出相關需求。其次是法律法學類（要求最低是研究生和本科學歷分別佔比約 14% 和 18%）和外國語文學類（要求最低是研究生和本科學歷分別佔比約 9% 和 12%）。

港澳定向的內地公務員職位有限，而報名的人不在少數。在 2020 年 11 月舉辦的 2021 年服務「雙區」建設專項招錄公務員考試中，平均一個職位就有 89 位競爭者。廣東省 2021 年考試錄用公務員公告發佈時，對於定向港澳招錄公務員已無特別規定和程序。這個是除了定向的的招錄方法外，港澳畢業生成為內地公務員的唯一的途徑。不過，由於港澳地區與內地在制度等方面上存在差異，港澳居民對內地法律及政策較為陌生，在公務員考試中並不具備競爭優勢，無形之中需要多跨一道，甚至多道門檻。與此同時，內地公務員相關的資訊較為稀少、不少成功報名的都是在內地畢業的港澳學生。為加強在港畢業的學生投考內地公務員時的競爭力和鼓勵他們融入國家、參與大灣區建設，建議可為有意投考內地公務員的港澳人才優化現行相關的政策。

建議：

1. 增加定向港澳選拔職位名額：

現時每次定向港澳選拔職位的名額大約在 5 名左右。建議可將有關名額增加至每次 20 名，並橫向多方面招募更多不同科目的畢業生，吸納更多來自不同學科的人才。

2. 深化與香港高校的合作：

（1）為了令港澳人士更深入了解內地相關制度及政策和更適應相關環境，建議提供定向港澳學生的暑假公務員實習一個月或寒假公務員實習一星期（參考 spring week 春季項目），並提供住宿安排，讓他們先了解內地公務員的工作內容，繼而了解工作所需的相關技能和知識，並加強自身的競爭力。

（2）與香港的大學合作開設有薪實習工作課程（參考加拿大的co-op課程與英國的Sandwich Course），在合適的學科中（如在招聘中較為熱門的經濟金融、法學、外國語言等學科），在大二或大三的時候加插一年的內地公務員實習期。實習後便繼續其大三或大四的課程。這可令學生在畢業前獲得相關的工作和社會經驗。入選本計劃的港澳學生如表現出色，更可在畢業後保送至相關單位。

3. 擴闊宣傳管道：

（1）因定向港澳人士的內地公務員職位考試報名時間平均只有三至四日，建議研發手機應用程式（類似現在香港公務員的方式）或通過電郵方式通知有意投考的港澳應屆畢業生。

（2）建議融合「易展翅」，把投考職位、投考指南、網上培訓課程、房屋租借建議及生活指南等資訊統一地放在一個平台，便利更多有意投考公務員的港澳人士了解相關的資訊。

4. 優化其他措施：

（1）現行定向港澳人士的內地公務員職位考試需在內地進行，建議可參考國家統一法律職業資格考試（國內法考），由內地有關部門與香港政府合作，在港設立考場，再統一安排考生試卷轉交內地有關部門評核，方便受疫情影響的港澳居民。

（2）為新入職的港澳人士公務員在內地過渡期內提供住房措施。部分港澳人士在剛到內地工作時並無居住地方，因此可為他們提供住宿措施，如在剛入職的一年內發放住房津貼，或設有宿舍。待過渡期後，建議可根據其工作單位的有關政策，提供與當地公務員提供相同的住房待遇。

（十）繼續完善港澳流動漁民疫情常態化生產措施以及推動流動漁民於疫情下升級轉型

不少港澳流動漁船均期望回應國家政策升級轉型，包括考慮轉型從事可持續水產養殖及休閒漁業等，然而以個體戶為主的流動漁民卻難有充足資本及能力轉產轉業。幸而在國家漁業相關部門的支持下，2022 年正式施行《港澳流動漁船漁民管理規定》，當中明確要求各級政府及有關部門應制定、完善便利流動漁民在內地發展的政策措施，鼓勵和支持流動漁民產業轉型升級，發展水產養殖和休閒漁業等；同時又制定《「十四五」全國漁業發展規劃》，具體提出漁業產業發展、綠色生態、科技創新、治理能力四個方面 12 項指標，力爭到 2035 年基本實現漁業現代化。現時，在受惠於國家政策，已有港澳流動漁民正參與惠州市粵港澳流動漁民深海網箱養殖產業園，嘗試轉產轉業，也對國家的支持深表感謝，但在此也期望國家可以制定更多措施，創造更多機遇，推動更多流動漁民升級轉型；此外，新冠肺炎疫情下管理港澳流動漁船的各級部門制定了兼顧防疫和生產生活的措施，大致可以兼顧防疫工作及流動漁民的經營和生產生活，然而部分與流動漁民生產生活息息相關的服務卻不時暫停，對流動漁民的生產帶來嚴重影響，也同時影響行業升級轉型之路。

建議：

1. 港澳流動漁民群體以捕撈漁業為主，近年面對海洋資源減少、油價上升，限制捕撈漁業的相關措施，以及新冠疫情的夾擊下，急須轉型。漁民轉型從事其他養殖漁業及休閒漁業有其技術優勢，但始終並非本業，轉型須時。為免錯失轉型良機，建議相關部門開始着手研究及制定鼓勵和支持流動漁民產業轉型升級，發展水產養殖和休閒漁業的政策措施及支持政策，以免因錯失時機影響港澳流動漁民群體的穩定性。

2. 不少港澳流動漁民均期望嘗試轉型從事大洋性或過洋性遠洋漁業，當中香港已有流動漁民正與內地擁有遠洋漁業配額的漁業公司合作，也有香港流動漁民正嘗試於於阿曼進行過洋性遠洋漁業。然而，不少參與遠洋漁業的漁民表示，均期望流動漁民可直接參與國家遠洋漁業政策，獲得更大支持，也免去現時為從事遠洋漁業所面對的繁瑣流程。鑑於現時國家將遠洋漁船總量控制在 3,000 艘以內，而截至 2019 年底，我國批准作業的遠洋漁船 2,701 艘，當中仍有約 300 艘的配額空間，期望國家可開放容許流動漁民作出申請，支持流動漁民升級轉型。

3. 鑑於港澳流動漁民同為香港居民，故香港特區的漁業政策為何？當中是否與國家政策高度配合，是為港澳流動漁民能否成功轉產轉業的重要因素。過往內地與香港特區的漁業政策不配合，包括：國家於 2009 年向港澳流動漁民發放半額油補，原因在於另外半額由特區政府負擔，但特區政府卻並無油補政策；以及於 2012 年香港特區禁止拖網捕魚，同時推出漁業發展貸款基金推動漁民更新建造拖網漁船，卻遇上國家逐步限制拖網漁船生產的情況。故在此建議國家漁業相關部門與香港特區政府就港澳流動漁民升級轉型一事加強溝通合作，共同配合制定有利港澳流動漁民持續發展的政策措施。

4. 鑑於香港船隻檢驗業務於數十年前開始北移，導致現時較大型的流動漁船均依賴位於廣東省的船廠作漁船檢驗及維修，故流動漁民多年來也非常感謝內地相關部門推出措施容許流動漁船在內地作委託檢驗。不過自疫情以後不論新船、舊船於內地的委託檢驗均多次因為疫情防控而被暫停，時斷時續；而流動漁民也因為於內地水域登岸前需離開港澳地區超過 14 天，導致船隻維修工作大受影響，也影響船檢。由於有效的香港驗船證明書是申請捕撈相關證件、牌照的重要前題，故建議有關部門應研究一套可於疫情下較可衡常運作的漁船檢驗、維修政策措施，平衡防疫及生產實際需要，減少疫情下對行業生產的影響。

5. 防疫是現時工作的頭等大事，但卻因此，不少與流動漁民生產生活相關的政策措施卻因此必須再與防疫相關部門協調，導致工作更為緊逼。舉個例子，近日港澳流動漁船聘請的內地過港漁工須盡快申請出入境通行證以替代舊有的漁工作業證，並必須於 2022 年 2 月 1 日前完成更換，否則漁工不可離境，有關政策雖然於 2021 年 12 月 10 日推出，但部分廣東省城市卻於 2022 年 1 月 10 日前後才推出措施，再加上春節臨近漁民必須接送漁工及接受檢疫，包括漁船須於香港最後一個靠泊點駛離的時長超 14 天等，讓辦理時間更加緊逼。事實上，港澳流動漁民生產生活的相關政策措施向來牽涉多個不同功能的政府部門，也牽涉廣東省多個市政府，在此期望港澳流動漁民工作協調小組可以總體協調這些部門，加快協調落實相關措施，便利漁民群體。

（十一）繼續加強力度打擊非法捕魚

習近平主席曾提出「綠水青山就是金山銀山」。海洋資源保護是十四五規劃的重要內容之一，不過非法捕魚活動猖獗卻嚴重破壞海洋資源。有不少港澳流動漁民和香港漁民經常反映，指於內地水域或香港水域生產作業期間，均經常發現不同類型的非法捕魚活動。部分非法捕魚船隻被執法部門、漁民或其他海上持份者發現後，便會立刻全力逃往境外，讓內地或香港的執法部門均難以有效執法。鑒於執法上的困難，不法之徒均看準利潤龐大且被捕機率低，特別在香港的罰則甚低，故鋌而走險，有不少港澳流動漁民和香港漁民形容，偷捕在兩地近乎「遍海皆是」。有關情況除了嚴重破壞海洋、漁業資源，也讓守法漁民甚為氣餒，影響生計。

建議：

1. 現時，機動漁船底拖網禁漁區線外側海域漁業執法工作由中國海警局負責，內側海域漁業執法工作由沿海地方漁政機構負責，故農業農村部分別和中國海警局開通了舉報受理平台（010-5919110）和95110海上統一報警平台；另外，中國漁政執法舉報受理平台，讓漁民可通過微信以圖片及通過簡單程序舉報在「禁漁線」內及「內水」的非法捕魚，讓部分不能操流利的普通話，或者存在文化差異的流動漁民可方便舉報，不過有關平台卻並不受理「禁漁線」外的我國水域範圍的舉報。2020年，據農業農村部的回覆指，將研究建立健全兩個舉報受理平台，並將簡化優化群眾報方式。建議盡快作出相關工作，在官民合作互通信息下，更徹底地打擊非法捕魚。

2. 此前，國家展開了《漁業法》的修訂工作，展現了打擊非法捕魚，保育漁業資源及海洋生態的決心。事實上，阻嚇力是打擊罪案的其中一個重要元素，這體現在明確執法工作及罰則之中，故建議盡快完成《漁業法》的修訂工作，強化執法加強罰則，全方位打擊非法捕魚，保育珍貴的國家資源。

3. 流動漁民及香港漁民反映，不少非法捕魚船隻看準內地及香港執法部門難以越境執法，當有執法船隻追截時，便會跨境逃走，讓執法部門無計可施。建議內地及香港的執法部門繼續加強合作，包括建立更緊密及衡常的情報交換及溝通機制；研究容許在兩地進行打擊非法捕魚的聯合行動時，兩地船隻在兩地邊界可有更大的執法自由度，以便可全方位打擊非法捕魚；同時研究加強搜證的方法，例如容許執法船隻可向非法捕魚船隻發射漆彈，讓非法捕魚船隻即使跨境逃走，當有執法部門截獲時，也可憑漆彈作證據加強成功檢控機會。

4. 國家管轄水域之大，導致前線執法部門時而難以發現非法捕魚，不過非法捕魚船隻卻總要將魚獲銷售。故建議執法部門加強源頭「放蛇」工作，在收魚船或碼頭「放蛇」，從源頭截獲非法捕魚。

（十二）關於在香港國際機場實施「一地兩檢」的建議

《十四五規劃綱要》提出支持香港提升國際航空樞紐地位。香港國際機場一直是全球領先的國際貨運機場，也是全球第四繁忙的國際客運機場。在2020年，即使受疫情影響，香港國際機場的貨物處理量仍然高達450萬公噸，是全球最繁忙的國際貨運機場。

要進一步鞏固香港的航空樞紐地位，我們建議參考廣深港高鐵實施「一地兩檢」的經驗，在香港國際機場設立內地口岸區，由內地派駐機構進行邊防檢查、海關監管、檢驗檢疫等出入境監管。這可以實現與全國空運網絡的高效互聯互通，為香港國際機場帶來獨一無二的優勢。

實施「一地兩檢」可以使旅客在一個香港機場、一個航站樓辦齊所有出入境手續一次放行，大幅提升香港機場通關效率，使往來於內地和香港的廣大旅客享受宛如內地城市間飛行的快捷便利。

同時，在香港國際機場實施「一地兩檢」後，即使一些內地城市的機場沒有設置口岸，只提供國內航線，航空公司仍然可開設這些內地城市與香港之間的航線。這將大大提高香港對內地城市航線設置的靈活性，增加香港作為航空客運與貨運樞紐的優勢。

建議：

1. 在香港國際機場設立內地口岸區。內地口岸區視為內地，根據內地法律實施管轄，但一些根據實際需要由香港管轄的保留事項除外。

2. 由於機場結構和運營情況與高鐵站有極大不同，香港與內地有關部門應共同研究，採取優化的空間和流程配置，以便在香港國際機場的航站樓及停機坪設置內地口岸區，有效實施客運和貨運兩方面的口岸管理。

3. 借鑒高鐵西九龍站的經驗，採取「三步走」程序，即：第一步，由廣東省政府和香港政府就香港機場「一地兩檢」簽署合作安排；第二步，由國務院提請全國人大常委會批准該安排；第三步，雙方通過各自法律程序落實該安排。

2022

第三部分

各項建議的
最新進展及成果

香港

澳門

廣州

深圳

珠海

佛山

惠州

東莞

中山

江門

肇慶

2017 年 7 月，粵港澳三地在國家主席習近平的見證下簽署《深化粵港澳合作 推進大灣區建設框架協議》，大灣區發展正式啟動。協議規定四方每年定期召開磋商會議，三地亦建立日常工作機制，真正成立了高層次的合作框架。2019 年，中共中央、國務院發佈《粵港澳大灣區發展規劃綱要》，更為大灣區發展指明了具體的方向，意味着大灣區發展全面啟動。

（一）大灣區發展取得可觀成果

據新華社在 2021 年 4 月的一篇報道， 2019 年 2 月至 2021 年 4 月，中央和地方各級政府已陸續出台 231 部涉粵港澳大灣區相關政策文件，構建起推動粵港澳大灣區高效、快速發展的完備政策體系。在發佈的 231 部相關政策文件中，包括 19 部國務院層面發佈的政策文件；36 部國務院部門發佈的政策文件；66 部省級層面發佈的政策文件和 110 部珠三角九市政府發佈的政策文件。

分析顯示，231 部文件中，排在前三位的關注領域是就業創業、財稅支持、科技創新，分別佔比 23%、13%、11%。省級層面出台的 66 部政策文件中，廣東省 61 部、香港特別行政區 2 部、澳門特別行政區 3 部，且主要分佈在科技創新、就業創業、現代產業領域。「港澳青年」成為 231 部政策文件出現頻次最高的詞彙，共出現 2,810 次。為使各項政策有效落地，各級政府還出台了 143 部粵港澳大灣區的政策解讀文件，僅 2019 年就出台 69 部。

2021 年開始實施的《中華人民共和國國民經濟和社會發展第十四個五年規劃和 2035 年遠景目標綱要》，第三十一章「深入實施區域重大戰略」中就特別單列出第三節「積極穩妥推進粵港澳大灣區建設」，顯示國家對粵港澳大灣區發展的高度重視。

事實上，自 2017 年以來，粵港澳大灣區的發展取得了不少可喜的成果。截至 2021 年底，大灣區的經濟總量為 12.6 萬億元人民幣，較 2017 年增加 2.4 萬億元人民幣。進入世界 500 強企業 25 家，比 2017 年增加 8 家。廣東省現有高新技術企業超過 6 萬家，其中絕大部分都在粵港澳大灣區廣東九市內，比 2017 年淨增加了 2 萬多家。廣東的港澳青年創新創業孵化基地體系，累計孵化港澳項目超過 2,300 個，吸納港澳青年就業達 3,400 餘人。在民生方面，港澳居民在粵參加養老、失業、工傷保險的多達 27 萬人次，並已基本上享有內地居民同等待遇。

（二）人流和資金流仍存在障礙

然而，大灣區的發展仍然存在不足，至少在人流和資金流的互聯互通方面仍然存在障礙。人流方面，雖然大灣區內開通了多個跨境交通基建項目，如港珠澳大橋，以及蓮塘口岸等，但受疫情等因素影響，三地之間的人流未能如常交流，大大影響了商務運作和民生活動。另外，受到 2019 年香港黑暴等問題影響，不但令到粵港澳三地人民減少了溝通交流，某程度上也減少了互信。建議書內特別提到發展大灣區不要忽略了民心互通。如果有關問題未能得到有效處理，將無可避免影響大灣區的發展。

資金流方面，具體問題之一就是港澳居民在內地購房，仍然要面對跨境資金轉入方面的實際困難。雖然根據國家外匯管理規定，港澳居民在內地購買房產時，可透過內地銀行進行結匯。然而，據反映部分內地銀行不願意幫助他們申請結匯，而且整個結匯流程存在許多不確定性。因此，不少港人為購房而選擇通過非正常途徑將大額金錢匯到內地，有人因為內地銀行賬戶的問題而被凍結資金，導致無法完成交易，甚至蒙受損失。

另外，香港金管局和內地人民銀行雖已分別成立了快速支付系統，但大灣區內尚未有一個聯通的跨境支付系統，如果香港與內地能建立有關系統，將大大便利跨境資金流動，方便大灣區內市民的跨境工作、生活和消費。

期望中央和三地政府能繼續拆牆鬆綁，推動粵港澳三地在人流、物流和資金流等方面互聯互通，全面落實《粵港澳大灣區發展規劃綱要》和《中華人民共和國國民經濟和社會發展第十四個五年規劃和 2035 年遠景目標綱要》第三十一章第三節「積極穩妥推進粵港澳大灣區建設」的重要精神，讓大灣區早日達至高水平的發展。

（三）七大類別的成果

在大灣區發展取得的成果中，有不少正是民建聯積極爭取多時的倡議。以下僅分為七大類別，分別列述民建聯主要建議的最新進展或成果。

1. 跨境交通基建

民建聯主要建議	最新進展／成果
進一步優化空域，考慮重新編排有關管制的優次緩急，並考慮為香港及灣區內其他地區前往各地城市的航班開設備用航道。亦應將香港航空交通流量同時納入內地空中流量管理系統一併考慮。粵港澳三地亦應考慮成立聯合空中管理中心。	2021 年，內地和港澳民航部門已完成相關評估報告，將建立基於全國流量管理系統的協同機制，並進一步完善資料引接方式、交換內容和格式，以及參與亞太區分散式多節點流量管理合作等。亦將會展開大灣區機場群空域規劃研究。
將大灣區內客貨流量較少，但距離又比較接近的機場，進行合併管理。	2021 年，香港機管局正式入股珠海機場，進一步深化雙方合作。
將跨境直升機運輸服務擴大至廣東省主要城市，包括珠海、廣州和中山等，以便利商務往來。	香港已於 2019 年擴展往來香港的跨境直升機服務涵蓋整個廣東省的航點，並正籌備具體安排。
推動智能通關，並考慮全面提升各口岸的資訊科技系統。簡化過關手續，和轉口貨物的清關手續，包括研究在內地的指定區域，允許轉口香港的貨物可以使用航空運輸的集裝器等。亦可研究在口岸建立儲存櫃，以便利貨物通關。長遠亦應研究在珠海建立貨物轉運／集散中心。	深圳海關在 2021 年推出促進跨境貿易便利化 28 條措施，並加快推進「智慧口岸」的規劃與建設，包括實現全市口岸實現 5G 信號全覆蓋。例如目前蓮塘口岸「一站式」通關信息平台建設已順利完成，並已設立更多自助查驗通道。而皇崗口岸貨運的出境通道亦已全面啟用「駕駛員智慧驗放設備」。

（續上表）

民建聯主要建議	最新進展 / 成果
優化「過境私家車一次性特別配額」制度，採取「一次辦理、多次使用」模式，為期三年。並將特別配額制度推廣至其他多個口岸。中期而言，考慮放寬車輛配額制度，令車輛進入特定配額的口岸後，可以在任何一個其他口岸離境。長遠亦可研究在個別口岸如港珠澳大橋取消所有配額制度。	粵港兩地政府正全力推進「大橋港車北上不設配額計劃」，待疫情受控和免檢疫「通關」逐步實施後，可讓合資格香港私家車經大橋往來香港與廣東省而無須事先取得常規配額。粵港兩地政府亦同意計劃可稍後伸延至另一個陸路口岸。
研究在更多主要口岸如深圳灣口岸等實施 24 小時通關。	已在深圳灣口岸實施 24 小時通關，再加上蓮塘口岸及皇崗口岸，深圳陸路口岸將在疫情退卻後形成東、中、西各有一個 24 小時通關口岸的總體佈局，基本滿足深港口岸旅客夜間通關需求。
三地政府放寬車輛使用大橋，完善口岸的清關及檢疫設施，並配置相關的物流基建及配送設施，以協助物流業界提升效益；簡化出入境安排，設立「香港機場專線」，讓旅客可以在澳門及珠海口岸預辦登機手續後，乘搭專線進入香港機場禁區候機；將「港珠澳大橋澳門口岸泊車轉乘計劃」推廣至珠海及香港，並調整停車場現行每 12 小時一節的單一收費安排；檢視三地口岸設計，在適當位置增加行人輔助設施，如行人輸送帶，以便利長者及其他有需要人士；參考現時高鐵的安排在港珠澳大橋鋪設無線網絡，供旅客免費使用。	多項建議目前已初步落實及不斷推進，例如 2020 年大橋已實現 5G 網絡全覆蓋。另外，大橋人工島正興建智能化停車場，日後內地「陸轉空」旅客在自動化停車場泊車後，可經中轉客運大樓直接前往閘口登機，無需再辦理入境香港手續，省卻多重海關檢查並減少堵車風險，陸路車程將從 3 小時縮短至 30 分鐘。
取消香港區的境外線渡輪乘客 11 元登船費。	2020 年香港政府正式取消跨境渡輪乘客上船費 11 元。
重新研究港深西部快速軌道。	香港行政長官在 2021 年正式提出興建由洪水橋往深圳前海的港深西部快速軌道。港深兩地政府已就此成立專班，預料 2023 年完成首階段研究，其後再討論走線、造價、分攤合作機制等細節。

（續上表）

民建聯主要建議	最新進展／成果
探討興建港深東部快速軌道。	2021 年深圳市首次公開披露正在謀劃建設「深港東部快軌」，軌道擬自深圳坪山站引出後，途經深圳東站，最後接入深圳站，途經坪山區、龍崗區和羅湖區。而香港亦表示研究將東鐵線延伸至深圳羅湖，並探討在深方設立「一地兩檢」口岸。
應增設香港口岸人工島的泊車位至 5,000 個以上，並加快以多層地庫模式建造停車場的進度。同時，應發展手機應用程式及網頁。	人口島正興建自動化停車場，分階段提供約 6,000 個車位。
香港應研究打通及延長香港的單車徑，並連接至廣東省綠道，以建立超級單車徑。	全長 82 公里的新界單車徑網絡已接近完成，可有助推動香港的綠色旅遊。
在粵港澳大灣區的框架下對口岸擴建工作進行研究和規劃，由高層次領導統籌協調深圳和香港方面進行工作，令有關規劃更符合各持份者的利益和期望。適時公開相關的資訊，令整個擴建項目更加公開透明，讓社會更知悉有關的細節和進度。	目前港深政府已成立有關協調機制，包括成立了領導小組和各工作小組，並開通了三個信息發佈平台，以及透過各主要媒體進行信息發佈。廣東省將繼續大力支持深圳和香港就港深口岸重建規劃開展深入交流合作。

2. 跨境醫療安老

民建聯主要建議	最新進展／成果
參考本地公立醫院的人均補貼比例，與灣區內其他城市協調，建立異地醫療費用報銷機制。	香港在 2020 年開始為身在廣東省的醫管局慢性病患者推出特別支援計劃，以便患者在新冠疫情期間可於香港大學深圳醫院繼續獲得受資助的診症服務，每名病人資助額上限為人民幣 3,000 元。
現時政策已允許香港藥品在大灣區的港資醫院流通，希望能進一步放寬到大灣區所有優質醫院，方便港人在內地取藥。	廣東省藥品監督管理局 2021 年將「港澳藥械通」試點擴大至珠三角 5 家醫院進行。

（續上表）

民建聯主要建議	最新進展 / 成果
全面推行香港居民病歷轉介計劃，令灣區內更多城市和更多定點醫院可以自由轉介病歷，以方便病者就醫。	2020 年香港醫管局為身處內地香港病者推出特別支援計劃，讓香港部分病歷可首次跨境互通至內地。2021 年深圳市亦正式審議通過《關於加快推動醫療服務跨境銜接的若干措施》。
參考香港大學深圳醫院的模式，讓香港及其他國家地區比較優質的醫院在內地主要城市建設合營醫院。也可把合辦服務範疇從住院服務擴展至普通門診、專科門診及日間醫療程序服務等。	香港中文大學（深圳）醫院正在興建，預計 2026 年底開業。
建議廣東省政府統一各主要城市的做法，在公共交通工具及旅遊景區、景點的優惠方面給予香港長者國民待遇。並參照深圳頤年卡的經驗，將相關安排推廣至整個廣東省主要城市。	廣東省社保卡與深圳頤年卡功能相近，廣東省表示正研究總結頤年卡的經驗，優化資源整合，實現多卡融合，為香港長者到廣東生活養老提供便利。

3. 創新科技

民建聯主要建議	最新進展 / 成果
加快發展河套區創新及科技園，並盡快確立各項優惠政策，包括推動更少限制的資金結算制度和便利人員往來等。	創新及科技園預計 2024 年底分階段落成第一批共 8 座樓宇。第一批次落成前，香港科技園將承租及管理深圳科創園區的部分地方作香港科學園深圳分園，讓有興趣開展大灣區業務的機構和企業先行落戶。此外，科技園將與落馬洲 / 新田一帶整合為佔地約 240 公頃的新田科技城。政府亦會為內地的創科人才發出類似亞太經合組織商務旅遊證的多次入境證，以便快速通關。

（續上表）

民建聯主要建議	最新進展／成果
內地向香港開放更多科研研究項目。	直至 2021 年 5 月，科技部及內地省市已批出 約 3.4 億元人民幣給本地大學及科研機構進行研發項目或建立實驗室。科技部更於 2020 年擴大可申報「國家重點研發計劃」的香港 科研機構範圍，由 10 個機構增加至 19 個。此外，於 2019 年推出的「內地與香港聯合資助計劃」下首批同時獲科技部和創新科技署支持的申請已陸續進入批核程序。2020 年 4 月亦已展開有關計劃的第二度申請，鼓勵香港與內地進行科研合作項目。
內地開放更多科技設施以推動香港創新科技發展。	目前廣東省已開放約 1 萬個重大設備與香港科學家共享。
在大灣區內建立更多的國家重點實驗室和研究中心分中心。	粵港澳聯合實驗室在 2019 年後新設立了 20 間，例如 2020 年香港城市大學有份參與的「粵港大數據圖像和通信應用聯合實驗室」，以及 2019 年香港大學有份參與的「粵港澳呼吸系統傳染病聯合實驗室」。
香港政府應改變目前的保守做法，在各部門的預算中預留專款，主動採購切合部門需要的本地創科產品和服務，以及修改相關法例，並與廣東省及澳門政府加強協調，藉以建立足夠的應用場景。	政府已推出數項相關計劃，資助不同部門推行科技項目，並進行採購。例如有 2017 年推出的科技統籌（整體撥款）計劃。另外，香港應科院於 2021 年在沙田區啟動全球最大型的車聯網（C-V2X）公路測試之一，研究及測試車聯網技術在香港道路的應用場景、所需的網絡及相關基建。

4. 中醫藥

民建聯主要建議	最新進展／成果
三地加強合作，進一步推動中西醫結合，爭取形成更具療效的中西醫結合診療方案或專家共識，探索建立中西醫臨床協作長效機制。	2022 年，內地援港醫療隊成員聯同醫管局及中醫團隊合作優化服務流程，所有進入新冠治療中心的病人均會接受中西醫團隊共同評估，以確定是否適合接受中醫藥服務。此外，中西醫團隊共同值班、巡房及進行診治。
建議參考律師界別的先例，特別設立門檻較低的大灣區中醫師執業考試，又或者以其他更便利的行政安排，允許香港中醫師到廣東省公立中醫院長期坐診。	2021 年廣東省 7 間公立醫療機構公開招聘了 12 名港、澳註冊中醫師。獲取錄中醫師與其他內地中醫師享同等薪酬待遇，並可申請租住由內地政府提供的廉價房屋。
三地聯合制定大灣區中藥材統一標準體系，打造大灣區中藥材期貨市場。	國家中醫藥管理局回覆，將依託廣東省平台，開展中藥材國際交易；探索粵港澳三地中醫藥標準融合發展；充分發揮香港中藥檢測中心和澳門中藥質量研究國家重點實驗室的優勢，建設和推廣國際認可的中醫藥標準。
打造大灣區中醫藥醫療康養中心，包括加強開發和推廣嶺南中藥保健食物、保健食療以及保健日用品和化妝品等醫養結合的產品，並大力推動研發、加工和銷售等工作。發展中醫藥健康旅遊服務，融中醫療養、康復、養生、文化傳播、商務會展，以及中醫藥健康旅遊。	國家中醫藥管理局回覆，將開展食藥物質試點工作，培育具有嶺南養生文化的保健品。並支援大灣區開發具有中醫特色的養生旅遊。

5. 文化創意產業

民建聯主要建議	最新進展 / 成果
加強推動嶺南文化，鼓勵及促進大灣區內主要城市開發中華文化尤其是嶺南文化的內涵，選擇當中具有重要文化和商業價值的項目進行深度挖掘以及 IP 化。內容可包括粵劇、功夫、飲食文化、遠古神話傳説及傳奇人物等。	2022 年香港電台與廣東廣播電視台南方生活廣播和澳門廣播電視有限公司澳門電台合作舉辦工作坊，以提升和深化粵港澳大灣區在粵劇承傳、推廣、教育、研究及發展等各方面的交流與合作。
三地政府加強溝通協調，結合官產學研力量，透過政策措施共同推動大灣區的藝術與科技結合，推動文創產業在內容和形式上進一步創新，並打造及擴大品牌的影響力。	2021 年深圳舉行了大灣區首個科技時尚主題的文化周。
香港政府應成立一個跨部門機制，以作為三地協調機制中的港方對口單位，共同推動文創產業發展。	前行政長官林鄭月娥在 2022 年宣佈有意增設文化體育及旅遊局，將目前由不同政策局分管的文化、體育和旅遊事宜統整，加強督導和推動香港文化事業發展。文體旅遊局目前已正式成立。
加強協調，共同交流經驗以打造更多元化更成功的本地文化慶典活動，甚至可制定財政資助過河的機制，並聯合舉辦更大規模的活動，將之打造成文化旅遊品牌共同向海內外推廣。	2020 年，央視在河南鄭州及粵港澳大灣區的兩個地點設立春晚分會場，後者由粵港澳三地共同參與製作。
允許大灣區文創產業先行先試，打造出一個大灣區粵語文化共同市場，並建議中央允許廣東省先行先試，將部分項目的審批權下放地方政府。	廣東省表示將會進一步支持粵港澳大灣區的文化產業：一是支持港澳文化藝術團和內地開展交流；二是積極向文化和旅遊部申請，將省級的審批權下放深圳市；三是充分發揮粵港澳大灣區同根同源的特點，打造「粵港澳大灣區 IP 雲平台」。
推動大灣區文化旅遊戰略，以税務、政策及土地等優惠，引導及協助企業發展富有文化底蘊的旅遊景區和渡假區。	廣東省表示將會做出財政安排，推動文化旅遊產業發展；支持對投資建設旅遊設施的項目給予税務優惠，並且舉辦標誌性的文藝活動。

6. 經貿發展

民建聯主要建議	最新進展 / 成果
優化深港通計劃，包括擴大投資範圍，例如可互相認購新股、可投資衍生產品等，以及放寬每日交易額度。	2019 年時，中央開始允許參與滬港通和深港通在北向通下的投資者首次可以通過有關香港銀行，以在岸價兌換人民幣和進行相關的外匯風險對沖。2020 年時，滬深港通則推出北向交易優化措施— SPSA 集中管理服務，允許基金經理匯總多個基金的可出售結餘，用於北向交易前端監控。
盡快推動在廣東省內成立香港保險售後服務中心，並允許居住在廣東省的香港人直接在當地購買香港保險產品。盡快完善及推出大灣區非儲蓄類保險產品，如醫療保險及車保等，以及推出針對使用港珠澳大橋的汽車保險。	中國銀保監會表示支持粵港澳大灣區設立保險服務中心，目前在設立原則、組織形式和設計步驟等方面，都已形成初步方案。另外，文件明確規定了大灣區跨境醫療保險產品如專屬重疾險產品的細節安排。例如保險公司開發的大灣區保險產品，名字應該包括「粵港澳大灣區」字樣，並根據產品類型分別包含「醫療保險」或「重大疾病保險」字樣。在銷售區域上，大灣區保險產品主要在粵港澳大灣區內地九市銷售，可以擴展至廣東省全域。
設立一站式的資訊平台，以整合內地各個工商部門的資訊，包括公司註冊資訊、稅務資訊、工商法律法規等。平台中應包含相關具體的操作流程指引。各部門並研究簡化香港企業或者個人到內地創業和投資的手續。	2021 年，香港貿易發展局聯同廣東省正式推出 GoGBA 一站式平台，通過三大服務範疇包括（1）資訊、（2）培訓、諮詢、（3）活動及支援平台，全方位支持及協助港商及外商把握大灣區機遇，拓展市場。
建議內地盡量將 2017 年《內地與香港關於建立更緊密經貿關係的安排》的 26 項非服務業範疇的措施向香港企業開放。並進一步開放服務業，撤銷目前內地對香港多個服務業的准入限制，例如在創意產業方面，撤銷香港與內地合拍片主要演員比例的限制等。並允許香港個體工商戶可無須經過外資審批就能參與特許經營，而營業範圍亦應與內地居民看齊。	廣東省將會同香港特區一同向國家爭取政策支持，促進港企在自然資源開發、礦產開採和冶煉、交通運輸工具製造等方面享有國民待遇，支持更多香港服務業進入廣東發展。

（續上表）

民建聯主要建議	最新進展／成果
進一步推動大灣區遊艇自由行，包括簡化遊艇出入境手續，優化相關的遊艇保證金、保函擔保要求等等。	2020 年內地印發《中共交通運輸部海事局黨組關於發揮海事作用支持深圳建設中國特色社會主義先行示範區的意見》，支持深圳建設遊艇開放口岸，擴大遊艇自由行試點範圍，推動深圳和香港遊艇駕駛證互認。
容許港澳流動漁民可豁免接受檢查，恢復實施新措施前可自由進出內地水域的規定；同時，善用網上科技容許港澳流動漁船可預先在網上提交所需資料，讓有關執法部門掌握漁民和漁船情況，並只需對港澳流動漁船進行抽檢。並建議內地及港澳三地政府部門研究在如何驗證港澳流動漁船及漁民身份上能有統一的證件或方式。簡化和統一對港澳流動漁民的漁船在進出港口時所要求的檢查程序和手續。並將廣東漁政通軟件進一步擴展到更多港澳流動漁民經常進出的其他省市漁港。	公安邊檢機關已經在研究優化檢查管理措施，研發網上申報程序，以及優化管理程序。另外會進一步豐富漁民的信息採集手段，簡化報備手續、優化報備措施。
研究建立包括漁政和海警的聯合舉報機制，設立跨水域的 24 小時舉報熱線，方便漁民一併舉報在不同水域的非法捕魚狀況。內地及香港的執法部門加強聯合執法，包括建立更緊密及恒常的情報交換及溝通機制，以及容許在兩地進行打擊非法捕魚的聯合行動。將中國漁政執法舉報受理平台的舉報範圍擴大至「禁漁線」外的我國水域範圍，進一步加強打擊「電炸毒」、外國漁船及其他形式的非法捕魚問題。	會加大海上舉報電話的宣傳力度，研究建立健全兩個平台之間的信息共享和線索移交機制，並與香港水警完善漁業執法協作機制，以及進一步完善舉報機制。
考慮把握「大灣區」契機，並參考「橫琴模式」及河套區的深港合作等模式等，研究劃出部分鄰近香港的內地水域及島嶼，讓內地相關部門與特區政府共管，讓香港漁農民生產作業。	內地已成立惠州市粵港澳流動漁民深海網箱養殖產業園。

（續上表）

民建聯主要建議	最新進展／成果
期望《漁業法》引入具阻嚇性的罰款，嚴厲處罰重犯的不法之徒，更應沒收重犯者的漁具、漁船、吊銷捕撈許可證；並向構成犯罪的人士，依法追究刑事責任。此外，應盡快優化現存的執法資料，建立全國性的非法捕魚執法資料庫，並定期與香港特別行政區政府就有關問題作出溝通及交流，以充分掌握休漁期非法捕魚、跨界、跨境非法捕魚等的執法情況、犯案數字、重犯情況及相關罰則。政府相關部門亦可適度公開有關執法情況。另外，期望內地進一步研究加強打擊跨境非法捕魚問題，並進一步與香港相關部門交流探討，改善執法情況。政府亦宜盡快檢討舉報機制及執法工作，向漁民解釋執法工作，為漁民提供清晰及有效的舉報渠道。	目前正進行法例修訂工作，全面增加有關的處罰條款。同時內地表示會加大漁政執法信息的公開力度，並加強打擊跨境非法捕撈。

7. 提供優質便利生活

民建聯主要建議	最新進展／成果
向不在內地定居的港人發放內地身份證明，或參考居住證制度及二代台胞證的做法，考慮將港澳居民來往內地通行證經調整後即可作為內地身份證明文件，與內地身份證有同等效用。作為過渡性措施，可加快推進互聯網身份認證平台的建設以及相關措施，並呼籲及要求各公營機構及各行業所有主要的服務營運商，在提供電子服務平台時，必須確保能兼容港澳通行證。	目前已將回鄉證納入統一出入境證件身份認證服務平台。下一步內地將不斷拓展港澳居民居住證和回鄉證的便利化應用。

（續上表）

民建聯主要建議	最新進展／成果
容許香港居民在內地購買房屋自住時，可以向香港銀行辦理按揭貸款及完成所需的抵押手續，而無須局限於向內地銀行申請。並容許於本港及內地均有機構的銀行集團，通過其於本港的機構以見證開戶的方法完成內地所需的開戶手續，以及辦理相關業務。	目前香港居民可在內地向銀行貸款買樓。部分香港銀行亦已開始向內地買樓的港人提供跨境貸款。關於見證開戶工作，內地會持續優化有關安排。
建立大灣區統一房地產資訊平台，同時加強監管房屋開發商，抓緊對建屋質量及銷售等環節的監督工作，並對違規行為例如誤導消費者等予以嚴懲。	已在廣東政務服務網的粵港澳大灣區政務服務專區中設立不動產交易信息平台，未來將會加快推動全省互聯網＋不動產登記的專題應用建設，同時提供港澳居民廣東省購房綠色通道，以及進一步強化房地產數據共享。
要求內地統一法規，放寬在辦理商務及公共服務時，必須讓香港人提供香港住址證明的限制，並可參照特區政府做法，出示法定信函、文件、單據，以證明在港的確實住址即可。	現時香港永久居民在廣東省申領內地機動車駕駛證，已不再需要提交住宿登記證明。
加強保護水資源，而東江水供水協定內應考慮逐步撤銷「統包總額」制，並參照東莞及深圳等市計算模式，向全面使用按需供水及「按量收費」過渡。	2021 至 23 年東江水供水新協議，除訂明每年供水量上限，也會把以往「統包總額」的方式優化為「統包扣減」，按實際東江水取水量而扣減水價，實際水價會較現行方式便宜。
粵港澳三地政府進行協商，共同設立一站式的大灣區資訊平台，以整合生活、工作、就業、學業等各方面的相關資訊，盡量做到公開和詳細。平台中應包含相關具體的流程指引，以協助香港企業或者個人到內地生活、工作等方面。各部門亦可研究簡化香港企業或者個人到內地生活、就業、讀書或創業等的手續。	粵港澳三地已分別成立大灣區入口網站，可以入內搜尋各方面的資訊。
研究無須香港人在廣東省受就業許可制度限制，無須領取就業證即可工作，可以如內地居民般自由選擇職業。	2018 年國務院宣佈取消港澳台人員在內地就業要先取得當局許可的制度。

（續上表）

民建聯主要建議	最新進展／成果
設立專屬渠道，以鼓勵及便利有志服務國家的港人加入省政府公務員體系，參與廣東省的管治。	2020 年開始，廣東省陸續將多個公務員崗位對港澳人士開放。
推動三地的職業標準及資歷架構的互認，具體包括增加更多「一試多證」項目，及增進三地職業培訓院校的連繫和交流。	香港學術及職業資歷評審局 2021 年表示，正聯同資歷架構秘書處與廣東省合作，研究對接港粵兩地資歷框架。
建議廣東省內主要城市效法深圳的做法，讓港澳籍的學生可以和非當地戶籍學生一樣申請參加積分入學，獲得當地義務教育。	廣東省已進一步落實港澳居民讀書待遇，2020 年廣東省中小學在讀的港澳學生達 9.5 萬人，高校在讀的港澳學生達 1.4 萬人。

附錄一：
大灣區政策的主要歷史發展和重點

一、大灣區發展簡史

- 2017 年 3 月，粵港澳大灣區建設首次被寫入政府工作報告，上升為國家戰略。
- 2017 年 7 月 1 日，在國家主席習近平的見證下，國家發展和改革委員會與粵港澳三地政府在香港共同簽署《深化粵港澳合作　推進大灣區建設框架協議》。
- 2018 年 8 月 15 日，中央政府成立粵港澳大灣區建設領導小組，香港和澳門特區行政長官成為領導小組成員。
- 國家於 2019 年 2 月 18 日正式公佈《粵港澳大灣區發展規劃綱要》。
- 2019 年 3 月 1 日，粵港澳大灣區建設領導小組第二次全體會議後宣佈了 8 項措施，涉及税務計算、青年創業及出入境便利等多個環節。
- 2019 年 11 月 6 日，粵港澳大灣區建設領導小組宣佈了惠港 16 條措施，涉及便利民生、扶持專業和推動創科等範疇。
- 2021 年，中央在 9 月份接連公佈了《橫琴粵澳深度合作區建設總體方案》和《全面深化前海深港現代服務業合作區改革開放方案》。
- 2022 年 6 月，國務院印發了《廣州南沙深化面向世界的粵港澳全面合作總體方案》，加快推動廣州南沙深化粵港澳全面合作。

二、《粵港澳大灣區發展規劃綱要》重點

本規劃是指導粵港澳大灣區當前和今後一個時期合作發展的綱領性文件。規劃近期至 2022 年，遠期展望到 2035 年。

（一）六個基本原則

1. 創新驅動，改革引領

2. 協調發展，統籌兼顧

3. 綠色發展，保護生態

4. 開放合作，互利共贏

5. 共享發展，改善民生

6.「一國兩制」，依法辦事

（二）五大戰略定位

1. 充滿活力的世界級城市群

2. 具有全球影響力的國際科技創新中心

3.「一帶一路」建設的重要支撐

4. 內地與港澳深度合作示範區

5. 宜居宜業宜遊的優質生活圈

（三）七個發展範疇

1. 建設國際科技創新中心

2. 加快基礎設施互聯互通

3. 構建具有國際競爭力的現代產業體系

4. 推進生態文明建設

5. 建設宜居宜業宜遊的優質生活圈

6. 緊密合作共同參與「一帶一路」建設

7. 共建粵港澳合作發展平台

（四）四大中心城市的定位和目標

1. 香港

● 鞏固和提升國際金融、航運、貿易中心和國際航空樞紐地位

● 強化全球離岸人民幣業務樞紐地位、國際資產管理中心及風險管理中心功能

● 推動金融、商貿、物流、專業服務等向高端高增值方向發展

● 大力發展創新及科技事業，培育新興產業

● 建設亞太區國際法律及爭議解決服務中心

● 打造更具競爭力的國際大都會

2. 澳門

●建設世界旅遊休閒中心

●建設中國與葡語國家商貿合作服務平台

●促進經濟適度多元發展

●打造以中華文化為主流、多元文化共存的交流合作基地

3. 廣州

●充分發揮國家中心城市和綜合性門戶城市引領作用

●全面增強國際商貿中心、綜合交通樞紐功能

●培育提升科技教育文化中心功能

●着力建設國際大都市

4. 深圳

●發揮作為經濟特區、全國性經濟中心城市和國家創新型城市的引領作用

●加快建成現代化國際化城市

●努力成為具有世界影響力的創新創意之都

附錄二：大灣區十一市資料

一、粵港澳大灣區總體資料

項目	數值或內容
土地面積	5,5910 平方公里
人口	7,266.9 萬人
本地生產總值 GDP	116,001.6 億元人民幣
優勢產業	金融、創新科技、物流、文化產業、旅遊
中心城市	香港、澳門、深圳、廣州
都市圈	1. 深圳都市圈：深圳、東莞、惠州、汕尾、河源 2. 廣州都市圈：廣州、佛山、肇慶、雲浮、韶關、清遠 3. 珠江口西岸都市圈：珠海、中山、江門、陽江 4. 湛茂都市圈：湛江、茂名 5. 汕潮揭都市圈：汕頭、潮州、揭陽

二、各城市資料

香港（2020 年）

土地面積	1,110 平方公里
人口	7,474,200
本地生產總值 GDP	26,885 億元人民幣
人均 GDP	35.9 萬元港幣
產業結構（佔 GDP 百分比）	第一產業（農、林、牧、漁業）：佔 GDP 0.1 % 第二產業（工業和建築業）：佔 GDP 6.5 % 第三產業（服務業）：佔 GDP 93.4 %
主要產業	金融、專業及工商業支援服務、貿易及物流、旅遊
主要經濟定位	國際金融、航運、貿易中心 國際航空樞紐 全球離岸人民幣業務樞紐 國際資產管理中心及風險管理中心 國際創新科技中心 亞太區國際法律及解決爭議服務中心 區域智慧財產權貿易中心 中外文化藝術交流中心
與內地的經貿關係	香港是內地第四大貿易夥伴，兩地的貿易額佔內地貿易總額的 6.0%；香港是內地貨物的第二大出口市場，佔內地出口總額的 10.5%（21,180 億港元）。截至 2020 年中，內地企業在香港設立了 1,986 家地區總部、地區辦事處或本地辦事處。

澳門（2020 年）

土地面積	33 平方公里
人口	683,100
本地生產總值 GDP	1,944 億澳門元
人均 GDP	28.5 萬澳門元
產業結構（佔 GDP 百分比）	第一產業（農、林、牧、漁業）：不適用 第二產業（工業和建築業）：佔 GDP 4.3% 第三產業（服務業）：佔 GDP 95.7%
主要產業	旅遊休閒、中醫藥研發製造、特色金融、高新技術和會展商貿
主要經濟定位	世界旅遊休閒中心 中國與葡語國家商貿合作服務平台
與香港的經貿關係	香港和澳門的貿易總值達 487.5 億港元。澳門是香港第 19 大貿易夥伴。

廣州（2020 年）

土地面積	7,434 平方公里
人口	18,676,600
本地生產總值 GDP	25,019 億元人民幣
人均 GDP	13.4 萬元人民幣
產業結構（佔 GDP 百分比）	第一產業（農、林、牧、漁業）：佔 GDP 1.15% 第二產業（工業和建築業）：佔 GDP 26.34% 第三產業（服務業）：佔 GDP 72.51%

（續上表）

主要產業	以先進製造業為主導，以汽車、電子、石化三大支柱產業為引擎，以汽車、船舶及海洋工程裝備、核電裝備、數控設備、石油化工和精品鋼鐵等六大優勢先進製造業基地為基礎，以 50 多個產業集聚區及園區為載體 東部以汽車、石化、電子為主，南部以臨港裝備製造業為主，北部以空港經濟為主。
主要開發區	國家級：中國（廣東）自由貿易試驗區廣州南沙片區、廣州經濟技術開發區、南沙經濟技術開發區、增城經濟技術開發區、廣州高新技術產業開發區、廣州白雲機場綜合保稅區、廣州保稅區、廣州出口加工區、廣州保稅物流園區、廣州南沙保稅港區 省級：白雲工業園區、雲埔工業園區、花都經濟開發區、從化經濟開發區
與香港的經貿關係	與香港的貨物進出口總額為 615.12 億元人民幣；其中出口到香港總額 584.36 億元人民幣；由香港進口總額 30.76 億元人民幣。

深圳（2020 年）

土地面積	1,997 平方公里
人口	13,438,800
本地生產總值 GDP	26,927 億元人民幣
人均 GDP	20.4 萬元人民幣
產業結構（佔 GDP 百分比）	第一產業（農、林、牧、漁業）：佔 GDP 0.1% 第二產業（工業和建築業）：佔 GDP 39% 第三產業（服務業）：佔 GDP 60.9%

（續上表）

主要產業	高新技術產業、現代物流業、金融服務業、文化產業是深圳的四大支柱產業。 另外，重點發展生物、互聯網、新能源、新材料、文化創意、新一代信息技術、節能環保等「七大戰略性新興產業」，以及生命健康、海洋、航空航天、機器人、可穿戴設備、智能裝備等「未來產業」。
主要開發區	前海深港現代服務業合作區 深圳市高新技術產業開發區 深圳保稅區、鹽田港保稅物流園區、深圳出口加工區 深圳前海灣保稅港區 自由貿易試驗區
與香港的經貿關係	深圳與香港的貨物進出口總額為 6,458.9 億元人民幣；其中出口到香港總額 6,405.6 億元人民幣；由香港進口總額 53.3 億元人民幣。

珠海（2020 年）

土地面積	1,736 平方公里
人口	2,439,600
本地生產總值 GDP	3,482 億元人民幣
人均 GDP	14.3 萬元人民幣
產業結構（佔 GDP 百分比）	第一產業（農、林、牧、漁業）：佔 GDP 1.7% 第二產業（工業和建築業）：佔 GDP 43.4% 第三產業（服務業）：佔 GDP 54.9%
主要產業	有電子資訊、家電電氣、電力能源、生物製藥和醫療器械、石油化工、精密機械六大基礎產業，以及列印耗材和遊艇製造兩大特色產業。

（續上表）

主要開發區	國家級： 珠海經濟技術開發區 珠海高新技術產業開發區 珠海保稅區 珠澳跨境工業區 珠海市橫琴新區 省級： 珠海富山工業園區 珠海金灣聯港工業園區
與香港的經貿關係	出口到香港總額 278.5 億元人民幣

東莞（2020 年）

土地面積	2,460 平方公里
人口	10,466,600
本地生產總值 GDP	9,650 億元人民幣
人均 GDP	9.2 萬元人民幣
產業結構（佔 GDP 百分比）	第一產業（農、林、牧、漁業）：佔 GDP 0.3% 第二產業（工業和建築業）：佔 GDP 53.8% 第三產業（服務業）：佔 GDP 45.9%
主要產業	有電子資訊、電氣機械及設備、紡織服裝鞋帽、食品飲料、造紙及紙製品等支柱產業 及培育出 LED 光電、新型平板顯示、太陽能光伏等新興產業集群。
主要開發區	國家級： 松山湖高新技術產業開發區 省級： 東莞生態產業園 東莞水鄉新城開發區 東莞粵海裝備產業園

（續上表）

與香港的經貿關係	與香港的貨物進出口總額為 1,587.23 億元人民幣；其中出口到香港總額 1,571.81 億元人民幣；由香港進口總額 15.42 億元人民幣。

中山（2020 年）

土地面積	1,784 平方公里
人口	4,418,100
本地生產總值 GDP	3,152 億元人民幣
人均 GDP	7.1 萬元人民幣
產業結構（佔GDP百分比）	第一產業（農、林、牧、漁業）：佔 GDP 2.3% 第二產業（工業和建築業）：佔 GDP 49.4% 第三產業（服務業）：佔 GDP 48.3%
主要產業	有裝備製造、家電、紡織服裝、電子、燈飾、健康醫藥、傢具、小家電及五金製品等優勢產業，又具備現代服務業及遊艇產業等新興產業。
主要開發區	國家級：中山火炬高技術產業開發區 省級：中山工業園區
與香港的經貿關係	2018 年與香港的貨物進出口總額為 247.1 億元人民幣

惠州（2020 年）

土地面積	11,347 平方公里
人口	6,042,900
本地生產總值 GDP	4,222 億元人民幣
人均 GDP	7 萬元人民幣

（續上表）

產業結構（佔GDP百分比）	第一產業（農、林、牧、漁業）：佔 GDP 5.2% 第二產業（工業和建築業）：佔 GDP 50.5% 第三產業（服務業）：佔 GDP 44.3%
主要產業	以電子信息、石油化工為支柱，汽車與裝備製造、清潔能源等產業共同發展現代產業體系。亦形成了較完整的移動通信、平板顯示、汽車電子、LED 和新能源電池五條產業鏈。
主要開發區	國家級： 大亞灣經濟技術開發區 惠州仲愷高新技術產業開發區 省級： 大亞灣石化產業園區 惠州工業園區 惠陽經濟開發區 博羅縣產業轉移工業園區 惠東縣產業轉移工業園區 惠州產業轉移工業園區 重大平台： 惠州環大亞灣新區 潼湖生態智慧區 中韓（惠州）產業園
與香港的經貿關係	出口到香港總額 461.78 億元人民幣

江門（2020 年）

土地面積	9,507 平方公里
人口	4,798,100
本地生產總值 GDP	3,201 億元人民幣
人均 GDP	6.7 萬元人民幣

（續上表）

產業結構（佔GDP百分比）	第一產業（農、林、牧、漁業）：佔 GDP 8.6% 第二產業（工業和建築業）：佔 GDP 41.6% 第三產業（服務業）：佔 GDP 49.8%
主要產業	新能源、新光源、新材料、高端裝備製造業、綠色家電迅速興起。同時亦擁有以摩托車和汽車零部件、紡織服裝、造紙、造船、食品、包裝材料、五金衛浴、印刷、機電等為支柱、較為完整的工業體系。
主要開發區	國家級： 江門高新技術產業開發區 省級： 新會經濟開發區 台山廣海灣工業園區
與香港的經貿關係	2019 年與香港的貨物進出口總額為 32.8 億元人民幣；其中出口到香港總額 31.3 億元人民幣；由香港進口總額 1.5 億元人民幣。

肇慶（2020 年）

土地面積	14,891 平方公里
人口	413,600
本地生產總值 GDP	2,312 億元人民幣
人均 GDP	5.6 萬元人民幣
產業結構（佔GDP百分比）	第一產業（農、林、牧、漁業）：佔 GDP 18.9% 第二產業（工業和建築業）：佔 GDP 39% 第三產業（服務業）：佔 GDP 42.1%
主要產業	着力發展新能源汽車、先進裝備製造、節能環保、高端新型電子信息、生物醫藥等主導產業。積極培育新能源汽車、先進裝備製造、節能環保等三個千億產業集群。
主要開發區	國家級：肇慶高新技術產業開發區 省級：肇慶工業園區

（續上表）

與香港的經貿關係	與香港的貨物進出口總額為 33.64 億元人民幣；其中出口到香港總額 24.15 億元人民幣；由香港進口總額 9.49 億元人民幣。

佛山（2020 年）

土地面積	3,798 平方公里
人口	9,498,900
本地生產總值 GDP	10,816 億元人民幣
人均 GDP	11.4 萬元人民幣
產業結構（佔GDP百分比）	第一產業（農、林、牧、漁業）：佔 GDP 1.5% 第二產業（工業和建築業）：佔 GDP 56.4% 第三產業（服務業）：佔 GDP 42.1%
主要產業	以製造業為主，主要包括機械裝備、家用電器、陶瓷建材、金屬材料加工及製品、紡織服裝、電子信息、食品飲料、精細化工及醫藥、家居用品製造等優勢行業，以及光電、環保、新材料、新醫藥、新能源汽車等新興產業。
主要開發區	國家級： 佛山高新技術產業開發區 省級： 佛山南海經濟開發區 佛山禪城經濟開發區 佛山南海工業園區 佛山高明滄江工業園區 佛山三水工業園區 佛山順德工業園區
與香港的經貿關係	2018 年與香港的貨物進出口總額為 428.8 億元人民幣

資料來源：香港政制及內地事務局粵港澳大灣區專頁。

民建聯粵港澳大灣區

研究論集

民建聯 / 編著

責任編輯
黎耀強

封面設計
民建聯

版式設計
Sands Design Workshop

排版
陳美連

印務
劉漢舉

出版
中華書局（香港）有限公司
香港北角英皇道499號北角工業大廈1樓B
電話：（852）2137 2338
傳真：（852）2713 8202
電子郵件：info@chunghwabook.com.hk
網址：http://www.chunghwabook.com.hk

發行
香港聯合書刊物流有限公司
香港新界荃灣德士古道220-248號
荃灣工業中心16樓
電話：（852）2150 2100
傳真：（852）2407 3062
電子郵件：info@suplogistics.com.hk

印刷
美雅印刷製本有限公司
香港觀塘榮業街6號海濱工業大廈4樓A室

版次
2022年7月初版

規格
16開（230mm×170mm）

ISBN
978-988-8807-81-9